결국 해내는 사람들의 원칙

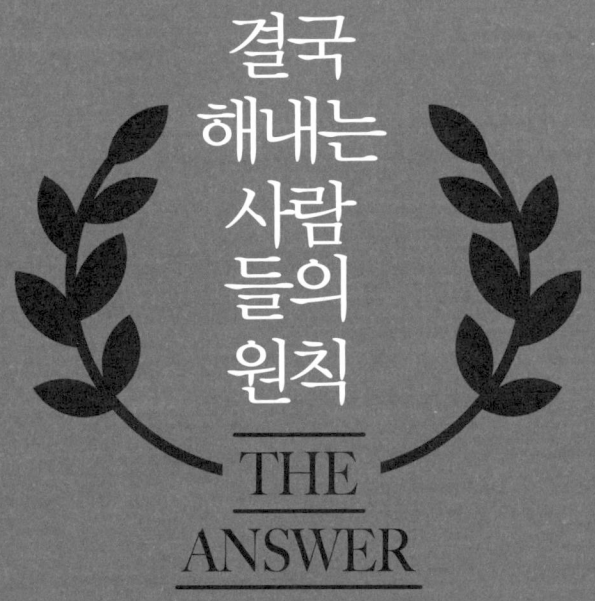

결국
해내는
사람
들의
원칙

THE
ANSWER

최신 뇌과학이 밝혀낸 성공의 비밀

앨런 피즈 · 바바라 피즈 지음 | 이재경 옮김

반니

차례

> 인생의 참맛은 무덤까지 안전하고 단정하게 당도하는 데 있지 않다.
> 완전히 기진맥진해서 잔뜩 흐트러진 몰골로 '꺅! 끝내줬어!'라는 비명과 함께
> 먼지 구름 속으로 슬라이딩해 들어와야 제맛이다.
>
> 헌터 S. 톰슨Hunter S. Thomson

이 책을 읽는 당신은 지금까지 생각하지도 알지도 못했던 길을 떠나게 된다. 책을 편 순간이 그 첫걸음이다. 책을 반쯤 읽으면 당신이 지금의 위치와 형편에 처하게 된 이유를 깨닫게 된다. 거기에서 벗어나 당신이 가고 싶은 곳으로 가는 비결이 이 책에 있다.

이 책은 우리가 인생에서 원하는 것을 얻는 방법을 다룬다. 아이디어에 우선순위를 매기고, 인생의 주도권을 잡고, 중도의 난관을 극복하고, 남들의 의견에 좌우되지 않고, 남들이 요구하는 길이 아닌 내가 선택한 길을 궤도에서 이탈하지 않고 뚝심 있게 고수하는 사람이 되는 것이다. 운명론에서 자기주도로 갈아타고 눈앞의 길만 가기보다

스스로 경로를 개척하지 않으면, 자신이 원하는 사람이 되어 원하는 위치에 갈 수 없다. 모든 일은 일정한 빈도로 결과가 나온다. 그러므로 어렵고 부질없고 가망 없어 보이는 일이라도 한두 번 해 보고 그냥 포기하지 말고 확률게임 하듯 임해야 한다.

이 책은 여러 실존 인물들이 위대함을 이루고 실패를 극복하는 과정에서 그 실효가 입증된 성공과 성취의 원칙을 두루 소개한다. 지난 50년 동안 내가 고수들에게 직접 배운 원칙들이다. 거기서 얻은 교훈은 내가 이룬 크고 작은 성공에도 강력한 동기부여 엔진으로 작용했다.

또한 성공하는 습관과 성공의 내면화에 대한 미스터리를 밝힌 최근의 뇌과학 연구도 다각도로 소개한다. 과학자들에 따르면, 우리 뇌에는 입력된 목표에 따라 우리를 원하는 곳으로 데려가는 생체 경로 탐색 시스템이 있다. 이 시스템에 목표를 입력하고 가동하는 방법을 이 책에서 배울 수 있다. 1장에서 이 시스템의 작동원리를 설명하는데, 책 내용의 중요한 토대가 되므로 특히 중요하다.

목표 설정, 시각화, 긍정의 확언, 끌어당김의 법칙 등 내가 연구와 체험을 통해 습득한 인생의 성공비결을 모두 이 책에 담았다. 인생의 고비를 발전적으로 극복하고, 불가능해 보이는 상황을 타개하고, 인생에서 원하는 것을 얻는 데 필요한 간단하지만 강력한 기술과 요령을 총망라했다. 인생은 게임이다. 그리고 게임에는 반드시 이기는 수가 있다. 그 수를 읽자.

이 책은 우리 부부의 공동 저술이지만 독자들이 읽고 이해하기 쉽도록 주로 앨런 피즈의 일인칭 시점으로 썼다. 그리고 책의 요점이 되는 문장들이 책 전체를 통해 때로는 같은 형태로 때로는 형태를 달리해 줄기차게 반복 등장한다. 실수가 아니라 의도한 것이다. 같은 개념을 간격을 두고 여섯 번 반복 노출할 때 학습효과가 가장 크다는 연구결과도 있다. 어떤 진술을 처음 듣거나 읽을 때는 우리 마음이 거부하기 쉽다. 마음에 이미 들어앉아 있는 생각들, 이른바 선입견과 충돌하기 때문이다. 대부분의 동기부여 훈련이 실패로 돌아가는 것도 그런 이유다. 하지만 같은 말을 여섯 번 들으면 뇌가 그 생각을 받아들여 내면화한다.

앨런 & 바바라 피즈

| 1장 |

망상활성계RAS의 비밀

마음이 무엇을 품고 무엇을 믿든 몸이 그것을 현실로 이룬다.

나폴레온 힐Napoleon Hill, 1937

성공철학의 기수 나폴레온 힐은 1937년 그의 명저《생각하라 그러면 부자가 되리라》Think & Grow Rich에서 위의 명언을 남겼다. 당시에는 그의 이런 믿음을 증명해 줄 의학기술이 없었다. 요즘엔 흔히 볼 수 있는 뇌 스캐너 같은 장치도 없을 때였다. 힐은 원하는 바를 머리에 명료하게 새기고 진정으로 소망하면 그것을 성취하게 된다고 주장했다. 이제 과학이 발전해 힐의 주장 같은 진술의 진위를 과학적으로 따져 볼 수 있게 되면서 성취, 목표 설정, 자기 충족적 예언, 기도의 힘, 끌어당김의 법칙 같은 정신작용들도 과학의 영역으로 들어왔다. 뇌는 자아와 인격 형성뿐 아니라 인생의 성공과 실패에도 깊이 관여한다. 1장에서는 우리 뇌가 가동하는 기막힌 소원성취 시스템을 알아본다. 그 시스템은 바로 **망상활성계**Reticular Activating System로, **RAS**다.

RAS는 포유류 뇌의 한 영역으로, 척수를 타고 올라오는 감각정보를 취사선택해 대뇌피질로 보내는 신경망을 말하며, 주로 중뇌에 집중되어 있다. 그물처럼 퍼져 있기 때문에 **그물구성체**라고도 한다. RAS는 수면, 각성, 호흡, 심장박동, 행동유발 등 인간 생체의 여러 중요한 기능을 관장한다. 성적 흥분, 섭식과 식욕, 몸속 찌꺼기 배출, 의식 통제, 주의집중력에도 관여한다. RAS 손상은 혼수상태를 유발할 수 있고, 기면증을 포함한 여러 병증의 원인이 된다.

해부학적으로 말해서 RAS는 뇌간에서 뻗어 나온 신경세포와 신경섬유 다발이며, 이 신경망은 뇌의 여러 영역으로 이어진다. RAS는 보통 두 부분으로 나뉘는데, 상행성 RAS는 대뇌피질, 시상, 시상하부 등으로 연결되고 하행성 RAS는 소뇌와 연결되어 몸의 감각신경들로 이어진다.

20세기 중반에 생리학자들은 뇌의 깊은 곳에 정신적 각성, 주의력

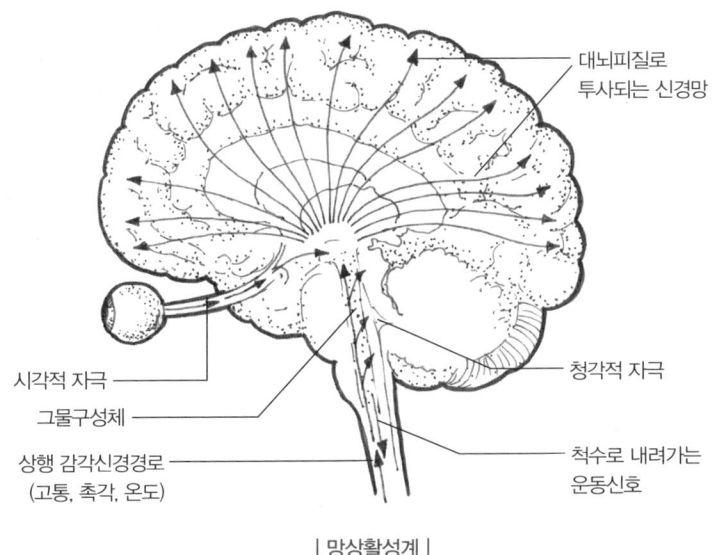

대뇌피질로
투사되는 신경망

시각적 자극

그물구성체

상행 감각신경경로
(고통, 촉각, 온도)

청각적 자극

척수로 내려가는
운동신호

| 망상활성계 |

과 기민성, 동기부여를 관장하는 모종의 구조체가 있다는 설명을 내놓았다. 과학계가 RAS의 존재에 처음 눈뜬 것은 1949년이었다. 이탈리아 피사 대학교의 모루치Moruzzi와 마군Magoun이 뇌의 수면-각성 메커니즘을 조절하는 신경 성분을 조사한 결과를 과학학술지《뇌파검사와 신경생리학》*Electrocephalography and Clinical Neurophysiology* 창간호에 발표한 것이 계기가 되었다. 이들의 연구는 결국 RAS의 발견으로 이어졌다. RAS는 뇌의 게이트키퍼다. 감각기관으로 입력되는 거의 모든 정보(후각 정보는 예외다. 후각 정보는 뇌의 감정 처리 영역으로 직행한다)가 RAS를 거쳐서 뇌로 들어간다. 이 관문에서 정보가 걸러진다. 어떤 정보를 뇌로 보내고 어떤 정보를 무시할지 RAS가 결정한다. 결론적으로 RAS는 우리의 인식 내용과 각성 수준에 지대한 영향을 미친다.

RAS의 하부는 척수로 연결되어 있어서 몸의 여러 감각기관에서 상행 감각신경경로를 타고 올라오는 정보들을 뇌로 받아들인다. 다시 설명하면 이렇다. 새로운 정보나 학습 내용은 한 가지 또는 다수의 감각기관을 통해 몸으로 접수된다. 이때 감각신경세포의 말단, 즉 감각수용체가 이 정보를 신경자극의 형태로 수용한다. 신경자극은 피부와 몸의 신경경로를 타고 여행해 척수에 이르고, 이어서 RAS라는 관문을 통과해 감각정보를 처리하는 뇌의 각 영역들로 흩어진다.

RAS는 뇌의 관제센터다

RAS는 생각과 내적 감정과 외적 자극이 만나는 곳이며, 뇌의 운동 기능과 지적 기능을 담당하는 영역에 활발히 관여한다. RAS라는 신경 회로망은 뇌가 바깥세상에서 받아들이는 감각정보를 걸러 주는 그물이다. 우리가 보고, 듣고, 느끼고, 맛보는 모든 것이 RAS를 통과한다. 간단히 말해 RAS는 뇌의 활성화 스위치며 동기부여 센터다.

RAS의 작동방식

우리 뇌는 1초에 4억 비트 이상의 정보를 처리한다. 하지만 이중 2000비트만이 의식으로 들어오고 나머지는 우리의 의식 밖에서 처리된다. 다시 말해 매일 뇌로 들어오는 정보의 99.9999퍼센트는 들어오는지도 모르고 무시된다. 시시각각 밀려드는 엄청난 양과 종류의 정보를 일일이 상대할 수 있는 사람은 없다. 환경이 보내는 무수한 메시지를 모두 동시에 처리해야 한다면 인간은 정보의 무게를 이기지 못하고 졸도할지 모른다. 멀쩡한 정신을 유지하면서 일상을 영위하려면 불필요한 정보는 무시하는 방법밖에 없다. 그래서 진화 과정은 우리에게 RAS를 주었다. 밀려드는 정보를 걸러서 순식간에 중요한 정보만 추출하는 환상의 여과장치를 내려준 것이다.

RAS는 초고속 우편물 분류 사무소처럼 기능한다. 착신 정보를 평가하고 우선순위를 매겨서 중요한 것은 우리의 관심을 요하는 메시지 형태로 분류한다. RAS는 우리의 의식과 잠재의식 사이의 필터(특정 정보 차단 프로그램)이면서 의식에서 받은 명령들을 잠재의식으로 전달하는 관문이다. 뇌는 RAS가 보여 주는 이미지에 부합하는 신체적 행동을 취할 것을 몸에게 명령한다. RAS는 외부 환경을 스캔해서 기존 신념이나 익숙한 것들에 들어맞는 정보 패턴을 찾는다. 다시 말해 환경에서 나의 생각과 감정에 부응하는 것들을 찾는다. 그러다 일치하는 것이 포착되면 내 의식에 땡땡! 신호를 보낸다.

여러 버전의 RAS

인간만 RAS를 가진 것은 아니다. 다른 영장류 동물에게도 RAS가 있다. 가령 인간과 DNA의 99퍼센트를 공유하는 침팬지의 RAS도 인간의 RAS처럼 감각 데이터를 받아 스캔하고, 뇌에 이미 내장된 '프로그램'에 따라 감각 데이터에 우선순위를 매긴다. 또한 침팬지의 RAS도 인간의 RAS처럼 맥박, 수면, 인지, 소화, 순환 같은 기본 생체활동을 지배한다. RAS의 기능 면에서 침팬지와 인간이 다른 점은 인간에게 는 보다 고도화한 '자아'self 의식이 있다는 것이다. 인간은 '누가, 무엇 을, 왜, 어디서, 언제'를 파악하려는 지칠 줄 모르는 욕구에 따라 움직 인다. 침팬지의 RAS가 기본 프로그램만 깔린 원시적 컴퓨터라면, 인 간의 RAS는 최신식 최고급 사양의 컴퓨터 시스템처럼 작동한다.

사람에 따라 RAS가 대뇌피질을 효율적으로 활성화하지 못하는 경 우가 있다. 그런 사람은 학습장애를 겪고, 기억력과 자제력이 떨어진 다. RAS 기능이 지나치게 활성화돼도 문제다. 이때는 과다 각성, 감각 적 과민반응, 과다 활동, 끊임없이 말하고 한시도 가만있지 못하는 증 상 등이 나타난다. 주의력결핍 및 과잉행동장애(이하 ADHD)는 노르에 피네프린 같은 신경전달물질이 부족해서 상행 RAS가 대뇌피질을 제 대로 활성화하지 못하는 증상이다. 노르에피네프린은 일종의 교감신 경 자극제다. 이 물질이 분비되면 집중력 증가, 혈류량 증가, 심박동 수 증가 등의 효과가 있다. ADHD 치료에는 일차적으로 신경전달물 질의 양을 늘려 증상을 개선하기 위한 약물 처방이 따른다. 즉 RAS의 노르에피네프린 사용 효율을 한시적으로 강화하는 약물을 투입해 집 중력과 인지능력, 기억력 강화와 학습능력 향상을 노리는 것이다.

RAS는 사회적 접촉에도 영향을 미친다. 내향적인 사람은 외향적 인 사람에 비해 RAS의 활동이 활발하다. RAS 활성도가 높다는 것은 외부 자극에 민감하다는 뜻이다. 신경과학자들은 내향적인 사람의 RAS는 외부 자극에 더 쉽게 각성된다고 말한다. 따라서 내향적인 사 람은 과잉 각성을 피하기 위해 외부 자극을 줄이려 한다. 결과적으로 다른 사람에게 말을 거는 데 어려움을 느끼고, 그런 상황이 오면 뇌가 공황 상태(패닉)와 비슷한 과잉 반응을 보인다.

RAS에는 GPS와 검색엔진이 있다

RAS는 익숙한 것과 생존을 위협하는 것, 당장 알아야 할 정보에 우선적으로 반응한다. 디스크에 저장해 둔 컴퓨터 파일을 찾는다고 생각해 보자. RAS는 뇌에게 파일 이름—가령 '해외여행 일정'—을 찾으라고 명령하거나 파일명 중 한 단어에 집중해서 검색한다. RAS의 기능은 생각도 실체이며 따라서 생각끼리도 인력이 있다는 끌어당김의 법칙과 무관하지 않다.

마르쿠스 아우렐리우스가 말하기를
'사람은 그가 온종일 생각하는 대로 된다'고 했다.
그 말이 사실이면, 나는 지금쯤 여자로 변했어야 한다.

스티브 마틴Steve Martin

RAS에는 일종의 내장형 GPSGlobal Positioning System가 있다. GPS를 이용한 길안내 장치만 있으면 도시의 길들이 어디로 어떻게 뻗어 있는지 일일이 알 필요가 없다. 어디로 갈지만 결정하면 된다. 목적지 데이터를 입력하면 GPS가 원하는 곳에 데려다준다. 가다가 엉뚱한 길로 빠져도 이내 다시 정상 궤도로 인도한다. 길 찾기는 GPS의 위성항법 프로그램이 알아서 수행한다. RAS의 작동방식도 GPS와 판박

이다. GPS가 있으면 어디로 가겠다는 것만 알면 될 뿐 거기까지 가는 방법은 알 필요가 없다. RAS도 마찬가지다. 일단 목표와 목적이 수립되면 RAS가 그리로 연결된 것들을 알아서 선별한다. 경로에서 벗어나면 RAS가 바로잡아 준다. 자세한 설명은 뒤에서 차차 하겠다.

RAS는 열 추적 미사일과도 비슷하다. 열 추적 미사일을 보낼 지점의 좌표를 입력하고 발사 버튼을 누르기만 하면 미사일이 알아서 목표지점까지 정확히 날아간다. 미사일은 날아가면서 주위의 불필요한 정보는 모두 걸러 내고 유의미한 정보만 취한다. RAS도 마찬가지다. 가령 '내 이름을 들어라'라는 지시를 내린다고 치자. 소란스러운 쇼핑몰이나 공항 한복판에서도 장내 방송에서 내 이름이 나오는 순간 바로 알아차린다.

RAS는 열 추적 미사일처럼 작동한다.

신념 체계의 작동방식

과학자들에 따르면 RAS는 우리의 신념 체계도 제어한다. 기존 신념을 강화하는 정보만 알아보거나 선별하기 때문이다. RAS는 내가 현재 믿거나 궁리하는 것에 집중한다. 다시 말해 RAS는 내게 맞지 않는 정보를 걸러 내서 내가 믿기로 선택한 것에 이르도록 돕는다. 같은 상황을 누구는 기회로 보고 누구는 난관으로 보는 것은 바로 이런 이유 때문이다. 돼지 눈에는 돼지만 보이고 부처 눈에는 부처가 보이는

16

것도 이런 이치다. 명백한 거짓을 진실로 믿는 사람이 있는 것도 RAS의 책동이다.

당연한 말이지만 같은 사물이나 사건이라도 사람마다 부여하는 의미가 다르고, 그 의미가 해당 사물이나 사건에 대한 인상을 강하게 지배한다. 다시 말해 RAS는 나의 신념 체계에 따라 내게 유리하게도 작용하고 불리하게도 작용할 수 있다. 돈을 벌려면 열심히 일하는 수밖에 없다고 믿는 사람은 그 믿음을 확인하고 강화하는 정보만을 보게 되고, 나아가 그 믿음을 사실로 증명하는 삶을 살게 된다. 뼈 빠지게 일하지 않고도 돈을 벌 수 있는 기회들을 RAS가 말끔히 치워 주기 때문이다.

RAS를 내 편으로 만들려면 어떻게 해야 할까? 내가 기피하는 대상이 아니라 동경하는 대상을 골라내도록 RAS를 설정해야 한다. 일단 RAS에 특정 아이디어나 목표를 설정해 놓으면, RAS는 내가 잠을

잘 때도 깨어 있을 때도 목표를 생각할 때도 딴생각을 하고 있을 때도 부단히 작동해서 내가 찾으라고 명령한 것을 정확히 찾아낸다. 컴퓨터의 검색 기능이 원하는 파일을 찾아 주고 GPS의 측위 기능이 원하는 곳으로 데려가는 것과 같다. RAS는 주변에서 밀려드는 수많은 데이터 중에서 설정 내용에 유의미한 것만 선발해 나의 관심 속으로 밀어 넣고 나머지 무관한 정보는 미련 없이 잘라 낸다. 원하는 것을 추상적 개념이 아니라 구체적이고 또렷한 그림으로 만들어 입력하는 것이 좋다. 그러면 RAS가 본격적으로 가동한다. 그리고 원하는 것을 내 앞에 대령할 때까지 멈추지 않는다. 자세한 이야기는 계속해 차근히 풀어 나가겠다.

RAS의 정보 선택 방법

혼잡한 공항 터미널을 걸어간다고 해 보자. 주위를 꽉 채운 소음을 상상해 보라. 수백 명의 말소리와 걸음 소리, 음악 소리, 끊이지 않는 장내 방송 소리 들이 한데 합쳐져 공항을 대변하는 하나의 거대한 배경음이 된다. 나의 RAS는 이 소음을 구성하는 소리들을 낱낱이 구분해 듣지 않는다. 그러다 장내 방송으로 새로운 공지사항이 나오고 거기에 내 이름이나 내가 탑승할 항공기의 번호가 언급되는 순간, 나의 집중도가 순식간에 최고조에 이른다. RAS가 여행의 성공과 무탈함이 걸린 이 중요한 정보를 날쌔게 포착해 내 주의를 단박에 그리로 돌렸기 때문이다. RAS는 여과기다. 주변 소음 같은 반복적 외부 자극의 기세를 꺾고 효과를 죽여서 정보 과잉으로 인해 오감에 과부하가 걸리는 것을 막아 주는 한편, 내 이름이 불릴 때는 귀가 번쩍 뜨이게 해 준다.

내 차가 흔한 이유

구입할 차종을 정했더니 도로에 같은 차가 부쩍 늘어나고, 머리를 자르러 가는 길에는 짧은 머리의 여자들이 유난히 많았던 경험, 또는 그와 비슷한 경험이 누구에게나 있을 것이다. 내가 점찍은 차가 마트 지하주차장에도 있고 TV 속에도 있다. 어딜 가나 있다. 같은 차종이 갑자기 늘어난 것이 아니다. 내 RAS가 열심히 일하고 있다는 증거다. RAS가 다른 차들(중요하지 않은 정보)은 내 의식에서 싹싹 걸러 버리고 내가 염두에 둔 차만을 마음 맨 앞자리에 불러오기 때문이다. 내가 구입하려는 차종을 결정한 후 거리에 해당 차종의 수가 늘어난 것도 아니고, 자동차 회사가 해당 차종에 대한 마케팅 공세를 강화한 것도 아니다. 순전히 RAS의 작용 때문이다. 내 관심이 사라지면 해당 차종도 도로에서 사라진다.

길에서 내 차가 흔해 보이는 것도 RAS의 작용 때문이다.

여성의 경우 임신을 하면 그때부터 한 집 걸러 한 집 꼴로 임산부가 있거나 신생아가 있는 것처럼 느껴진다. 아기 엄마가 육아에 지쳐 잠이 들면 집 밖에 기차가 지나가고 이웃에서 싸움이 나도 세상모르

고 잔다. 하지만 아기가 울음을 터뜨리는 순간 벼락 맞은 듯 깬다. 인간 세계를 악의 구렁텅이라고 믿어 보라. TV를 켜거나 신문을 펼칠 때마다 비극과 죽음과 전쟁만 눈에 들어온다. RAS는 내가 전쟁 옹호론자인지 평화주의자인지에는 관심이 없다. 내 마음을 지배하는 생각이나 믿음에 부합하는 패턴들만 쏙쏙 뽑아 갖다 바칠 뿐이다.

싫어하는 것을 줄기차게 생각하는 것은 RAS에게 내가 싫어하는 것만 중점적으로 불러 대라는 명령을 내리는 것과 같다. 그렇게 되면 부정적인 정보만 과하게 접하게 되고, 그러다 보면 세상이 실제로 악의 구렁텅이처럼, 전쟁터 한복판처럼 보인다. **우리가 당신에게 부정적인 생각을 접고 긍정적인 생각에 집중하라고 말하는 것은 바로 이런 이유에서다.**

요약

이로써 나폴레온 힐의 주장은 사실로 밝혀졌다. 현대 과학으로 당당히 입증되었다. 우리는 자기대화self-talk나 기대요법으로 RAS를 프로그래밍할 수 있다. 긍정적인 기대를 하자. 그러면 RAS에 긍정적 행동 정보를 찾고 부정적 행동 정보는 차단하라는 명령이 자동 설정된다. 그러므로 내가 무엇에 생각을 기울이고 마음을 쏟는지가 중요하다. 그것이 내 잠재의식으로 스며들고, 미래의 어느 시점에 현실로 발현한다. 이것이 우리가 가진 RAS라는 생체학적 여과장치의 작용이다.

중요한 희소식이 있다. 우리는 우리 의도대로 RAS를 설정할 수 있다는 것이다. 우리는 RAS에 보낼 메시지를 의식적으로 선택할 수 있다. 다시 말해 우리는 스스로의 현실을 창조할 수 있다. 이것이 뇌간에서 뻗어 나온 작은 신경섬유 다발에서 벌어지는 마술 같은 사실이다. 마술의 곳간은 바로 망상활성계, RAS다.

이어지는 장에서 RAS를 프로그래밍하는 방법을 차근히 알아 보겠다.

세상에는 딱히 좋거나 나쁜 것이 없다. 우리 생각이 그렇게 만들 뿐이다.

셰익스피어 Willam Shakespeare

2장

무엇을 원할지 결정하라

멕시코의 어느 작은 어촌 마을 부두에 고깃배가 한 척 들어왔다. 지나가던 미국인 관광객이 멕시코 어부가 잡은 생선의 품질에 찬사를 보내며 이만큼 잡는 데 얼마나 걸리는지 물었다.

"별로 오래 안 걸려요." 어부가 대답했다.

"그럼 바다에 더 오래 나가서 더 많이 잡지 그래요?" 미국인이 물었다.

어부는 이만큼만 잡아도 가족과 먹고사는 데는 지장 없다고 말했다.

미국인이 다시 물었다. "그럼 나머지 시간에는 뭐하세요?"

"늦게까지 자고, 물고기 좀 잡고, 자식 놈들과 놀아 주고, 아내와 낮잠을 즐기죠. 해가 지면 마을에 가서 친구들과 어울려 몇 잔 걸치고, 기타 튕기면서 노래 몇 가락 뽑다 보면 하루가 가요. 아주 알찬 인생이죠."

미국인이 말했다. "난 하버드 MBA입니다. 내가 방법을 알려드리죠! 일단 매일 고기 잡는 시간을 늘려요. 남는 생선은 팔면 되겠죠? 생선 팔아서 모은 돈으로 더 큰 배를 사요. 배가 커지면 수입도 커질 테고, 그 돈으로 배를 한 척 더 사요, 다시 한 척 더. 그렇게 계속 배를 늘려서 저인망어선 선단을 꾸리는 겁니다. 그쯤 되면 생선을 중간상인에게 넘기는 대신 가공처리 공장들과 직거래할 수 있고, 여차하면 가공처리 공장을 직접 세울 수도 있어요. 그러면 이 작은 마을을 떠나 멕시코시티로, 로스엔젤리스로 이주해요. 뉴욕인들 못 가겠습니까! 사업체는 거기서 운영하면 돼요."

"그때까지 얼마나 걸리는데요?" 어부가 물었다.

"한 20년? 25년?" 미국인이 대답했다.

"그다음엔요?" 어부가 물었다.

"그다음부터 진짜로 재미있어져요." 미국인이 좋아라고 웃었다. "사업체가 커지면 회사를 상장하고 주식을 팔아서 천문학적 액수를 만질 수 있어요!"

"천문학적 액수요? 정말요? 그다음엔요?"

"그다음엔 은퇴해서 어느 바닷가 작은 마을에 집 한 채 마련해 놓고, 늦게까지 자고, 손주들 재롱이나 보고 물고기나 몇 마리 잡다가 부인과 낮잠을 즐기는 거죠. 해가 지면 마시고 노래하고 기타 치면서 친구들과 신나게 놀고요!"

누구에게나 인생의 야망이 있다. 뭔가 위대한 일을 하고 싶다는 야망. 당신도 그런가? 그 비밀을 언제까지 비밀로 품고 있을 생각인가? 많은 이들이 자신이 인생에서 정말로 원하는 것이 무엇인지 잘 알지 못한 채 생을 마감한다. 많은 사람들에게 출근길은 지옥길이다. 많은 사람들이 빈털터리로 노년을 맞는다. 많은 사람들이 암과 심장병 같은 질병으로 사망한다. 늙어서 자연사하는 사람은 드물다. 2장에서는 사람들이 처음 맞닥뜨리는 딜레마를 다루려고 한다. 바로 자신이 원하는 것을 결정하는 방법이다. 내가 인생에서 원하는 것은 무엇인가? 얼핏 들으면 쉬운 질문이다. 쉬우면 뭐하나? 사람들은 답을 알아내는 과정을 밟지 않는다.

**인생에서 성취감을 얻지 못하고 결핍을 느끼는 이유는
자신이 원하는 것이 무엇인지 결정한 적이 없기 때문이다.**

사람들은 보통 이런 질문들과 씨름한다. 무엇이 성공인가? 나는 어떤 사람이 되고 싶은가? 어떤 경험을 하고 싶은가? 어떤 자산을 얼마나 축적하고 싶은가? 생각만 해도 가슴이 뛰는 것, 누구나 그런 것을 하고 싶은 내면의 욕구가 있다. 하지만 대부분 욕구로만 남고 실현되지 못한다.

그냥저냥 사는 이유

갓난아기는 삶에서 원하는 것이 분명하다. 그것을 얻는 데 방해되는 것은 사람과 사물을 막론하고 용납하지 않는다. 아기는 누구의 눈치도 보지 않는다. 배가 고프면 음식을 줄 때까지 사방이 떠나가라 울어 댄다. 기어 다니기 시작하면 아무 거리낌 없이 대담무쌍하게 곧장 문으로, 장난감으로, 원하는 곳으로 돌진한다. 아무도 말릴 수 없다. 조금 더 자라 말이 터지면 그때부터는 원하는 것을 내놓으라고 부모를 볶아 대기 시작한다. 내놓을 때까지 멈추지 않는다. 부모에게 선택은 두 가지뿐이다. 항복하고 아이의 요구를 들어주거나 집에서 도망쳐 나오거나. 종합적으로 말해서 어릴 때는 인생을 단순하게 산다. 무게 잡고 살지 않는다. 쉽게 좌절하지도 않는다. 목적의식이 분명하다. 그렇다면 아동기와 성년기 사이에 대체 무슨 일이 일어나는 걸까?

우리의 RAS는 아동기에 다음과 같은 어른의 말들로 끊임없이 프로그래밍된다.

나잇값 좀 해—철 좀 들어라.

창피한 줄 알아라.

너는 왜 너밖에 모르니?

주는 대로 받아. 있는 것에 만족해.

네가 뭔데?

그러지 않는 게 신상에 좋을걸.

남기지 말고 다 먹어.

옆집 애 좀 봐라.

이런 버르장머리 없는 놈!

그런 타령일랑 넣어 둬.

내가 엄마니까. 그게 이유야!

남들이 다리에서 뛰어내리면 너도 따라 죽을래?

찍소리 말고 하라면 해.

인생은 원래 불공평한 거야.

내가 하는 거 말고 내가 하라는 걸 하란 말이야.

아무짝에도 쓸모없는 게 어쩜 네 아빠/엄마를 쏙 뺐니?

돈이 썩어나는 줄 알아?

실력이 없으면 조심이라도 해.

응급실에 실려 갈 때를 대비해 깨끗한 속옷을 입어라.

나가 죽어.

닥치지 않으면 혼난다.

가진 것에 감사해. 거기서 더 바라는 건 주제 넘어.

아프리카에는 굶어 죽는 아이들도 있어.

누가 더 손해인지 한번 해 볼까?

이런 RAS 프로그래밍의 결과 대개의 아이들은 타인의 요구에 순응하는 사람으로 길러진다. 어릴 때 있었던 자발성과 꿈들은 줄곧 억제되거나 완전히 소멸된다. 성년이 되면 기성세대의 기대에 맞춰 행동하고 결정한다. 본인이 결혼하고 싶은 사람보다는 '좋은' 신랑감/신붓감을 골라 결혼하고, 부모가 바라는 대학과 학과에 진학해서 신명나는 인생을 추구하는 대신 '확실한' 직업을 선택한다. 안전하고 '합리적인' 경로를 택해서 인생을 살금살금, 저자세로, 조용히 통과하다가 요절하거나 은퇴한다.

실화: 로버트의 이야기, 우리 모두의 실화

로버트에게는 평생 '옳은 일을 하고 이기적인 행동은 하지 말라'는 아버지의 가르침이 따라다녔다. 유럽에서 살던 10대 시절 로버트는 화가를 꿈꿨고, 사회복지 분야에 몸담고 불우한 사람들을 돕는 일을 하기 원했다. 그러나 그의 아버지는 그런 일은 그저 시간낭비일 뿐 가족을 부양하기 어렵다며 반대했다. 아버지는 아들이 의사가 되기를 원했다. 의사의 잠재 수입이 더 높아서만은 아니었다. 더 큰 이유는 주위에 의사 아들을 둔 걸 자랑하고 싶어서였다. 아버지는 로버트를 뉴질랜드로 보냈고, 의대 학비와 기숙사비와 생활비를 댔다. 로버트는 적성에 맞지 않는 공부였지만 열심히 했다. 7년 후 그는 미생물학자가 되었고 얼마 후에는 아버지의 바람대로 의사가 됐다. 하지만 이 글을 쓰고 있는 현재 로버트는 뉴질랜드에서 압자일렌Abseilen(높은 곳에서 밧줄을 타고 내려오는 것, 현수하강이라고도 한다) 강사로 일하면서 어린이 교육에도 참여하고 미술 수업도 듣는다. 유럽의 고향으로 돌아갈 마음은 전혀 없다. 의사로 일할 마음도 없고, 다시 아버지를 보지 못한다 해도 크게 상관없다.

로버트는 독재자 아버지로부터 탈출하기 위해 뉴질랜드로 갔지만 의사 아들을 바라는 아버지의 요구는 충실히 수행했다. 아버지가 비용을 댔기 때문이다. 로버트가 치른 대가는 7년의 헛수고와 아버지와의 절연이었다. 과연 그만한 가치가 있었을까?

성공의 사다리를 다 올라가서야 사다리를 엉뚱한 벽에 세웠다는 것을 깨닫는다면?

타인의 기대에 부응하는 삶은 헛된 삶이다. 당사자에게 불안과 불행만 가져다줄 뿐이다. 우리는 자기 일에 열정적이고 누가 뭐래도 자기 길을 가는 사람을 존경한다. 그 사람의 인생 지향에 동의하지 않을 때도 그 열정만은 존경한다. 이제 결정을 내리자. 내 인생의 주도권을 내가 잡겠다는 결심, 남들이 요구하는 것이 아니라 내가 원하는 것을 하겠다는 결심이 필요하다.

'무엇을' 원할 것인가, 그것이 문제다

시작은 간단하다. 하고 싶거나 이루고 싶은 것들을 종이에 쭉 적는다. 사소한 것도 좋고, 그 어떤 것도 좋다. 다른 사람이 보면 웃겠지 하는 생각은 할 필요 없다. 어릴 적 꿈이지만 아직도 마음 한편에 남아 있다면 그 꿈들도 목록에 포함시킨다. 마음이 동하는 아이디어가 있으면 그것도 기록한다. 적어도 10~20개의 항목을 확보하자. 마음을 끄는 것을 모두 적자. 다시 말하지만 어떤 것도 좋다. 목록에 적는다고 반드시 거기에 전력투구해야 하거나 반드시 저질러야 하는 건 아니다. 현재 내 관심권에 있거나 과거 어느 시점에 내 흥미를 끌었던 생각을 적는 것뿐이다. 목록을 작성한 다음에는 혼자만 알고 있거나 전적으로 신뢰하는 사람에게만 보여 준다. 내게 영향력을 행사하려 드는 사람과는 목록에 대해 논하지 않는다. 이건 말도 안 된다느니 저건 불가능하다느니 참견할 사람도 피하자. 딴지와 타박을 봉쇄하자. 이 목록은 오직 나 자신에 대한 것이다. 꿈 목록을 꿈 도둑에게 보여 주지 말자. 타인의 의견으로 자기 자신을 재단하지 말자.

**꿈을 접은 사람들은 다른 이들의 꿈마저 접으려 든다.
그런 사람들의 말은 귀담아 들을 필요 없다.**

'어떻게' 보다 '무엇을'

인생에서 원하는 것을 정말로 얻는 사람은 의외로 드물다. 성취 대상보다 성취 방법에 초점을 맞추기 때문이다. 사람들은 남이 이룬 것을 보고 이렇게 생각한다. '저걸 어떻게 했지? 나라면 못해.' 그래서 아무것도 하지 않는다. 목표 달성의 최우선 원칙이자 최고의 비결은 다음과 같다. **무엇을** 원할지 결정한다. 그것을 **어떻게** 이룰지는 생각하지 않는다. 그것은 당신의 RAS가 할 것이다.

앞 장에서 설명했듯 RAS에는 내장형 GPS가 있어서 어디로 갈지만 정하면 RAS가 알아서 내가 원하는 곳으로 데려다준다. 목표가 아니라 방법에만 골몰하면 용기를 잃기 쉽다. 당장은 목표를 이룰 방법을 알 수 없다. 당장은 필요한 스킬이 없다. 또 필요한 여건이 조성되지 않았다. 용기를 잃으면 아무 일도 일어나지 않는다. 용기 잃은 사람은 아무것도 시작하지 않는다. 지금 가장 중요한 것은 내가 원하는 것을 아는 것이다. 그게 무엇이든 방법에 대해서는 생각하지 않는다. 아직은. 지금은 방법에 대한 생각을 유보한다. 그건 나중 단계다. 이 책에서도 나중에 다룬다.

다음을 명심하자. 우선은 내가 **무엇을** 원하는지에 생각을 집중한다. 그것을 **어떻게** 할지는 고려하지 않는다. 그건 나중 문제다. 나중에 한다. 지금은 단지 **무엇을**만 적는다. RAS에 검색어를 넣자. RAS에게 일거리를 주자.

목표 노트 만들기

—

내 목표를 묘사하거나 구성하거나 상징하거나 설명하는 그림, 이미지, 글을 수집한다. 그것을 매일 보고 읽는다. 예를 들어 보자. 아래는 바바라와 내가 만든 목록의 일부다. 함께 적은 항목도 있고 따로 적은 항목도 있다. 적은 시점도 제각각이다.

우리의 목표

- 마라톤 완주

- 해변에 살기

- 호수 만들기

- 무술 검은 띠 따기

- 낙하산 점프

- TV 쇼 제작 및 진행

- 대기업 대표 되기

- 유명 강사 되기

- 콩코드(영국과 프랑스가 공동 개발한 초음속 여객기) 타기

- 러시아에서 세미나 열기

- 무대 최면술사 되기

- 뱀을 손으로 잡기

- 사해死海에서 배영하기

- 노래를 쓰고 녹음해서 음반 판매 순위 톱 40에 진입

- 성城에 살기

- 인명구조 자격증 따기

- 퍼넬웹 독거미 잡기

- 서핑 대회 우승

- 번지점프

- 50개국 여행

- 체육관 등록

- 피라미드 등정

- 베스트셀러 쓰기

- 호주 대표로 농구 경기 나가기

- 유명 방송인 되기

- 일류 세일즈맨 되기

- 외국에서 살아 보기

- 록밴드에서 기타 연주

- 내 사업체 갖기

- 서른 전까지 백만장자 되기

- 메르세데스 벤츠 소유

배우고 싶은 것들

- 탭댄스
- 스케이트보드
- 스쿠버다이빙
- 승마
- 스키
- 악보 읽기
- 마사지
- 프랑스어와 독일어
- 속독
- 작곡
- 음치 탈출
- 사진 근사하게 찍는 법
- 마술
- 아이를 똑똑하게 키우는 법
- 복싱
- 뛰어난 부모 되기
- 헬리콥터 조종
- 서적 출판과 유통 방법
- 건강 전문가 되기
- 항해술
- 로큰롤 댄싱

- 긍정적이고 건강한 자녀 양육법
- 수준급 수영 실력
- 마이클 잭슨의 문워크 댄스
- 명상
- 일본 요리
- 4성부 화성和聲 쓰기

배우고 싶은 악기

- 리드기타
- 피아노
- 드럼
- 색소폰
- 베이스기타
- 바이올린
- 하모니카

바바라와 나는 이런 목록을 광범위하고 다양하게 만들었다. 흥미로운 발상들을 그때그때 두서없이 모아 놓은 것일 때도 많다. 하지만 우리는 함께 또는 각자 적어둔 항목의 90퍼센트 이상을 시작했고, 그 중 대부분을 달성했다. 몇 가지는 세계 정상급 수준으로 달성했고, 몇 가지는 전국 규모의 상을 받았다. 다른 몇 가지에서는 지역 패권을 다투는 수준에 그쳤고, 일부에서는 개인적으로 참가에 의미를 두는 데 만족했다. 또 다른 일부는 넘을 수 없는 벽으로 드러났다. 바바라는 더 이상 피아노에 미련을 두지 않는다. 나는 탭댄스와 결별했다. 몇몇 목표는 미결이다. 몇몇은 버렸다. 일단 시작해 보니 전혀 즐겁지 않은 일이었기 때문이다.

남들보다 앞서 나가는 비법은 출발하는 것이다.
마크 트웨인Mark Twain

목록 만들기의 위력

—

우리는 신문 잡지에서 무의식중에 기사를 골라 읽는다. 신문을 다 훑었다고 생각했는데 다른 사람이 어떤 기사를 거론하며 읽었냐고 묻는다. 그런데 그런 기사는 본 기억도 없다. 신문을 다시 훑어보니 해당 기사가 대문짝만하게 나 있다. 심지어 전면 기사다! 그런데도 나는 보지 못했다. RAS의 표적 찾기 메커니즘이 내가 이미 입력한 생각과 발상에 연계된 것들만 선별적으로 보여 주었기 때문이다. 예를 들어 보자. 스포츠에는 관심이 많지만 꽃꽂이는 안중에 없는 사람의 경우, 신문이나 잡지에서 운동경기와 운동선수에 대한 기사는 눈에 쏙쏙 들어오지만 꽃꽂이에 대한 기사는 뻔히 있어도 잘 보지 못한다.

RAS는 프로그래밍 내용과 관련된 것들은 기가 막히게 포착한다. 그러나 나머지는 무시한다. 호랑이만 생각하기로 작정한 사람이 있다고 치자. 어디를 봐도 호랑이에 관한 글과 영화와 정보가 있다. TV를 켜도 호랑이가 나오고, 인터넷을 해도 호랑이가 뜨고, 잡지에도 호랑이가 있다. 심지어 시리얼 상자도 옥외 광고판도 호랑이가 점령했다. 카페에서도 버스에서도 호랑이 얘기를 하는 소리가 들린다. 하지만 호랑이에 신경 쓰지 않으면 호랑이가 얼씬도 하지 않는다.

목표 목록에 항목을 추가하면
관련 정보가 사방에서 보이기 시작한다.

차를 살 때도 같은 일이 일어난다. 4도어 흰색 토요타를 사기로 결심하면 그 차가 사방에서 눈에 띄기 시작한다. 고속도로, 주차장, TV, 출퇴근길, 이웃집 차고, 어디에나 있다. 흰색 토요타를 다음 차로 낙점하기 전에는 실제로 본 기억이 별로 없는데 내가 결정을 하고 나니까 무슨 조화인지 그새 폭발적으로 늘었다. 차종이 무엇이든 내가 사는 순간 흔해진다. 없는 데가 없다. 심지어 차들이 나를 따라다니는 것 같다. 이와 같은 원리로, 목표를 적어 놓으면 그와 관련된 정보와 해답이 눈앞에 나타나기 시작한다. 다른 말로 하면, RAS가 내 목표를 구현하기 시작한다.

스파게티 원칙

―

생각과 발상은 머릿속에 스파게티 덩어리처럼 엉켜 있다. 한 가지 생각이 다른 수많은 생각과 복잡하게 얽혀 있어서 한 가지 생각을 고스란히 가려내 거기 집중하기가 쉽지 않다. 그래서 종이에 생각을 옮겨 쓰는 것이 중요하다. 글로 쓰는 것은 생각 하나하나를 독립적 결정체로 굳혀서 다른 생각들과 분리해 숙고하게 해 준다. 목록을 만든 다음 거기 적힌 항목들을 바라보고 생각하는 과정을 가져 보자. 처음에는 중요해 보였던 것들이 빛을 잃기도 하고, 반대로 처음에는 미미하고 시시해 보였던 것들이 흥미진진하게 부각되기도 한다.

나는 어렸을 때 진 켈리Gene Kelly 주연의 뮤지컬 영화 〈사랑은 비를 타고〉Singing in the Rain를 보고 진 켈리가 때로는 미끄러지듯 우아하게 때로는 경쾌하고 현란하게 춤추는 모습에 넋을 잃었다. 20대까지 그 영화를 몇 번이나 보았다. 탭댄스를 배워서 나도 진 켈리처럼 춤추고 싶다는 욕망이 일었다. 그래서 탭댄스를 나의 목록에 올렸다. 탭댄스는 목록에 5년간 머물렀다. 탭댄스를 목록에 쓰자마자 영화와 TV의 탭댄서들이 눈에 들어오고, 탭댄스를 다룬 기사와 글이 사방에서 달려들었다. 탭댄스를 다룬 TV 쇼와 매체는 그전부터 있었지만, 내가 탭댄스를 목록에 쓰기 전까지는 내 가시권 밖에 있었다. 35세 때 나는 드디어 탭댄스 강습반에 등록했다. 그 후의 이야기는 차차 하기로 하자.

목표를 꼭 손으로 써야 하는 이유

—

캘리포니아 도미니칸 대학교의 심리학 교수 게일 매튜스Gail Matthews 박사가 267명의 참가자를 대상으로 목표 설정 연구를 진행했다. 박사는 목표를 손으로 쓰는 사람들이 그렇지 않은 사람들보다 목표를 이룰 가능성이 42퍼센트나 높다는 것을 발견했다. 키보드로 글씨를 쓰는 것은 여덟 가지 손가락 운동만 수반하고, 상대적으로 소수의 뇌신경 연결망만 사용한다. 이에 비해 손글씨는 최대 1만 가지 움직임을 수반하고, 뇌에 수천 개의 신경회로를 만든다. 이 때문에 손글씨가 목표에 대한 보다 강렬한 애착과 헌신과 의욕을 불러일으킨다. 물론 컴퓨터로 목표를 기록하는 것도 유용하다. 하지만 목표를 컴퓨터 키보드로 입력하는 것이 스포츠카 운전을 묘사한 글을 읽는 것이라면, 손으로 목표를 쓰는 것은 알프스를 누비며 스포츠카를 시운전하는 것과 같다. 손글씨는 목표에 대한 정서적 몰입도를 월등히 높이고, 동기부여 수준을 극적으로 끌어올린다. 목표를 쓰는 것은 RAS에 발동을 거는 것과 같다. 내 잠재의식에게 쉬지 말고 공든 탑을 쌓으라는 지시를 내리는 것과 같다.

1980년대에는 철의 장막Iron Curtain(냉전시대 서방 세계와 공산권 사이의 폐쇄적 경계선을 지칭) 건너편 러시아에서 세미나를 열겠다는 생각은 가당치 않은 꿈이었다. 서방인은 러시아에 갈 수조차 없었다. 하지만 바바라와 나는 그 꿈을 목록에 올렸다. 짜릿한 발상이었다. 제임스 본드James Bond 느낌도 났다. 목록에 올리기 무섭게 신문기사, TV 다큐멘터리, 잡지 칼럼 등에서 러시아에 대한 정보들이 우후죽순 보이기 시작했다. 그리고 현재 러시아어권 국가들은 우리 부부의 최대 출판 시장이자 세미나 시장이다. 우리가 1989년에 이 꿈을 목록에 적은 결과다. 러시아 진출이 미친 소리였던 시절 우리가 그 미친 소리를 목표 목록에 적지 않았다면 러시아는 영영 우리의 비즈니스 영역으로 부상하지 못했을 것이다. RAS가 '어떻게' 정보를 검색하지 않았을 테니 말이다. 원하는 것을 **어떻게** 얻을지에 골몰해서는 일이 되지 않는다. 정확히 **무엇을** 하고 싶은지 또는 **무엇이** 되고 싶은지를 결정하면 RAS가 알아서 길을 찾는다. 일단 마음에 목표를 입력하자. RAS가 알아서 방법을 보고 듣고 읽어 들인다. 아주 간단하다. 그러나 실천하는 사람은 극소수에 불과하다.

목표 목록을 읽고 또 읽어 보라. 각 항목이 내게 **진정**으로 중요한지 여부가 선명해지기 시작한다. 항목을 더하고 빼면서 목록을 계속 수정해 나가자. 얼마가 지나면 목록에서 탈락하지 않고 매번 살아남거나 지속적으로 재등장하는 항목들이 생긴다. 그런 항목들이 내게 의미 있는 목표다. 목표 목록을 침실 벽과 욕실 벽에 붙이고, 복사본을 냉장고에도 붙이고, 컴퓨터의 화면보호기로도 쓴다. 내가 주로 시간을 보내는 장소, 항상 눈이 가는 지점에 붙여 놓자. 곳곳에 붙여 놓자. 새로운 것이 생각날 때마다 추가하자. 목록은 길수록 좋다.

백만장자와 억만장자의 차이

—

1970년대에 부자들을 대상으로 한 연구가 있었다. 백만장자와 억만
장자의 주된 차이를 알아 보는 연구였다. 두 그룹 모두 부유한 것은
같았지만, 연구진은 두 그룹의 성취도 차이를 만든 요인에 집중했다.
3년의 연구 끝에 결과가 나왔다. 두 그룹의 최대 유사점은 자신이 원
하는 것을 정확히 알고 있다는 점이었다. 다만 억만장자들에게는 본
인의 아이디어와 목표와 목적을 명기한 목록이 있었다. 놀랍게도 두
그룹을 가르는 가장 극명한 차이는 손으로 쓴 목록의 존재 여부였다.
백만장자들도 목표를 향한 열의가 대단했고 본인이 원하는 바를 정
확히 알고 있었지만, **손으로 쓴** 계획서를 보유한 경우가 억만장자들
에 비해 현저히 적었다. 미국의 보험 왕 출신 억만장자이자 성공행동
연구가 폴 J. 마이어Paul J. Meyer는 목표 설정과 관련해 다음과 같은 연
구 결과를 제시했다.

- 미국인의 3퍼센트가 목표와 계획을 글로 확실하게 써 놓는다.
- 10퍼센트가 인생의 목표로 삼는 생각을 가지고 있다.
- 60퍼센트가 목표 설정을 고려하지만 금전적인 부분에 머무른다.
- 27퍼센트는 목표 설정이나 미래에 대해 생각해 본 적이 거의 없다.

마이어의 연구 대상자 구성은 다음과 같았다.

- 3퍼센트는 엄청난 성공을 거둔다.
- 10퍼센트는 적당히 부유하다.
- 60퍼센트는 이른바 '서민'이다.
- 27퍼센트는 국가 보조나 자선에 의지해서 근근이 산다.

할 일은 분명하다. 목표 목록을 만든다. 직접 손으로 써서.

진정한 커리어패스 또는 인생 미션

사람들의 목표 목록에서 최우선 순위를 점하는 것은 주로 직업에 대한 것이다. 경제활동인구로 보내는 세월을 어떻게 보내야 할까? 이것이 우리의 최대 관심사다. 하지만 조사결과 10명 중 8명 이상이 자신이 밥벌이로 하는 일을 좋아하지 않았다. 2012년에 140개국에서 시행된 갤럽 여론조사에 의하면, 사람들의 67퍼센트는 자기 일에 '몰입하지 못한다.' 다시 말해 일에 의욕이 없고 동기를 찾지 못하며 노력을 더 기울일 마음도 없다. 24퍼센트는 자기 일에서 '맹렬히 유리되어 있다.' 즉 진심으로 불행하고 전적으로 비생산적이다.

많은 이들이 먹고살기 바빠서 정말로 하고 싶은 것은 생각할 겨를도 실천할 여유도 없다고 말한다. 나는 어떤지 생각해 보자. 날마다 부푼 가슴으로 일어나는가? 주중에 다음날 아침이 기다려지는가?

그렇지 않다면(그렇지 않을 가능성이 84퍼센트다.) 이 점을 고민해야 한다. 나는 지금의 일 말고 어떤 일을 직업으로 삼아야 할까?

인생 미션을 찾는 방법이 있다. 이렇게 자문해 보자. 과거에 내가 열중한 일이 있었나? 기회가 되면 보수 없이도 하고 싶은 일이 있었나? 있었다면 무엇이었나? 과거를 돌아보자. 내 관심을 사로잡았던 것은? 나를 흥분시켰던 것은? 내게 즐거움과 행복감을 주고 나를 뿌듯함으로 채웠던 것은? 나의 인생 미션 또는 진정한 커리어는 바로 그것이다. 그 영역에서 찾아야 한다.

스스로에게 묻자. "보수 없이도 하고 싶을 만큼 좋고, 동시에 보수를 받고 할 만큼 잘할 자신이 있는 것을 한 가지 꼽는다면?" 이 질문에 대한 답을 찾았다면, 당신은 인생의 미션 중 하나를 발견한 것이다.

사람들은 자신에게 즐거운 일이 직업이 되고 나아가 그것으로 부자가 될 수 있다고 생각하지 못한다. 하지만 그것을 목록에 쓰면 길이 보인다. "내가 좋아하는 건 사람들과 어울려 수다 떠는 건데, 그걸로 어떻게 밥벌이를 한다는 거지?" 제이 르노Jay Leno, 데이비드 레터맨David Letterman, 마이클 파킨슨Michael Parkinson, 오프라 윈프리Oprah Winfrey가 입담으로 명성을 쌓고 거부가 된 사람들이다. "나는 집을 예쁘게 꾸미는 것밖에 모르는데." 마사 스튜어트Martha Stewart가 그것으로 성공했다. "내가 좋아하는 거라고는 운동밖에 없어." 타이거 우즈

Tiger Woods와 로저 페더러Roger Federer도 그랬다. 물론 예로 든 사람들은 비현실적인 성공과 부를 이루고 세계에 이름을 떨친 극소수에 속한다. 하지만 이들도 출발선에서는 이름 없는 사람들이었다. 돈이 따르지 않아도 하고 싶을 만큼 좋아하는 일을 직업으로 밀고 나간 사람들이었다. 유명하지 않아도 같은 방법으로 직업적 성공을 거둔 사람이 수없이 많다. 기억하자. 분야와 직종을 막론하고 모든 전문가들 역시 한때는 초보자였다.

> **진심으로 즐기는 일을 찾아라.**
> **그러면 단 하루도 일하지 않고 살 수 있다.**

사람마다 즐겨하는 것이 다르다. 맛집 찾아다니기, 책과 잡지 탐독, 파티와 클럽 섭렵, 영화 관람, 음악 연주나 음악 감상, 사교와 인맥 쌓기, 웹서핑, 스포츠, 쇼핑. 정확히 이런 것들을 하며 돈을 버는 사람이 있을까? 있기만 한가. 부지기수다. 외식을 즐기고 음식을 탐하는 것은 결코 나쁜 일이 아니다. 다만 이왕 욕망하는 김에 레스토랑 창업, 음식점 탐방 웹사이트나 블로그 개설, 요리 잡지 창간, 요리사 되기 등의 목표를 정하는 건 어떨까? 음악을 좋아하는 사람이면 노래를 직접 쓰거나 제작하는 일을 노려봄직하다. 저널리스트가 되어 음악 산업을 분석하고 조망할 수도 있다. 같은 것을 좋아하는 사람들을 위한 정보를 유통하고 물건을 제작하는 일도 열정을 돈벌이로 바꾸는 방법이다.

내 열정과 닿아 있는 것을 찾자. 그것이 내 소명이다. 열정이 아무데나 있는 사람은 없다. 나는 학동 시절 스탠드업 코미디와 개그에 두각을 보였다. 선생님은 내게 나서는 걸 좋아하는 것도 재주니 장차 전문적으로 해 보라고 했다. 내가 지금까지 40년 넘게 해 온 일이 바로 그것이다. '어떻게'는 몰랐다. 다만 나는 하기로 결심만 했고, 나머지는 내 RAS가 했다. 나는 24세에 세일즈 교육 지침서를 썼다. 그랬더니 불티나게 팔렸다! 나는 여기에 고무되어 유명 작가가 되기로 결심했다. 어떻게 할지, 어떤 책을 써야 할지는 몰랐다. 나는 학력 수준도 높지 않고 더욱이 작문은 취약한 과목이었다. 하지만 중요한 것은 하겠다고 결심한 것이었다. 나는 작심했다. 그뿐이었다. 그 목표를 공책에 쓰자마자 어떻게 할지에 해당하는 답들이 보이기 시작했다. 2년 후 나는 '사람들의 마음을 읽는 법'에 대한 책이라면 분명 베스트셀러가 될 것이라는 결론에 이르렀다. 그리고 책상에 앉아 첫 문장을 썼다. "옛날 옛적에…." 항상 첫 문장이 가장 어려운 법이다. 하지만 첫 문장을 쓰자 제대로 발동이 걸렸다. 나는 책 제목을 '고객의 보디랭귀지'로 정했다. 이 책은 《보디랭귀지》Body Language라는 제목으로 출간되었다. 나의 첫 야심작이었다. 내 나이 27세였다. 나머지는 이미 알려진 대로다.

내 흥미를 끌고 내 가슴을 뛰게 하는 것이 있는가? 그것이 무엇이든 돈이 될 수 있고 훌륭한 직업이 될 수 있다. 그러려면 우선 나는 무엇을 좋아하는 사람인지 알아야 한다. 내가 진정으로 좋아하는 것을 정해서 그것을 또박또박 적어야 한다.

단순 밥벌이는 진정한 업이 아니다. 열정을 업으로 이룰 때까지 생활비를 벌기 위한 잠정적인 밥벌이는 때로 필요하다. 하지만 그런 일은 밥벌이 그 이상도 그 이하도 아니다. 불행히도 우리 중 80퍼센트 이상이 그런 일을 업으로 삼고 있다. 돈을 주지 않아도 하고 싶은 일이 무엇인가라는 질문을 받았을 때, 그것이 지금의 내 직업이라고 대답할 수 있는가? 그렇지 않다면 지금 당장 거기서 벗어나기 위한 탈출 계획을 짜야 한다.

잡JOB은 '파산을 겨우 면한 상태'Just Over Broke를 뜻한다.

일은 그저 일일 뿐이라고 생각하는가? 그렇지 않다. 지금 이순간도 수많은 사람들이 가슴 설레는 일, 더 하고 싶어서 몸이 근질거리는 일을 하며 성공의 길을 걷고 있다. 그런 일을 해야 아침마다 벅찬 가슴으로 일어날 수 있다. 성취감이 있는 삶을 살려면 그런 일을 하며 살아야 한다.

순전히 돈을 벌기 위한 창업이나 커리어 선택은 시간의 시험을 견디지 못한다. 적성에 맞지 않는 일은 냉소적이고 불행한 사람을 만든다. 가슴에서 이것이야말로 내 일이라는 울림이 있는 일을 하면 결국 돈도 따르게 된다.

> 문제에 밀리지 말라.
> 꿈을 밀고 나가라.

당장 오늘부터 목록 작성을 시작하자. 내 흥미와 관심을 끄는 것은 무엇이든 목록에 올릴 수 있다. 목록의 항목들을 가타부타 평가하지 않는다. 가슴이 시키는 대로 쓰기만 한다. 꿈을 기록하고 반복적으로 생각해서 대뇌피질 각성 시스템의 일부인 RAS에 발동을 걸자. RAS에 발동이 걸리면 목표 달성 가능성이 높아진다. 목표를 하나하나 손으로 쓰면서 내게 정말로 중요한 것들에 집중한다. 이런 방법으로 RAS를 자극하고 내가 원하는 방향으로 일하게 만든다. 목표를 글로 쓰면 생각이 단단해지고 가고자 하는 지점이 또렷해진다. 그다음에는 RAS가 그곳에 이를 때까지 발 디딜 곳을 정확히 찾아내 일러줄 것이다.

성공한 사람들에게는 생각을 메모하고 아이디어에 우선순위를 매기는 습관이 있다. 생각이 글자로 박히는 순간 RAS가 주인이 원하는 것을 얻을 방법을 검색하기 시작한다.

바로 오늘을 내 인생의 주도권을 찾는 날로 삼자. 다른 사람이 떠미는 길로는 가지 말자. 그 사람의 의도가 아무리 좋아도 내 의도는 아니니까.

- 내 인생의 결정권은 내게 있다. 인생의 결정권 확보도 내 결정에 달렸다. 지금 결심하자.

- 내가 원하는 것을 가지고, 내가 되고 싶은 사람이 되겠다고 지금 결심하자.

- 내가 매일 하는 일이 나를 설레게 하는 일이 아니라면 거기서 탈출할 계획을 세워야 한다. 조사에 따르면 대부분의 사람들은 자신이 밥벌이로 하는 일을 좋아하지 않는다. 마지못해 한다. 그런 사람들 중 1명이 되지 말자.

- 지금 당장 목표 목록 작성에 착수하자. 나중으로 미루지 말고 지금 당장. 아침 먹고 나서도 아니고, 이 책을 읽고 나서도 아니다. **지금** 한다. 미루다 보면 더는 남은 시간이 없음을 깨닫는 날이 온다. 그러니까 지금 당장 하자.

여기 말고 다른 곳에 있고 싶다면, 거기가 어딘지 결정하라.
결정하기 전에는 지금 있는 곳에서 벗어나지 못한다.

3장

목표를 명확하게 정의하라

사람들이 생각하는 여정

실제 여정

인간은 두 가지 동기 중 하나로 행동한다. 이익 획득 또는 손해 회피. 물론 두 가지 욕구가 동시에 달성되는 목표도 많다. 가령 회사에서 중역으로 승진하면 소득이 늘어나 가족을 더 풍족하게 부양할 수 있고, 동시에 사랑하는 이들을 맘껏 부양하지 못하는 고통을 피할 수 있다.

이제 목표 목록을 작성했으니 3장에서는 생각을 현실로 바꾸는 첫 걸음을 내디뎌 보자.

종이를 세 칸으로 나누고, 목표 목록의 항목들을 세 가지로 분류해 옮겨 쓰자. A칸에는 시급히 달성해야 하거나 내게 가장 의미가 큰 항목을 쓴다. B칸에는 역시 중요하지만 막상 시간과 노력을 투자하기 전에 좀 생각할 여지가 있는 항목을 쓴다. 마지막 C칸에는 흥미를 유발하고 도전의식을 부르지만 A칸이나 B칸으로 격상되려면 지금보다 많은 정보와 동기요인이 필요한 항목을 적는다. C칸의 항목은 흥미롭고 매력적이지만 현 시점에서는 그저 가능성에 그치는 아이디어들이다.

다음에는 A칸과 B칸의 항목들을 대상으로 가장 끌리는 순서대로 1위부터 10위까지 순위를 매긴다. 이제 이 목록은 내 인생이 어디로 향할지에 대한 근간이 된다. 오늘 매긴 우선순위를 내일 다시 보면서 순위를 조정한다.

이제 당신은 커리어와 사생활을 아우르는 다양한 물리적·정신적 목표들을 정했고 거기에 우선순위를 매겼다. 이번 장에서는 목표 달성에 두루 적용되는 원칙들을 다룰 것이다. 바바라와 나도 이 원칙들을 이용해 우리의 목표를 달성했다.

A

B

C

앞서 말했듯 우리는 목표 중 일부는 각자 달성했고, 일부는 지역적 수준으로, 일부는 전국적 수준으로, 나머지는 세계적 수준으로 달성했다. 예를 들어 한때 우리 책 5권이 유럽의 베스트셀러 명단에 동시에 올랐고, 우리는 세계적 논픽션 작가로 꼽혔다. 우리는 기네스북에 등재됐고, 로큰롤 댄스를 배웠고, 유럽의 성에서 살기도 했다. 나는 이제 문워크를 출 수 있고, 바바라는 협곡 번지점프에 도전했다. 우리가 목표를 이룬 과정은 앞으로 천천히 설명하겠다. 비결은 놀랍도록 간단하다. 쉽지는 않다. 하지만 마음먹기에 따라서 간단한 일이다. 놀라운 일도 심지어 어림없어 보이는 일도 의외로 간단히 해낼 수 있다. 이제 그 방법을 배워 보자.

목표를 수치화하라

무엇이든 목표가 될 수 있다. 우리의 마음을 움직이고 성취욕을 일으키는 것 모두 목표가 된다. 사람마다 가치관에 따라 의욕과 야심을 두는 면면이 다르다. 어떤 사람에게는 권력과 재력이 중요하고, 다른 사람에게는 암 치료법 발견이 급선무고, 또 다른 사람에게는 아프리카 기아 구제가 중요하다. 동기를 유발하는 모든 것이 목표다.

목표가 동기유발 요인이 되려면 목표를 구체적이고 측정 가능한 용어로 명시해야 한다. 날짜, 기간, 기대치, 모양, 색깔, 규격, 결과물을 상세히 설정해야 한다. 예컨대 '언젠가 부자가 되는 것'이 목표라고 치자. 이런 목표는 동기부여 능력이 떨어진다. 화살을 쏠 명확한 표적이 없기 때문이다. 너무 포괄적이고 모호해서 RAS가 제대로 알아먹지 못한다. 그런데 같은 목표를 이렇게 묘사한다면? '5년 후 8월 15일 자정까지 순자산 100만 달러를 확보하고 부채는 전혀 없는 상태가 된다.' 이러면 즉각 행동에 옮길 의욕이 생긴다. 구체적 액수와 기한이 주어졌기 때문이다. 이 경우 RAS가 바로 목표를 이룰 방법을 찾기 시작한다.

다른 예를 들어 보자. '근사한 집을 갖는 것'이라는 목표로는 적절한 동기부여가 되지 않는다. '근사한 집'은 막연한 개념이다. 캘리포니아의 억만장자는 바다를 굽어보는 방 100개짜리 저택을 '근사한 집'으로 생각하고, 보츠와나의 부시맨은 사막의 초가집을 근사한 집으로 인식한다. 이 목표를 이렇게 바꿔 보자. '사철 따뜻한 바닷가에서 100미터 떨어진 곳에 위치한 열대 정원을 갖춘 침실 4개짜리 남향 벽돌집을 지금부터 3년 안에 장만한다.' 그러면 RAS에 즉각 발동이 걸려 지체 없이 목표를 이룰 방법을 찾기 시작한다. 평면도, 조경, 가구, 문손잡이, 건축 소재, 부엌 상판과 마루의 재질까지 명확히 묘사할 수 있다면 더 좋다. 그러면 RAS가 그런 집에 사는 기분이 어떨지 상상하기 시작한다. 그 결과 목표 달성의 의욕이 더 솟는다. 요건에 맞는 집이 매물로 나왔다는 부동산 광고가 뜨면 RAS가 내게 득달같이 가져온다. 내가 할 일은 거기 가서 직접 집을 보고, 분위기를 느끼고, 브로슈어를 챙겨오는 것뿐이다. 목표를 세세히 수치화할수록 거기 도달하려는 RAS의 추진력도 높아진다.

인생이 흘러가는 양상이 만족스럽지 않다면, 그것은 인생의 목표들이 충분히 명확하게 정의되지 않아서 RAS가 어디에서 무엇을 찾을지 갈피를 못 잡고 있기 때문이다. 목표가 상세 수준까지 뚜렷해지고, 오늘 내가 있는 곳이 어디고 장차 가고 싶은 곳이 어디인지 확실하게 알면 RAS가 맹렬히 작동하고 그에 따라 의욕이 끓어오른다.

목표는 긍정의 연필로 쓰라

사람들은 종종 목표를 부정형 언어로 설정하는데, 문제는 RAS가 긍정형 이미지만 볼 수 있다는 것이다. RAS는 정해져 있지 않은 것은 그려 내지 못한다. 따라서 부정형 표현으로 구성한 목표들은 좀처럼 실현되지 않는다. 가령 흡연자는 금연 결심을 흔히 이렇게 표현한다. '1월 1일까지 담배를 끊는다.' 하지만 흡연자의 뇌는 이미 담배를 피우는 것과 관련된 강력하고 긍정적인 이미지들로 가득하다. 뭔가를 **하지 않겠다**고 말하는 것은 RAS에게 시각화할 수 없는 것을 상상하라고 명령하는 것과 같다. RAS는 그런 건 하지 못한다. 금연 결심을 이렇게 바꿔 보자. '1월 1일까지 나는 비흡연자가 된다.' 그러면 RAS

가 비흡연자의 이미지를 형성한다. 손가락에 담뱃진이 묻어 있지 않고, 입에서 담배 냄새가 나지 않고, 하얀 치아와 생기 있는 피부를 자랑하는 깔끔하고 건강한 모습의 나를 그린다. 자신감 있고 인기 있는 내 이미지를 만들고 동경하자. 나 자신을 홀리자. 그 생각이 금연을 돕는 것들과 금연에 성공한 사람들을 내 의식과 시야로 데려온다.

> **긍정형 언어로 규정된 목표는 마음에 동기부여 이미지를 만들지만,**
> **부정형 언어로 규정된 목표는 그 어떤 심적 이미지도 만들지 못한다.**

만약 몸무게가 100킬로그램이고 10킬로그램 감량을 원할 때, '10킬로그램을 뺀다'라는 목표는 별 효과가 없다. 내 마음에는 이미 100킬로그램 나가는 사람의 이미지가 선명하게 박혀 있기 때문이다. 그 이미지가 내게 그 체중을 유지하는 데 필요한 만큼 먹도록 종용한다. 하지만 목표를 '나는 6월 20일까지 90킬로그램이 된다'로 바꾸면 상황이 달라진다. 내 마음은 90킬로그램의 내 모습을 형상화하고, RAS에게 거기에 부합하는 정보를 찾도록 지시한다. RAS는 90킬로그램이 된 내 이미지를 내 잠재의식에 전달하고, 이 목표를 향해 나를 몰아간다.

그러므로 목표는 긍정형으로 만들어야 한다. 우리 마음은 긍정형의 심상만 만들 수 있다. 심상을 만들 수 없는 지시는 아무 의미가 없다.

목표를 실감하라

—

사고 싶은 차에 시승했다가 다시 나의 낡은 차를 탔을 때를 생각해 보자. 기분이 어땠는가? 내 차가 유난히 더 낡아 보이고 차를 바꾸겠다는 의지가 한층 불타오르지 않았는가? 목표에 부합하는 이미지들에 물리적·정서적으로 접근할수록 해당 목표에 빨리 다다르게 된다. 예를 들어 보자. 당신은 빨간색 4인승 컨버터블을 가지고 싶다. 당신은 그런 차의 사진과 탑승 후기와 판매 실적과 브로슈어를 검색한다. 하지만 (당신의 미래 별장이 있는) 해안선을 따라 직접 시운전을 나간다면? 이미지만 검색했을 때와는 비할 수 없이 가상 체험의 질이 수직 상승한다. 당신은 정서적으로 이 목표와 한층 강하게 밀착된다.

자선사업에 뜻을 둔 사람은 다른 사람들의 자선활동에 관한 글에서 영감을 받고 의지를 다진다. 그러다가 하루 정도 구세군 무료급식소에 자원봉사를 나가거나 불우이웃 돕기 행사에 실제로 참가해 본다. 그 목표가 정말 내게 맞는 목표라면 하고 싶은 마음이 더 모락모락 일고 몸이 근질근질해진다. 자녀를 일류 학교에 보내고 싶은 부모라면 거기 관한 글만 읽지 말고 학교 견학을 예약해서 그 학교의 분위기를 직접 느껴 보자. 학비를 어떻게 충당할지는 아직 걱정할 필요 없다. 그건 RAS가 알아서 해결하도록 놔두자. 대개는 평생의 반려자를 우연히 만난다. 반려자를 만나는 것은 어쩌면 인생의 가장 중요한 문제다. 그렇다면 내가 정확히 원하는 짝을 만나는 게 좋지 않을까? 완벽한 배우자의 이미지를 마음에 그리자. 가령 탄탄한 체격, 밝고 긍정적인 사고, 유머감각, 맑은 눈을 가진 호감 가는 남성 또는 여성. 그리고 이 기준에 부합하는 사람과만 데이트한다. 간단해 보이지만 의외로 이렇게 하는 사람이 드물다. 대개는 인생에서 마주치는 사람들 또는 결혼정보회사의 데이터베이스를 모집단 삼아 거기서 선택한다.

정말로 눈에 차는 것을 목표로 삼자.
눈에 들어오는 것 중 그나마 나은 것에 안주하지 말자.

뇌가 목표를 상대하는 방법

내 꿈을 상상할 수 없다면, 아직은 그 꿈을 이룰 준비가 되어 있지 않은 셈이다. 우리 뇌는 물리적 또는 정신적으로 달성 가능한 것들만 심상으로 만든다. 스포츠 세계는 이 사실을 이미 수십 년 전부터 활용해 왔다. 내 마음이 특정 목표를 달성한 내 모습을 그릴 수 있으면 내 몸이 그것을 해낼 수 있다. 캐나다 비숍스 대학교의 에린 샤켈Erin Shackell

과 라이오넬 스탠딩Lionel Standing 교수는 마음속으로 역기를 드는 훈련을 하면 몸이 그 이미지에 반응해 실제로 역기를 들 때 실질적인 실력 향상으로 나타난다는 것을 실험으로 증명했다.

자신이 총리나 대통령이 되는 모습을 상상할 수 있다면, 그 목표를 달성할 토대를 내 내면에 구축했다고 볼 수 있다. 애초에 상상조차 되지 않는 일을 달성하기는 어렵다. 따라서 목표를 글로 자세히 쓸 수 있다면 아무리 벅차 보이는 꿈이라도 이미 내 내면에 성공의 씨앗이 있는 셈이다. 상상조차 되지 않는 것을 꿈이라고 할 수는 없다. 상상이 되지 않으면 지금으로서는 꿈을 이루는 데 필요한 요건을 갖추지 못한 것이다. 하지만 역으로 해석하면 이 말은 엄청난 기회를 의미한다. 나폴레온 힐이 1937년에 말한 것처럼, 무언가를 열심히 생각하면 몸이 그것을 달성한다는 뜻이니까!

상상할 수 있다면 실현할 소질도 있는 것이다.

억만장자가 된 모습을 마음에 그릴 수 있다면 내 안에 재정적 성공의 가능성이 있는 것이다. 절벽 아래 요동치는 급류로 번지점프하는 장면을 상상할 수 있다면 나는 실제로도 번지점프를 할 수 있는 사람이다. 2만 명의 청중 앞에서 강연하는 내 모습을 상상하는 것이 즐겁다면 내게는 세계적 강연자의 자질이 농후하다. 병 없이 건강하게 사는 자신을 상상하라. 내 몸은 내가 상상하는 결과를 향해 움직이게 된다. 마음에 그리는 족족 성공이 보장되지는 않는다. 인생이 그렇게 녹록하지는 않다. 하지만 바라는 상황을 시각화하는 능력이 우리를 꿈의 현실화로 향하는 궤도에 올린다. 가장 중요한 첫걸음은 최종 결과를 획득하는 자신의 모습을 상상하는 것이다. 그것을 **어떻게** 해낼지는 아직 생각하지 않는다. (어떻게에 대해서는 나중에 논할 것이다.) 그러나 사람들은 대개 반대로 한다. 방법만 궁리하다가 좌절감을 빠져 생각을 접고 만다.

**명확하게 정의된 목표가 없으면
우리는 사소한 일상 수행에 급급해져 결국 일상의 노예가 된다.**

로버트 하인라인Robert Heinlein, SF 작가

RAS를 발동하라

—

목표 설정이 이루어지면 RAS가 마음을 모은다. 전에는 관심 없던 것들을 갑자기 의식하게 된다. 이제는 내게 유용하고 중요한 것이 되었기 때문이다. 이제는 내게 '해당사항'이 되었기 때문이다. 인간관계가 일을 이루는 유도제요 가속장치요 윤활유라는 건 만고의 진리다. 업무적인 모임이나 행사에서 누군가의 이름이 언급됐다고 치자. 목표

실현에 유리한 인맥이 될 만한 사람이다. 과거에는 나와 상관없는 이름이었기에 RAS가 무시했지만 지금은 사정이 다르다. 마음에 둔 목표와 닿아 있기에 귀가 번쩍한다. 그래서 직접 나서서 또는 옆 사람의 옆구리를 찔러서 그 사람에게 나를 알리고 친분을 튼다. RAS가 찰나의 순간에 이 금쪽같은 정보를 집어낸다. 내게 무엇이 중요한지 결정한 순간 RAS가 활성화된다. 행사장이 아무리 어수선하고 음악소리가 시끄러워도 RAS는 필요한 정보를 칼같이 분리해 낸다.

목표 목록을 사방에 붙여 두라

목표 목록을 작성했다면 목록을 사방에 전시하자. 냉장고에 붙이고, 컴퓨터 화면보호기로 만들고, 핸드폰 화면에도 깐다. 사방에 붙인다. 뇌가 각각의 목표를 지속적으로 감정하고 심사해서 그것이 내게 가지는 의미를 줄기차게 조정 또는 강화하게 한다. 목표가 실현되었을 때의 인생을 뇌에게 예행연습시키는 효과도 있다. 우리 뇌에는 수십 억 개의 신경세포가 갖가지 신경회로를 형성해 판단을 내리고 몸에 명령을 전달한다. 목표를 성취한 내 모습을 생생히 그리자. 그것은 RAS가 뇌세포들에게 이런 지시를 내리는 것과 같다. 몸을 지휘해 심상을 현실로 완성하라! 따라서 목록을 사방에 붙여 두고 자주 봐야 뇌가 자극을 받고 꿈의 실현에 관여하는 신경회로들이 증강되어 일이 탄력을 받는다.

목표와 연관된 그림이 보이면 오리거나 프린트하자. 어떤 것도 좋다. 집, 휴가, 자동차, 번지점프하는 모습, 구름 같은 관중 앞에서 연설하는 모습, 우주를 구하는 모습 등등. 또 목표와 결부된 이미지들을 스크랩하자. 공책을 사서 목표를 모으자. 목표 노트를 쓰고 목표 앨범을 만들자. 바바라와 나는 둘이 합쳐 지금까지 200개가 넘는 목표를 기록했고, 그중 122개를 완료했다. 우리는 호수를 3개 만들었고, 크렘린 궁에서 세미나를 열었고, 성에서 살았고, 넘버원 베스트셀러 10권을 썼다. 모두 우리가 목표 노트에 손으로 썼던 것들이다.

인생은 익숙한 영역의 끝에서 시작된다

—

어떤 목표를 C칸에서 B칸으로, B칸에서 A칸으로 격상시켰는데 그 목표에서 더는 처음의 두근거림이 느껴지지 않는다면, 방법은 세 가지다. 다시 B칸이나 C칸으로 내려보내거나, 목표를 손보거나, 아예 목록에서 빼고 다른 목표를 찾거나. 목표 목록에 수정과 변경을 가하고 항목을 넣고 빼는 것은 전혀 이상한 일이 아니다. 목표가 오직 하나만 있는 사람은 거기에 집착해 더는 매달릴 의미가 없어졌는데도 계속 매달린다. 그리고 실패한다. 다 그런 건 아니지만 목표가 하나뿐이면 실패 가능성이 높다.

실화: 행크의 이야기

나는 언제나 울루루에 오르고 싶었다. 울루루는 호주 노던 주 앨리스스프링 근처에 있는 높이 330미터, 둘레 8.8킬로미터의 거대한 붉은 바위다. 호주 원주민이 신성시했던 곳이자 호주가 자랑하는 자연유산 중 하나다. 나는 울루루 등반을 C칸에 적고 5년 안에 달성하기로 했다. 하지만 그 안에 달성하지 못해도 목록 안에 남겨 두고 언젠가는 꼭 달성하리라 마음먹었다. 나는 내가 하고 싶은 것, 즉 바위에 오르는 것만 생각했다. 어떻게 할 것인지는 생각하지 않았다. 이 목표를 목록에 적자마자 울루루에 대한 뉴스 기사와 다큐멘터리가 사방에서 눈에 들어왔다. 내가 일부러 찾아다니지 않아도 그냥 계속 나타났다. 3년 후 어느 날 나는 커피숍에서 옆 테이블에 앉은 두 사람이 울루루에서 열리는 학회에 대해 얘기하는 소리를 들었다. 커피숍의 온갖 소음을 뚫고 그 소리가 귀에 딱 들어왔다. 나는 냉큼 대화에 끼어들어 그게 무슨 학회인지 알아냈다. 그리고 몇 번의 전화 통화를 거쳐 나를 그 학회의 초청 연사 중 한 명으로 만드는 데 성공했다. 그로부터 6개월 후 나는 드디어 울루루에 올랐다. 목표 완수!

1년이 흘렀다. 나는 어떤 콘퍼런스에서 목표 설정에 관한 강연을 하며 울루루에 올랐던 경험을 언급했다. 참가자 중 한 사람인 행크(전기 기술자)가 질문했다. "그 경우가 제게도 적용될까요? 저도 울루루에 오르고 싶습니다. 선생님은 강연을 업으로 하시는 분이니까 그렇게 가시는 게 쉽겠지만, 저 같은 경우는 울루루에 가려면 3천 달러를 모아야 합니다."

눈치챘겠지만 행크는 벌써부터 **어떻게**를 생각하고 있었다. 그리고 방법이 떠오르지 않는 한 울루루 등정을 목표로 삼을 마음이 없었다. 나는 그

울루루 위에서

에게 일단 그것을 목표로 적고 그의 RAS가 나머지를 해결하도록 기회를 주라고 했다. 행크는 여전히 의심어린 얼굴로 시도는 해 보겠다며 진전이 있으면 알려주겠다고 했다. 그후 6개월 동안 행크가 보내 온 소식은 이렇다. 그가 눈을 돌리는 곳마다 울루루에 대한 이야기가 있었다. 앨리스스프링스에 관한 뉴스 기사와 TV 특집 프로그램도 있었다. 스팸메일함에서 노던 주로 가는 항공권 할인 광고가 눈에 들어왔고, 노던 주에서 사진전이 열린다는 소식이 들렸다. 그는 앨리스스프링스를 배경으로 한 영화 〈앨리스 같은 도시〉A Town Like Alice를 빌려다 보았다. 친구들에게 울루루에 가고 싶다는 얘기를 하고 다녔더니 몇몇 친구들이 울루루에 관한 정보를 보내 주었다. 행크의 주변이 울루루에 대한 정보로 가득했다. 모두 행크가 울루루 등정의 꿈을 목록에 적은 후 그의 RAS가 그의 의식 속으로 물어다 준 것들이었다.

행크가 이 목표를 쓴 지 8개월이 흘렀을 때 한 지인에게서 전화가 왔다. 지인은 앨리스스프링스 근처 가스관 사업에 참여할 업체를 모집하는 정부 공고를 보았다고 했다. 그 사업은 특히 경험 있는 전기 기술자를 필요로 했다! 행크는 귀를 의심했다. 그는 당장 지원했고 일자리를 따 냈다. 앨리스스프링스에서 3개월간 전기 기술자로 일하기로 했다. 행크는 가슴이 벅찼다.

일이 이렇게 풀리다니 믿기지 않았다. 그는 앨리스스프링스에 도착한 지한 달 만에 울루루에 올랐다. 돈이 들어가기는커녕 오히려 돈을 벌면서 목표를 이룬 것이다! 처음 행크는 울루루 등정을 **어떻게** 실현할지에 초점을 맞춰 생각했다. 그리고 내가 학회 초청을 계기로 목표를 이룬 것에만 주목했다. 그에게 필요한 것은 그런 것이 아니었다. 필요한 것은 일단 그것을 하겠다는 **결심**이었다. RAS가 해답을 찾도록 시동을 거는 것이었다. 행크의 의심 많은 친구들은 행크의 지인이 그런 광고를 발견한 건 순전히 운이고 우연이었다고 말했다. 하지만 그것은 운이 아니었다. 하겠다는 결심이 도모한 일이었다. 행크는 RAS라는 특수사령부에 작전개시 명령을 내렸고, 그 명령이 결과를 만들어 냈다. 그의 의심 많은 친구들 중에는 울루루에 올라 본 사람이 없다. 해 본 적이 없는 사람들의 조언은 유용성이 떨어진다.

무엇을 할지부터 결정하라. 어떻게 할지는 다음 일이다.
방법은 목표를 정하는 즉시 나타나기 시작한다.

목표의식과 기대수명의 상관관계

—

캐나다 칼튼 대학교의 패트릭 힐Patrick Hill과 니콜라스 투리아노Nicholas Turiano 교수는 MIDUSMidlife in the United States(미국 중년층 연구)에 등록된 사람들 중 6천여 명의 데이터를 분석했다. 표본집단에 대한 추적조사 기간은 평균 14년이었다. 연구자들은 조사 대상자들의 인생 목표와 목표의식에 초점을 맞췄다. 추적조사기간 동안 대상자 중 569명이 사망했다. 힐과 투리아노의 분석 결과, 사망자들은 생존해 있는 사람들에 비해 목표가 없거나 적었고, 목표의식이 낮았다. 전반적으로 인생의 목표를 가진 사람이 그렇지 않은 사람보다 오래 사는 효과가 있었다. 강한 목표의식이 사망위험도를 대폭 낮춘 것이다. 또한 이 현상은 모든 연령층에서 고르게 나타났다.

명확하게 정의된 목표는 기대수명을 연장하고 건강을 증진한다.

이처럼 인생의 방향감각과 목표의식은 수명에도 긍정적인 영향을 미친다. 원하는 것이 확실하고 목표가 뚜렷한 사람이 오래 산다. 이 효과는 나이에 상관없이 나타난다. 따라서 명확한 목표 설정을 빨리 시작하면 할수록 사망 가능성 억제 효과도 빨리 시작된다.

죽음을 앞둔 후회

사람들이 인생에서 가장 중요하게 꼽는 것은 무엇일까? 브로니 웨어 Bronnie Ware라는 호스피스 간호사는 생의 남은 시간이 12주 이하인 시한부 환자들을 돌본 경험을 바탕으로 《죽기 전에 가장 많이 하는 후회 5가지》The Top Five Regrets of the Dying라는 책을 썼다. 웨어는 이 책에 죽음을 앞둔 사람들이 삶에 대해 말한 내용을 담았다. 그녀는 환자들에게 인생에서 어떤 후회가 남는지, 바꿀 수 있다면 무엇을 바꾸고 싶은지 물었을 때 비슷한 주제들이 반복해 등장하는 것을 발견했다.

죽음을 앞둔 사람들이 가장 많이 후회하는 5가지는 다음과 같다.

1. 왜 행복하려고 하지 않았을까

많은 이들이 생의 마지막 순간에 와서야 행복은 선택이었다는 것을 깨닫는다. "평생 익숙한 방식만 고수하며 습관에 매여 살았다. 튀는 것이 두려워 남들과 비슷하게 행동했다. 익숙함이 주는 이른바 '편안함'이 물리적 일상뿐 아니라 감정까지도 덮어 버렸다. 변화의 공포 때문에 남들에게 그리고 나 자신에게도 만족한 척, 행복한 척하며 살았다. 다시 산다면 주책이라는 소리를 들어도 맘껏 웃으며 살고 싶다."

2. 친구들과 연락하고 살걸

"죽음을 목전에 두고서야 옛 친구들이 얼마나 소중한지 알았다. 하지만 이제는 너무 늦어 버렸다. 연락이 끊긴 지 오래인 친구들을 다시 찾기란 쉽지 않다. 사는 데 급급하고 생활에 쫓겨서 천금 같은 교우관계를 세월의 흐름 속에 흘려보내고 말았다. 친구들에게 시간을 내지 못하고 우정에 노력하지 못한 것이 가슴에 사무친다. 죽음을 앞두니 친구들이 보고 싶다."

누구라도 바쁘게 살다 보면 친구 사이에 소홀하기 쉽다. 그러나 죽음이 다가오면 인생의 물질적 측면들은 하얗게 의미를 잃는다. 죽음을 앞두고 재산 정리에 나서는 사람이 많지만 돈이나 지위 때문이 아니다. 그런 것은 더 이상 의미가 없다. 뒤에 남을 사람들을 배려한 조치일 뿐이다. 그마저도 어려울 때가 많다. 병세가 심하거나 몸이 너무 쇠약해져서 일처리나 의사결정 자체가 힘들어지기도 한다. 죽음을 앞둔 사람에게는 모든 것이 사랑과 관계로 귀결된다. 삶의 마지막에 남는 것은 결국 사랑과 사람뿐이다.

3. 내 감정에 솔직하지 못했다

"주위 사람들과 원만하게 지내려는 생각에 감정을 억누르고 살았다. 결과적으로 나는 있으나 마나 한 평범한 존재가 되었고, 내가 정말로 되고 싶었던 내 모습을 위해서는 별 시도조차 하지 못했다. 당연히 분하고 억울한 마음이 쌓였고, 마음에 쌓인 화가 여러 병증으로 이어졌다."

나는 다른 사람들의 반응을 통제할 수 없다. 그러나 내 감정에 솔직하게 속을 터놓고 살겠다는 결심은 할 수 있다. 처음에는 허심탄회하고 당당한 당신의 모습을 사람들이 낯설어할지 모르지만, 얼마 안 가 대인관계도 새로운 국면으로, 보다 건강하게 바뀌게 된다. 또 당신의 인생에서 도움이 되지 않는 관계들을 이 기회에 털어 낼 수 있다. 어느 경우든 승자는 당신이다.

4. 그렇게까지 열심히 일할 필요가 없었다

이런 후회는 주로 남자 환자들이 했다. "일에 쫓겨서 또는 성공을 쫓느라 아이들이 크는 것도 제대로 못 보고 배우자와의 관계도 챙기지 못했다." 여자 환자들도 간혹 이런 후회를 한다. 하지만 환자의 대부분은 노인이고 그들이 젊었을 때는 여자가 직장생활을 하는 경우가 드물었다. 웨어가 간호한 남자 환자들 모두 평생 일하는 기계처럼 다람쥐 쳇바퀴 같은 생활에 찌들어 산 것을 뼈저리게 후회했다.

생활방식을 소박하게 유지하려고 의식적으로 노력하면, 사는 데 생각만큼 많은 돈이 들지 않는다. 인생에 여백을 두고 생활에 숨 쉴 틈을 만들자. 그러면 새로운 라이프스타일에 맞는 새로운 기회들이 열린다. 그것이 보다 행복하게 사는 길이다.

5. 내 인생이 아닌 타인의 기대에만 충실했다

이것이 가장 보편적인 후회다. 삶이 얼마 남지 않았다는 인식은 지나간 삶을 어느 때보다 명철하게 돌아보게 한다. "마음에 품었던 꿈은 많지만 남들의 간섭과 참견에 밀려 이루지 못하고 흘려보낸 것이 대부분이었다. 꿈의 반은 제대로 시도조차 못했다. 이제 죽을 날을 받아 놓고 생각하니 한 것도 하지 않는 것도 결국은 모두 내 선택이었다." 자신의 꿈을 존중하며 살았는지 여부는 인생의 성공을 논하는 데 매우 중요한 판단지표가 된다. 명확하게 목표를 설정함으로써 자신의 꿈을 존중하자. 건강을 잃는 순간 모두 늦은 일이 되고 만다. 사람들은 건강을 잃고 난 다음에야 건강이 주는 자유를 절감한다.

인생의 우여곡절과 함정, 그리고 반전

사람들은 목표 달성의 과정을 중간에 몇몇 장애물이 있을 뿐인 단거리 직진 코스로 생각한다. 하지만 현실은 딴판이다. 목표 달성의 길은 수많은 우여곡절과 반전과 함정, 예기치 못한 만남과 기회로 점철된 장거리 여정이다. 상황이 어떻게 전개될지, 어느 문이 어디로 열릴지 알 수 없다. 간절한 소원이라고 믿었던 목표를 향해 출발했지만, 한참 가다가 그만큼 간절한 소원은 아니란 것을 깨달을 때도 있다. 하지만 출발하기 전까지는 내가 정말로 무엇을 원하는지 알 수 없을 때도 많다. 반대로, 목록에 적었던 시점에는 부차적으로 느껴졌던 목표가 인생의 주도적 경험으로 진화할 수도 있다. 바바라와 내가 러시아에 진출한 경험이 그렇다.

경험해 보기 전에는 어떤 목표가 어떤 경험을 안겨 줄지 알 수 없다. 그래서 목표 목록은 길수록 좋다. 절실한 목표든 흥밋거리에 불과한 목표든, 목표는 많은 게 좋다. 나는 내가 탭댄스를 무척 좋아할 줄 알았다. 그런데 실제로 해 보니 생각과 달랐다. 그래서 그 목표를 다른 목표로 대체했다. 잉글리시 자이브. 나도 바바라도 자이브 jive(재즈 음악에 맞추어 추는 격렬한 춤으로 라틴아메리카 댄스에 속하는 댄스스포츠) 에는 흠뻑 빠졌다. 바바라는 자신이 피아노와 독일어에 소질이 있다고 믿었다. 그런데 실제로 해 보니 둘 다 별로였다. 바바라와 내게도 언젠가는 죽음이 찾아올 것이다. 하지만 적어도 프랑스에 살아 보지 못한 후회, 러시아에서 세미나를 열지 않은 후회는 없을 것이다. 슈퍼

요트 항해와 탭댄스와 스쿠버 다이빙에 대한 한도 없다. 아이들로 가득한 가정을 갖지 못한 유감도 없을 것이다. 우리는 이런 꿈들을 노트에 적었고, 기한을 정했고, 현실로 만들었기 때문이다.

목록에 예정된 목표가 10개 이하로 떨어지지 않도록 하자. 목표가 없는 것도 문제지만 목표가 딱 하나만 있는 것도 문제다. 그럴 경우 일이 마음먹은 대로 풀리지 않으면 실의에 빠지기 쉽다. 또는 더 이상 즐겁지 않은 목표에 집착하게 된다. 목록에 목표가 10개 이상 버티고 있으면, 그중 하나가 내게 맞지 않는 것으로 드러나도 남은 아홉 개를 바라보며 긍정적인 인생행로를 유지할 수 있다.

이 글을 쓰는 지금 나는 색소폰을 배우고 있고, 녹음실을 마련해 놓고 음악 녹음과 믹싱을 공부하고 있으며, 중장비 운전과 러시아어도 배우고 있다. 바바라는 수영 실력이 일취월장하고 있고, 초등학교에서 읽기수업을 맡았고, 테니스 선수의 꿈을 목전에 두었으며, 무술 유단자의 목표에도 반쯤 접근했다.

당신은 올해 어떤 꿈을 이룰 생각인가? 그 꿈이 실현됐을 때 당신의 삶이 얼마나 더 풍요로워질지 생각해 보라. 앞으로 1년 후 당신이 얼마나 더 멋지고 흥미로운 사람이 되어 있을지 생각해 보라!

세상에는 두 가지 유형의 사람이 있다.
10년 치 경험을 하는 사람과 1년 치 경험을 10번 반복하는 사람.
전자가 인생에서 더 많이 이루고, 더 오래 살고, 훨씬 재미있게 산다.

요약

- 목표는 되도록 명확하게 정의하고, 새로운 목표가 생기면 그때그때 추가해 목록을 꾸준히 늘려 가자.
- 목표의식은 장수의 비결이고 건강하고 행복한 삶의 비결이다. 꾸준한 목표 설정은 내 잠재력을 확인하고 진면목을 보게 해 준다.
- 남들이 내게 기대하는 것이 아니라 내가 진정으로 원하는 것을 찾아 그것을 목표로 삼아야 한다.
- 목표 목록을 쓰고, 고쳐 쓰기를 반복하자. 목록도 많을수록 좋다.
- 목표 목록 작성을 지금 당장 시작하자.

지금 당장.

나중에 인생을 돌아볼 때
'젠장, 해 보기라도 할걸'이라고 말하는 것보다는
'세상에, 내가 그런 짓도 했다니'라고 말하는 편이 낫다.

루실 볼Lucille Ball

4장

데드라인이 없는 계획은
계획이 아니다

| 꿈에 마감을 정하면 목표가 된다 |

인생의 행동계획을 짤 때 명심할 것이 있다. 행동계획 위에는 나의 현재 위치와 목적지 위치의 공간적 거리만 있는 것이 아니다. 어느 경우든 시간 개념이 개입해 모든 것을 상대적으로 만든다. 휴가를 떠나기 직전을 생각해 보자. 자신의 업무 속도와 처리량에 스스로도 혀를 내두른 적이 있지 않은가? 휴가 전까지 마쳐야 할 일들이 아직 남았는데 마감이 쿵쾅쿵쾅 다가오고 있다는 생각이 초능력을 부른 것이다. 마감의 힘은 이처럼 강력하다. 마감은 사람들에게 박차를 가한다. 세상에 진행 중인 모든 프로젝트가 무사히 완결되도록 채찍질한다.

마감이 우리 목표에 하는 역할은 총에서 방아쇠가 하는 역할과 같다.

마감을 정하면 계획에 추진력이 생긴다. 마감은 계획에 발동을 건다. 마감 전에 목표를 달성하려면 열심히 일해야 한다. 마감이 가까워지면 급한 마음에 없던 영감도 생기고 말라 가던 집중력도 강해진다. 엄청난 의지력과 놀라운 의욕으로 똘똘 뭉친 사람이 아니어도 마감이 있으면 목표를 향해 꾸준히 진전하게 된다. RAS가 작동하기 때문이다.

1킬로그램짜리 아령을 든다 치자. 마음이 몸을 준비시켜 근육이 그 무게를 들어 올리게 한다. 40킬로그램을 들겠다고 결심하면 마음은 몸을 그 무게에 대비시킨다. 하지만 40킬로그램을 1킬로그램으로 알고 들면 근육이 놀라거나 뼈가 접질리는 등 부상을 입을 수 있다.

뇌가 몸을 1킬로그램을 들어 올릴 만큼만 준비시켰기 때문이다. 마감도 비슷한 기능을 한다. 마감이 설정되면 우리 마음은 몸을 미리 해당 과제에 맞게 조정한다. 체력을 안배하고, 에너지를 내고, 긴장감을 조성한다.

데드라인이라는 단어는 1864년 남북전쟁 당시 연합군 포로수용소 앤더슨빌 감옥에서 처음 쓰였다. 감옥 당국은 방책의 20피트 전방에 죽음의 선dead-line을 설정하고, 낮이든 밤이든 그 선을 넘는 수감자는 총살한다고 경고했다.

마감의 효과는 스포츠 경기에서 더욱 극명히 드러난다. 경기 종료 시간이 임박하면 선수들의 발이 빨라지고 몸놀림도 치열해진다. 그야말로 젖 먹던 힘까지 짜낸다. 마감은 목표의 최종 결과에 집중하게 하고, 진행을 막는 장애물과 주위의 부정적 언급에 대한 저항력을 높인다.

마감을 정하는 것은 몸의 생체활동과 화학작용에 분발을 촉구하는 것과 같다. 평소보다 높은 수위의 긴박감을 가지고 행동을 개시하라는 일종의 특명을 내리는 것이다.

따라서 목표와 함께 기한도 반드시 옆에 명기해야 한다. 그래야 RAS가 내 계획과 나 자신 사이의 정서적 연대를 강화하고, 걱정 근심은 물론 회의감과 미루는 버릇과 게으름을 물리칠 힘을 준다.

목표를 결정하고 거기 관련된 정보를 두루 수집한다. 보고, 듣고, 읽는 모든 것에 정보가 있다. 다시 말하지만 목표 설정을 기점으로 RAS에 발동이 걸려 사방에서 답들이 나타나기 시작한다. 목표에 대해 알 만큼 알았다는 판단이 서고, 알수록 절실한 목표로 느껴지면, 해당 목표의 우선순위를 A칸이나 B칸으로 올리고 데드라인을 정한다.

좋은 데드라인의 세 가지 조건

—

1. **현실석일 것**: 딜성 가능한 데드라인을 정한다.
2. **빠듯할 것**: 긴박감을 주지 않는 마감은 있으나 마나다. 촉박해야 결과물이 좋아진다.
3. **스타트라인을 겸할 것**: 심사숙고를 끝내고 지금 당장 시작하자. 필요하면 조정한다. 하지만 마냥 기다리지는 말자. '딱 좋은 때'는 아무리 기다려도 오지 않는다.

**시작부터 위대할 필요는 없지만
위대해지려면 시작해야 한다.**

잘게 쪼개라

이런 속담이 있다. "코끼리를 먹는 방법은? 한 번에 한입씩!" 목표도 한입 크기로 잘게 나눌 필요가 있다. 작게 나누면 벅찬 목표도 만만해 보인다. 현재 내가 있는 곳과 내가 가고자 하는 곳의 거리만 너무 오래 생각하고 있으면 출발조차 하지 못할 수 있다. 하나의 커다란 목표를 연간, 월간, 주간, 일간 목표로 나눈다. 필요하면 시간대로도 나눈다. 프로젝트를 일련의 작은 과제들로 분해해서 차근차근 완수해 나가면 하나하나 끝내는 맛이 있고, 차일피일 미루다 성과 없이 마감을 맞는 일을 방지해 준다.

최종 목표로 가는 길에 현실적인 하위 목표들로 포석을 깔자. 자신감이 붙고, 성취감이 쌓이고, 계속 치고 나갈 추진력이 생긴다. 목표 달성까지 지난한 여정을 한 발 한 발 지루하지 않게 밟아 나갈 수 있다. 최종 목표와 최종 데드라인에서 거꾸로 짚어 내려오면서 중간 목표가 나타날 때마다 쪼갤 수 있으면 더 작은 목표들로 쪼갠다. 이렇게 목표 달성을 위해 해야 할 모든 일을 논리적으로 쪼개 나가면 구체적인 과제와 시간표가 생긴다.

꼭대기 말고 다음 계단에 집중하라

1981년 앨버트 밴두라Albert Bandura와 데일 셩크Dale Schunk가 7~10세 아동들을 대상으로 실험을 했다. 아이들을 반으로 나눠 한 팀에게는 단원마다 수학 문제집을 6페이지씩 푸는 목표를 주고, 다른 팀에게는 일곱 단원을 공부하는 동안 수학 문제집을 42페이지 푸는 목표를 주었다. 그러자 작은 단위로 쪼개진 목표를 받은 아이들이 큰 목표를 뭉텅이로 받은 아이들보다 완료율도 높고 정답률도 높았다.

심리적으로 감당 가능한 작은 단계로 목표를 쪼개는 것이 요령이고 관건이다. 그래야 최종 목표의 덩치에 주눅 들지 않고 계획한 일에 자신 있게 집중할 수 있다.

실화: 바바라와 앨런의 이야기

1981년 바바라는 광고 영업일을 시작했다. 당시 그녀의 목표는 그해 영업실적 100만 달러를 달성하는 것이었다. 1971년에 앨런도 비슷한 목표를 세웠다. 1년 동안 생명보험 계약액 100만 달러 넘기기. 두 사람 모두 목표를 분명히 정했고, 그 목표를 손으로 적었고, 달성 기한을 12개월로 정했다. 당시 업종을 막론하고 영업실적 100만 달러는 어마어마한 목표였고, 그만큼 아무나 하는 일이 아니었다. 하지만 두 사람은 이 목표를 만만한 크기로 나눴다. 한입거리로 분해되자 모든 것이 가능해 보였다. 1년에 100만 달러는 (52주 중 2주는 휴가라면) 1주에 2만 달러, (주5일 근무라면) 하루에 4천 달러였다. 1년 실적 100만 달러는 일평균 매출 4천 달러에 해당했다. 바바라의 경우 이는 주당 계약 건수 평균 4건, 건당 평균매출 5천 달러를 뜻했다. 앨런의 경우도 크게 다르지 않았다.

고객 면담 세 번 중 한 번은 계약으로 연결된다고 할 때, 일주일에 4건의 계약을 성사시키려면 일주일에 열두 번의 가능성 높은 면담을 해야 했다.

3명의 잠재 고객 중 1명꼴로 면담에 동의한다고 할 때, 매일 7명의 잠재 고객에게 연락해서 면담 의향을 타진해야 했다. 이 일은 하루에 1시간도 걸리지 않았다. 1년 치 목표 100만 달러는 벅차게 다가오지만 매일 1시간 정도 투자해 7명의 잠재 고객에게 전화하는 것은 그리 힘들어 보이지 않는다.

행동을 개시하라

할 일을 정했다면 꾸물대지 않는다. 바로 시작한다. 내일로, 다음 주로, 크리스마스 이후로 미루지 않는다. 아이들이 자라 집을 떠날 때까지, 또는 핼리혜성이 다시 지나갈 때까지 기다리지 않는다. 시작 신호가 떨어질 때까지 기다리지 말자. 그런 신호는 없다. **지금 당장 시작하자.** 꿈을 이루는 데 필요한 강좌를 등록하고, 직장에 지원하고, 클럽에 가입한다. 멘토를 찾고, 스승을 구한다. 어디서 시작할지 알려줄 만한 사람에게 전화한다. 가장 중요한 조치는 출발이다. 시작이 반이다.

사람들이 인생을 알차게 살지 못하는 것은 준비에만 바쁘고 시작을 하지 않기 때문이다. 사람들은 항상 '내일'을 시작일로 잡는다. 내일은 영원히 오늘이 되지 않는다. 적당한 시기란 없다. 그런 시기는 결코 오지 않는다. 지금 시작하자. 지금만이 내가 가진 전부다. 20년 후에는 한 것보다 하지 않은 것 때문에 더 실망하게 된다. 계단 전체가 보여야 하는 건 아니다. 일단 **첫 번째 칸을 오르자.**

> 가장 작은 걸음이 인생에서 가장 큰 걸음이 되기도 한다.
> 중요한 것은 내딛는 방향이다.
> 까치발로 시작하더라도 첫걸음을 떼자.

계획을 행동으로 옮기면 RAS가 '끌어당김의 법칙'으로 불리는 효과를 촉발한다. 목표와 연결된 것들과 사람들이 내 주위에 모이기 시작한다. 무심하던 것들에 갑자기 관심이 동하고, 뜻이 통하는 사람들이 여기저기서 나타난다. 요청하지도 않았는데 자발적으로 유용한 정보를 제공하는 사람들이 생기고, 비슷한 목표를 가진 사람들이 동맹군을 형성한다. 넘기 어려운 산들에 숨어 있던 고갯길과 다리들이 보이기 시작한다. 전에는 어렴풋해 보이던 것들이 선명하게 모습을 드러내고, 필요한 답들이 사방에서 구체화되기 시작한다.

> 무엇을 목표로 할지 결정했으면
> 거기 이르기 위한 여정을 즉각 시작하라.

계획을 세우는 것이 성공의 중요 부분인 것은 맞는데, 계획을 짜는 데만 너무 몰두해 좀처럼 시작하지 못하는 사람들이 많다. 즉시 경기장으로 나서서 현장을 경험하고 할 일을 배우자. 계획을 핑계 삼아 시작을 늦추지 말자. 쇠뿔도 단김에 빼야 한다. 마음이 달았을 때 뛰어야 멀리 간다. 마음먹은 날이 길일이다. 은행융자를 갚은 다음이나 자녀가 대학에 간 다음이나 좀 더 자신감이 붙은 다음으로 미루지 말자. 행동개시일이 꼭 새해 첫날일 필요는 없다. 늑대인간도 아닌데 보름달이 두 번 뜰 때를 기다릴 필요도 없다. 결혼이나 이혼 이후로 또는 승진이나 은퇴 이후로 미루지 않는다. 개인 형편이나 챙겨야 할일들, 또는 반려동물을 핑계로 삼지 않는다. 그냥 당장 시작한다!

플랜A가 먹히지 않아도 플랜B, 플랜C, 플랜D… 플랜Z까지 대안이 25개나 있다.

데드라인을 못 지키면?

—

때로는 결과를 얻는 데 애초 생각보다 많은 시간이 걸리기도 한다. 그 경우에는 해당 목표를 더 작은 목표들로 나누고 데드라인을 다시 정한다. 데드라인은 일종의 추정치고 견적서다. 시작할 때의 예상치가 중간에 빗나갈 수도 있다. 그럴 때는 조정이 필요하다. 때로는 일정을 수정하는 융통성이 요구된다. 데드라인을 지정하는 것도 요령이다. 실전 경험이 쌓이면 소요시간을 예측하는 것도 점점 정확해진다.

실화: 앨런의 이야기

나는 5세 때 키가 닿지 않는 풀에서 익사 직전까지 간 적이 있다. 그날의 기억은 나를 계속 따라다녔다. 나는 14세 때 해양 인명구조원 자격증을 따겠다는 목표를 세우고 인명구조 클럽에 들어갔다. 하지만 아버지의 근무처가 바뀌는 바람에 온 가족이 멜버른으로 이사했고, 인명구조원 자격증 과정을 수료하지 못했다.

나는 이 목표를 목표 목록의 B칸에 남겨 두었다. 진심으로 구조대원 자격증을 따고 싶었기 때문이다. 25년이 흐른 뒤 나는 39세의 나이로 시드니의 아발론 인명구조 클럽에 가입해 구조원 자격증 과정에 이름을 올리고 다시 도전했다. 구조원이 되려면 심폐소생술부터 해상구조방법까지 다양한 기술에 숙달해야 했고, 구명조끼, 서핑보드, 서프보트 등 다양한 구명작업용 장비를 능숙하게 다뤄야 했다. 달리기와 수영을 포함한 다양한 체력검사도 통과해야 했다. 체력 훈련의 강도는 높았다. 특히 40대를 바라보는 남자에게는 쉬운 일이 아니었다. 구조원 과정의 다른 참가자들은 17~22세의 젊은이들이어서 이들과 경쟁해야 하는 부담감까지 겹쳤다. 다행히 10여 년의 무도 수련 덕분에 체력에서는 뒤지지 않았는데, 문제는 수영 테스트였다. 500미터를 8분 내에 끊어야 통과였다. 체력 면에서는 아무 문제가 없었다. 다만 기준 시간에 맞추려면 강하고 효과적인 영법을 구사해야 했고, 그러려면 얼굴을 물속에 담그고 수영해야 했다. 놀랍게도 나는 39세의 나이에도 5세 때 물에 빠져 죽다 살아난 경험의 포로였다. 그걸 깨닫고 나는 충격에 빠졌다. 수년간 서핑을 해 왔음에도 공포심 때문에 얼굴을 물에 담그지 못했고, 그 때문에 테스트에 통과할 만큼 빠르게 수영할 수 없었다. 쉬운 해결책은 이쯤에서 접는 거였다. 하지만 나는 꼭 해내고 싶었다. 그래서 수영교실에 등록했다.

4~6세의 수영교실 어린이 6명과 수영장 가장자리에 앉아 있는 내 모습

을 상상해 보라. 나는 조그만 플라스틱 킥보드를 잡고 강사의 지시에 따라 움직였다. 역시나 나는 얼굴을 물에 넣지 못해 애를 먹었다. 다 큰 남자가 수영 기본 동작에도 쩔쩔매는 모습에 아이들의 엄마들은 몰래 웃었다. 강사가 우리를 둘씩 짝지웠다. 내 짝은 6세인 대니였다. 나는 작은 킥보드에 매달려 풀을 오갔다. 하지만 얼굴을 제대로 물에 넣지 못해 도무지 자세와 속도가 나오지 않았다. 대니는 버벅대는 나를 불쌍하게 여겼다.

"제 킥보드를 써 보세요." 대니가 동정어린 목소리로 속삭였다. "이게 아저씨 것보다 빨리 가요."

"다 똑같은 보드야!" 나는 퉁명스럽게 말했다. 내 자신이 답답하고 한심했다. 나는 내 신경질에 놀란 여섯 살배기 동기부여 컨설턴트의 조그만 얼굴을 마주했다. 그리고 보드를 바꾸는 데 동의했다. 대니가 할 수 있다면 나도 할 수 있다고 결심했다.

나는 6번의 강습과 많은 연습 끝에 수영교실에서 '물에 얼굴 박기' 고비를 넘었고, 일주일 후 해양수영 시험도 통과했다(제한시간 3초 전에 들어왔다). 그리고 대망의 해양구조 자격증을 취득했다.

목표 달성을 위해서라면 불혹의 나이에
네 살배기 아이들과 수영 배우는 것도 피하지 않는다.

목표를 향해 출발하기 위해 나는 어디까지 준비되어 있는가? 목표를 명확하게 정의하고, 데드라인이 있는 행동계획을 세운 사람은 어

떤 상황에서도 쉽게 목표를 포기하지 않는다. 나는 25년 만에 해양구조 자격증 취득이라는 목표에 다시 데드라인을 정했다. 나는 포기하지 않았다. 나는 다시 시작했다. 유일한 난관은 물에 얼굴을 넣는 공포를 극복하는 것이었다. 나는 14세에 이 목표를 처음 세웠고, 40이다 되어서 달성했다. 내 삶의 여건이 이 목표를 A칸에 올리고 재도전의 멍석을 까는 데 꼬박 25년이 걸렸다.

내가 진심으로 원하는 바를 목표로 삼고, 기회가 왔을 때 그 목표에 데드라인을 부여한다. 중요한 것은 그것이다. 목표를 정했다고 무조건 바로 실행에 옮겨야 하는 건 아니다. 그 목표가 인생에서 최우선순위로 올라올 때까지 기다린다. 모든 목표를 동시에 진행할 수는 없다. 시간이 무르익었다는 감이 올 때 데드라인을 정하고 시작한다. 나는 이 데드라인을 두 번 정했다. 상황이 변했다고 목표를 포기할 필요는 없다. 상황은 항상 변한다. 다만 이 점을 명심하자. 데드라인을 정하기 전까지는 아무 일도 일어나지 않는다. 데드라인은 생각을 행동으로 바꾸는 스위치다.

1년 후 나는 오늘 시작하지 않은 것을 후회하게 된다.
지금이 아니면 언제 할 것인가!

실화: 앨런과 바바라의 이야기

바바라와 나는 회계사가 그동안 우리를 속여 온 것을 발견하고 충격에 빠졌다. 우리의 투자 상태는 엉망이었다. 일을 되돌리기에는 너무 늦었다. 우리가 소유했던 모든 것이 사라졌고, 그러고도 200만 달러 넘게 남은 빚을 청산하기 위해 남아 있던 자산도 모두 처분해야 했다. 20년을 바친 보디랭귀지 프로젝트가 하루아침에 날아갔다. 우리가 만든 책들과 영화와 교육용 영상물, 거기 따른 성공이 모두 물거품이 되었다. 우리는 이후 2년 동안 빚을 갚기 위해 재정적으로 고투했다. 나는 상황이 이렇게 된 데에 대한 자책감에 빠져 우울한 인간이 되어 갔다. 나는 2년 동안 부정적인 생각과 자기비판에 빠져 독감을 달고 살았고, 무기력증과 수면장애와 갑상선 결절에 시달렸다. 바바라의 인내에도 한계가 왔다.

"데드라인을 정해!" 어느 날 아침 바바라가 내게 외쳤다.

뭐? 우울증에 데드라인을 정한다고? 다른 많은 남자들처럼 나도 내 우울증을 부정하고 받아들이지 않았다. 나는 사람이면 자기 마음에 어떤 생각을 집어넣을지 스스로 선택할 수 있다고, 100퍼센트 선택권이 있다고 믿어 왔다. 하지만 우울증도 선택사항이 될 수 있다는 생각은 하지 못했다. 내 처지에 대한 부정적인 생각이 나를 실제로 병들게 하고 함께하기 싫은 진상으로 만든다? 그렇다면 우울증에 내 스스로 날짜를 정해 데드라인을 찍고, 데드라인 이후에는 긍정적인 생각만 하는 게 가능할까? 못할 것도 없겠다 싶었다.

부정적 생각에 데드라인을 긋자

부정적인 생각도 습관이 된다. 부정적 사고가 편해지면 거기 안주하게 된다. 따로 지적하는 사람이 없으면 쉽게 만성적이고 습관적인 부정적 사고자가 된다. 의사가 내게 해 줄 수 있는 최선은 프로작Prozac 처방이었다. 그런 방법 대신 나는 내 부정적인 생각에 스스로 종지부를 찍기로 했다. 날짜를 정하고 그 이후로는 일어나지 말았으면 하는 것 대신 일어났으면 하는 것만 생각하기로 결심했다.

> **우울증의 초기 증세 중 하나는**
> **유머감각이 없어지고 만사 시큰둥해지는 것이다.**

그날은 화요일 아침이었다. 나는 그다음 주 금요일 오후 4시를 데드라인으로 정했다. 다시 말해 그때까지는 마음껏 궁극의 부정적 사고자로 살수 있었다. 하지만 그보다는 부정적 생각에서 긍정적 생각으로 사고의 전환을 앞두고 일종의 예열 기간을 두고 싶었다. 2년 동안 나는 패배주의 사고에 갇혀 살았다. 빠져나오려면 시간이 좀 필요했다. 드디어 금요일 오후 4시, 나는 바바라에게 선포했다. **"됐어. 나 돌아왔어! 오늘부터 우리는 우리가 할 수 있는 것만 생각하는 거야."** 나는 그 순간을 분명히 기억한다. 믿기 힘든 경험이었다. 해방감이 밀려왔다. 동시에 달라진 것 하나 없는데도 평온하고 낙관적인 기분이 들었다. 오랫동안 느껴 보지 못한 기분이었다. 나는 결정권자의 자리로 복귀했다. 그날은 나의 45번째 생일이었다.

지옥을 통과하고 있다면 계속 쭉 가라.

윈스턴 처칠Winston Churchill

이후 바바라와 나는 철회할 수 없는 결정을 내렸다. 두 번 다시 이런 상황에 처하지 않겠다. 그리고 반드시 재기한다. 어떻게? 재기 방법? 그런 건 알지 못했다. 우리는 단지 할 일만 정했다. 그렇게 하겠다고만 마음먹었다. 그것이 가장 중요한 결정이었다. 내 유머감각은 빠르게 돌아왔다.

우울한가? 무기력한가? 그걸 끝낼 날짜를 정하자.

요약

스트레스와 불안감 또는 무기력증을 극복하지 못해 부정적인 생각이 습관이 되면 인생에 먹구름이 드리운다. 부정적인 생각도 길어지면 습관이 되고 인격이 된다. 극복하고 싶다면 슬럼프에 데드라인을 찍자. 구체적인 날짜와 시간을 정해 그때부터는 과거에 대한 부정적인 생각을 딱 접는다. 그만두겠다고 결정하면 그만둘 수 있다. 그때부터는 오로지 하고 싶은 것만, 되고 싶은 것만 생각하기로 결심한다. 아주 간단하다. 쉽지는 않지만 간단하다.

노년까지 사는 사람은 누구나 인생에서 적어도 세 번의 대재앙을 겪는다.

이혼, 병, 파산, 정리해고, 가족의 죽음 등. 누구나 겪는 일이고 삶의 일부다. 한 번 넘어졌다고 게임이 끝나는 것도 게임에서 퇴장당하는 것도 아니다. 넘어진 자리에 계속 넘어져 있을 때만 비로소 패배가 성립된다. 미리 결심하자. 비극이 태클을 걸어도 다시 일어나 뛰겠다고.

- 데드라인을 정하기 전까지 꿈은 그저 꿈에 불과하다.
- 데드라인은 시행 명령이다. 전진 기어를 넣고 시동을 건다.
- 모든 일에 데드라인을 부여할 수 있다. 부정적인 생각도 예외는 아니다.
- 대형 목표는 한입 크기로 나누고 한 번에 한 조각씩 삼킨다.
- 하나의 최종 데드라인보다 여러 개의 중간 데드라인을 둔다. 데드라인을 맞추기 어렵겠다 싶으면 조정한다.
- 데드라인은 현실적이어야 하고, 적당히 촉박해야 한다.

데드라인을 정했으면 즉시 시작한다. 데드라인은 곧 스타트라인이다. 여기에 최소 5가지 목표를 쓰고 각각에 데드라인을 정해 보자.

인생은 카메라와 같다. 중요한 것에만 초점을 맞춘다.
좋은 순간을 포착해 네거티브에서 현상한다.
제대로 찍히지 않았다면 다시 찍는다.

목표	데드라인
1.	
2.	
3.	
4.	
5.	
6.	
7.	
8.	
9.	
10.	

| 5장 |

누가 뭐라고 하든 밀고 나가라

목표 달성 과정에서 가장 힘든 부분은 계획을 끝까지 밀고 나가는 것
이다. 누구에게나 이것이 가장 어렵다. 목표를 구체적으로 정의했고,
데드라인을 명시한 계획까지 수립했다. 이제 내 결심을 만방에 알린
다. 그랬더니 사람들이 벌떼처럼 들고 일어난다. 특히 친척과 친구들
이 그만두라고 아우성이다. 그러기에는 네가 너무 나이가 많다, 너무
어리다, 너무 뚱뚱하다, 너무 말랐다, 너무 가진 게 없다, 경험이 부족

88

하다, 위험부담이 크다, 시기가 나쁘다, 경기가 나쁘다, 인플레이션이다, 디플레이션이다, 너는 역부족이다, 너는 게을러서 안 된다, 너는 미쳤다 등등 이유는 다양하다.

사람들은 이렇게 말한다. 왜 하필 지금 하려고 해? 지금 그걸 해서 뭐해? 그런 곳을 다니다가/그런 일을 하다가/모르는 업종에 뛰어들었다가/모르는 도시에 갔다가/모르는 나라에 갔다가 자칫 병이 날 수도/죽을 수도/다칠 수도/사기를 당할 수도 있어. 결혼했기 때문에/이혼했기 때문에/독신이기 때문에 지금은 무리야. 무일푼이어서 안 돼. 지금도 잘나가고 있는데 왜? 지금 하는 일도 어렵잖아. 지금 하는 일이나 잘해. 빚이 너무 많아서/가족이 딸려서 안 돼. 그러다 잘못되면 네 남편/아내/아이들/집/커리어/반려견/병든 할머니는 누가 돌보는데?

이런 말들에 휘둘리지 않겠다는 결심이 필요하다. 물불 가리지 말라는 뜻도 불필요한 위험부담을 지라는 뜻도 아니다. 상황을 바꾸거나 진전시키는 모든 선택에는 항상 얼마간의 위험이 따른다. 정보를 모으고 충분히 숙고해서 결정을 내리되, 남들의 말에 꿈을 포기하는 일은 없어야 한다. 자신의 꿈을 좇을 의지가 부족한 사람들은 남의 의욕까지 꺾으려 든다. 거기다 그런 사람들은 은근히 집요하다. 꿈이 너무 크다고, 그러다 다친다고 속삭이는 소심한 사람들의 말에 넘어가지 말자. 내가 내 꿈에 겁먹지 않는 한, 지나치게 큰 꿈이란 없다.

남들이 내 꿈을 말리는 이유

내가 특정 목표를 추구할 때 친구와 친척 등 주변 사람들이 말리는 경우가 많다. 그 이유를 크게 3가지로 정리하면 이렇다.

1. 걱정이 앞서서

진심으로 염려하는 마음 때문이다. 행여 돈 낭비가 되지는 않을까, 건강에 해롭거나 위험하지는 않을까, 다른 일을 할 기회를 놓치지 않을까, 결과적으로 인생에서 퇴보하는 일이 되지 않을까 걱정하기 때문이다. "아프리카에서 봉사활동을 하는 건 좋은데, 그러다 병에 걸리거나 테러리스트에게 잡히면 어떡하려고 그래? 거기엔 위험한 동물과 곤충과 바이러스 천지인데."

2. 비교되기 싫어서

주위에서 인생을 적극 개척하는 사람을 보면 상대적으로 자신은 인생에서 뒤처지는 기분이 든다. 그래서 앞서 나가는 사람을 끌어내리려는 하향평준화 욕구가 발동한다. 이들이 말리는 이유를 들어 보라.

상대의 문제라기보다는 정작 본인이 안고 있는 문제일 때가 많다. "지금 창업하는 건 위험해. 아이들도 크고 있고, 융자금도 갚아야 하고, 경기도 나쁘잖아. 너한테 딸린 사람들도 생각해야지. 요즘은 하던 일만 잘해도 중간 이상이야. 상황이 나아질 때까지 기다려."

3. 기죽기 싫어서

새롭고 흥미로운 목표를 추구하고 성공하는 사람은 주위에 위기감을 준다. 그 옆에 있으면 자신의 무능과 소극성과 의지 부족이 부각되기 때문이다. 그래서 위협요인을 막으려고 현실안주를 강조한다. "킬리만자로에 가겠다고? 거기 올라가서 뭐하게? 인생 별 거 있어? 도넛이나 하나 더 먹어."

꿈을 목표로 만들어 추진할 때 주위의 이런저런 반대와 부정적 판단에 맞닥뜨리게 된다. 선의에서 우러나온 걱정 때문에 또는 나보다 잘난 사람의 발목을 잡고 싶은 이기적인 이유로 상대방에게 목표를 접으라고 종용하는 사람들이 있다. 남들의 말과 생각과 반응에 굴하지 않고 자신의 계획을 밀고 나가는 것이야말로 가장 어려운 일이다. 그들의 우려와 관심에 고마움을 표하고 (필요하면) 사랑한다고 말한다. 그리고 내가 하려는 바와 하려는 이유를 다시 강력하게 말한다. 그래도 사람들이 말리려 들면 다시 한 번 진심으로 감사를 표한 다음, 아무 해명도 하지 말고 목표만 재천명한다. 그리고 실행에 옮긴다. 내 앞길에 진정한 통찰과 도움을 줄 수 있는 사람은 같은 목표를 이미

이뤘거나 현재 진행 중인 사람뿐이다. 그렇지 않은 사람은 잘해 봐야 그들의 상황과 입장에 근거한 의견만을 보탤 뿐이다. 결과를 함께 감수할 것도 아닌 사람들이 말하는 것을 기반으로 의사결정을 하는 일은 없어야 한다.

내 인생 이야기를 쓰면서 남에게 펜을 넘기지 마라.

실패의 두려움

—

사람들이 즉시 시작하지 않는 것은 실패에 대한 두려움 때문이다. 그러나 실패는 성공의 중요한 부분이다. 무슨 일이든 여러 번 실패해 보지 않고 성공한 사람은 극히 드물다. **승자는 결코 실패하지 않는 사람이 아니다. 승자는 결코 그만두지 않는 사람이다.** 너무 빨리 포기해 버리면 자신이 무엇을 놓쳤는지 영원히 모르고 끝난다. 모든 실수는 요령을 알려주고 바른 길을 일러주는 화살표가 된다. 권투선수가 시합에 지는 건 녹다운됐기 때문이 아니다. 다시 일어나지 못했기 때문이다.

초심자의 시도 횟수보다 대가의 실패 횟수가 더 많다.
지그 지글러Zig Ziglar, 미국의 동기부여 작가 겸 강연가

J. K. 롤링Rowling이 출판사 10여 곳에서 퇴짜를 맞은 뒤 실의에 빠져 그대로 포기했다면 아마도 〈해리 포터〉Harry Potter 시리즈는 세상에 나오지 못했을 것이다. 하워드 슐츠Howard Schultz가 은행과 투자자들로부터 242번이나 거절당하다 결국 꿈을 접었다면 스타벅스Starbucks 라는 기업은 없었을 것이다. 월트 디즈니Walt Disney의 테마파크 아이디어가 300차례 넘는 보류 끝에 사장되었다면 오늘날 디즈니랜드는 존재하지 않았다.

> **나는 인생의 바닥을 쳤고, 그것을 재도약의 구름판으로 삼았다.**
> J. K. 롤링Joan K. Rowling

타인의 조종에서 벗어나는 방법

내 목표에 딴죽과 태클을 거는 사람들, 사사건건 나를 통제하려 드는 사람들이 있다. 그런 이들을 다루는 간단하고 효과적인 방법이 있다. 이 기술이면 그들의 말에 동의하거나 그들의 의견 개진 권리를 인정하면서도 거기 휘둘리지 않을 수 있다. 알지도 못하고 떠드는 훈수, 근거 없는 억지소리, 오지랖 평수를 자랑하는 소리, 속 보이는 충고들을 부작용 없이 걷어 낼 수 있다.

방법 1: 사실을 사실로 인정한다

비판자에게 쓸 수 있는 가장 강력한 응수는 상대가 내놓은 사실에 동의하는 것이다. 그다음 내 입장을 다시 말한다.

사례 1

A: 아프리카에 가서 일한다고? 그러다 죽을병에라도 걸리면 어쩌려고 그래?

B: 맞아요. 조심해야 돼요! 하지만 지구 빈민층을 꼭 돕고 싶어요. 하루라도 빨리 떠나고 싶어요.

여기서 B는 A의 비판을 **사실로 인정**하는 동시에 본인의 입장을 고수한다.

사례 2

A: 직장을 그만두는 건 위험해. 회사에서 촉망받고 잘나가고 있잖아. 경기가 나빠져도 직장을 잡고 있으면 안전하지만, 혼자 창업하면 잘된다는 보장 있어?

B: 네 말이 100퍼센트 맞아. 아무 보장이 없지. 하지만 잘할 자신이 있어! 그리고 이 기회를 놓치고 싶지 않아!

여기서도 B는 A의 비판에 동의한다. 상대와 논쟁을 벌이지도 상대를 깎아내리지도 않는다. 공격적인 태도를 피하면서도 자신의 입장을 고수한다. '꺼져 버려' '너나 잘하세요' '어디서 충고야'를 날리는 대신 상대의 의견에 동의하는 한편 내 결심을 반복해서 말해 준다. 누구의 감정도 상하지 않는다.

방법 2: 상대가 의견을 말할 권리를 인정한다

비판자의 의견에는 반대해도 그들이 의견을 가질 권리는 인정할 수 있다. 그들의 의견이 아무리 어리석어도 발언권 자체는 인정한다.

사례 1

A: 지금 사는 집을 팔아서 작은 아파트 두 채를 사겠다고? 쾌적하게 살다가 금방 후회할걸!

B: 그렇게 생각할 수도 있지. 하지만 난 서른 전까지 100만 달러를 모을 거야. 이건 그걸 위한 중요한 첫걸음이고.

사례 2

A: 왜 마쯔다를 사려고 해? 토요타가 훨씬 좋은 거 몰라?

B: 그래, 그런 의견도 많더라. 맞아, 토요타도 좋은 차지. 하지만 난 마쯔다의 승차감이 좋아!

두 경우 모두 B는 A가 의견을 표명할 권리 자체는 인정한다. 심지어 두 번째 경우는 상대의 의견에 일부 동의한다. 하지만 두 경우 모두 자신의 기존 입장은 굽히지 않는다. 그렇다고 상대의 기분을 망치지도 않는다. 설사 상대가 얼토당토않은 비판을 해도 서로 기분 좋은 방법으로 내 입장을 확언할 방법은 있다. 내 목표는 타인에게 손해를 입히거나 타인의 기분을 해치지 않는 것까지 포함해야 한다. 그들이 동의하기 힘든 비판을 가한다 해도 마찬가지다.

누군가 당신의 꿈을 가리켜 어리석다고 흉본다면,
세상에는 풀 누들Pool Noodle(대형 국수처럼 생긴 수영보조용품)을 발명해
억만장자가 된 사람도 있다는 사실을 상기시키자.

 요약

성공한 사람들은 행동 지향적이다. 시작이 초라하고 미미해도 그들은 어쨌든 출발한다. 그리고 남들의 밀어내기 신공에도 꿋꿋이 버티며 궤도에서 이탈하지 않는다.

친구들과 친척들이 내 목표 자체를 반대하거나 더 이상의 진전을 말릴 때가 있다. 나를 사랑해서 그러는 사람도 있지만, 나를 시기해서 그러는 사람도 있고, 나로 인해 자신이 못나 보이는 게 싫은 사람도 있다. 남들이 등 뒤에서 떠드는 소리에 신경 쓰지 말자. 남들의 뒷말이 들린다면 그건

내가 그들보다 앞서 있다는 증거다. 남들이 나를 끌어내리려 한다면 그건 내가 그들보다 위에 있다는 증거다. 비판을 피하는 유일한 방법은 아무것도 하지 않고, 아무 말도 하지 않고, 아무 사람도 되지 않는 것이다. 목표를 설정하고 데드라인이 있는 계획까지 세웠다면, 첫걸음을 떼고 앞으로 나가자. 다른 사람들의 말과 생각과 반응에 굴하지 말자.

다른 사람의 참견에 휘둘리지 않는 방법은 의외로 간단하다. 주위 사람들에게 기분 좋게 대하고 편한 사람이 되기 위해 노력한다. 다른 사람들이 어떤 의견을 내도 그들의 기분을 배려하는 게 좋다. 사실은 사실로 인정한다. 사람들에게 그들의 말에 동의한다는 인상을 주자. 고개를 끄덕이며 이런 말들로 시작하자. '맞아요' '옳습니다' '동감이에요.' 최악의 경우 상대가 정말 터무니없는 소리를 할 때는 그가 의견을 가질 권리만이라도 인정한다. 그것을 인정한다고 지는 건 아니다. 억지소리를 들었다고 화내거나 상대를 이상한 사람 취급하지 않고서도 내가 믿는 바를 짚어 주고 내 결심을 언명할 수 있다. 언쟁을 피하자. 아무리 내가 옳아도 언쟁을 벌여 좋은 일은 별로 없다. 논쟁은 친구 사이의 신뢰를 잃게 한다. 싸움이 생기면 싸움을 건 사람만 원하는 것을 얻게 된다.

사다리에서 남들보다 높이 있어서 나쁠 건 없다.
고작해야 궁둥이 꼬집히는 것뿐.

절대로 돼지와 싸우지 마라.
진창만 뒤집어쓴다.

6장

내 인생의 최고 결정자

카르마

| 업보란 돌아오는 거야 |

2008년 국제 금융위기 전까지 문명세계는 20년 가까이 유례없는 호황을 누렸다. 너도나도 집을 사고, 싫증날 만하면 차를 바꾸고, 외국으로 휴가를 떠나고, 최신 유행을 좇고, 밥값과 맞먹는 라테를 사 마시는 것이 어디랄 것 없이 세계적 트렌드가 되었다. 특히 서구에는

힘들게 일하지 않아도 누구나 부유하고 풍요롭고 만족스러운 인생을 누릴 자격이 있다는 인식이 팽배했다. 베이비부머 세대는 이런 의식에 문제가 있다고 여겼지만 그들의 자녀인 X세대는 이 개념을 열렬히 수용했고, 그다음 Y세대는 그것 아닌 다른 현실은 알지 못했다.

금융 거품에 따른 가짜 호황은 많은 이들의 머릿속에 나의 행복을 책임지는 사람은 내가 아닌 다른 누구라는 믿음을 소리 없이 심었다. 그것이 정부든 부모든 사회든 기업이든 조합이든 상사든 우주의 힘이든 상관없었다. 다만 나 자신은 아니었다. 나 아닌 다른 주체가 내게 찬란한 인생을 보장했고, 자동으로 내 인생의 부정적 측면은 모두 그 주체의 잘못이었다. 내 잘못이 아니었다. 사람들은 자신의 처지를 배우자, 애인, 출생지, 외국, 날씨, 유전자, 은행, 난민, 종교의 탓으로 돌리기 시작했다. 수비학數秘學과 점성술과 달의 인력도 비난의 화살을 피하지 못했다.

지금의 내 처지와 형편 뒤에 숨은 진짜 원흉을 알고 싶은가? 내 재정 상태와 커리어와 건강과 인간관계가 현재의 양상을 띠게 된 진짜 이유를 찾고 싶은가? 간단하다. 거울 앞에 서 보라.

거기 범인이 있다. 범인은 바로 나 자신이다. 내 형편이 이렇게 된 것은 모두 내 책임이다. 형편이 좋은 것도 내 덕분이고 형편이 나쁜 것도 내 탓이다. 정신분열증이나 자폐증 같은 장애가 있는 게 아니라면, 회복 불능의 뇌손상을 입은 게 아니라면, 극도로 억압적인 전체주의 사회에 사는 게 아니라면, 지금의 내 상태에 책임이 있는 사람은 바로 나다. 부분적 책임이 아니라 전적인 책임이 내게 있다. 내 사고

방식과 내가 과거에 해 온 선택들이 지금의 내 상황을 만들었다. 지금의 내 상황은 지금까지 내가 해 온 생각과 행동의 귀결이다. 내 인생이 걸출한 성공작일 때의 공도 내 몫이고, 그렇지 못할 때의 허물도 내게 있다.

물론 인간은 공평하게 태어나지 않는다. 부모, 사회, 문화, 종교, 교육이 내 RAS에 입력되는 내용을 좌우했고, 거기서 형성된 믿음들이 오늘날 내가 있는 곳으로 나를 데려왔다. 하지만 이제는 우리 모두 RAS가 어떻게 작동하는지 안다. 이제부터는 RAS에 입력되는 것도 그에 따른 결과도 내 책임이다. 지금 내가 사는 세상을 직·간접적으로 창조한 사람이 나 자신이라는 사실을 이 자리에서 받아들이자. 지금의 일자리를 수락한 사람도 나였고, 내 열정과 거리가 멀다는 걸 알면서도 지금의 직장에 머물러 있기로 작정한 사람도 나였다.

정크 푸드를 꾸준히 먹기로 결정한 것도 나였다. 내가 내 손으로 정크 푸드를 내 입에 우겨넣었다. 하고 싶지 않은 일을 요구하는 사람들에게 싫다는 소리를 못한 것도 나였고, 계속 기대를 저버리는 사람을 계속 믿어 온 사람도 나였다. 내게 끝없이 비탄과 배신감만 안기는 친구나 가족에게 선을 긋지 않은 것도, 학대하는 사람이나 미래가 없는 관계에 굳이 매달려 있는 것도, 규칙적으로 운동하지 않은 것도 내 결정이었다. 터무니없는 논리로 흡연, 음주, 과속, 약물남용, 폭력 성향이 있는 애인 만들기라는 자멸적이고 자해적인 습관을 합리화해 온 사람도 바로 나다.

나를 돌아 버리게 하는 직원이나 고객이 있는가? 이기적이고 발암성 말을 일삼는 친구가 있는가? 나를 감정의 쓰레기통으로, 호구로 여기는 사람이 있는가? 다 내가 키운 괴물들이다. 내가 그 괴물들을 내 인생에 끌어들였고, 내쫓지 않았다. 주위 사람들이 나를 불행하게 한다면 그것은 그들의 잘못이 아니라 어쩌면 내 잘못이다. 그들이 나의 사생활이나 직장생활에 얽혀 있는 이유를 생각해 보라. 내가 그들을 골랐고, 내가 머물게 했다. 그런 선택을 한 것도 그런 생각에 젖은 것도 나였다. 내가 장본인이다. 지금 내가 처한 상황은 나의 창조물이다. 내가 지금 여기 이렇게 있게 된 핑계를 자신과 남들에게 발전소처럼 만들어 내고 있는 사람도 나다.

위의 내용을 읽고 화가 나거나 기분이 상했다면 다시 읽어 보기 바란다. 그런 사람일수록 다시 읽어야 할 내용이다. 과거에는 외부 환경이 내 RAS에 명령을 했을지 몰라도 지금부터는 내 RAS에 들어가는 것을 내가 의식적으로 관리해야 한다.

내 인생과 현 상황을 100퍼센트 내 책임으로 인식한다는 것이 자책감에 찌든 사람이 된다는 뜻은 아니다. 자기 객관화라는 강력한 정신에너지를 발휘하겠다는 뜻이다. 스스로 이렇게 물을 필요가 있다. 나의 어떤 행동이 이런 결과를 낳았나? 나의 어떤 사고방식이 이런 상황을 불렀나? 그동안 내가 이 사람에게 어떤 말을 했고 어떤 말을 하지 못했기에 이 사람이 이런 반응과 태도를 보일까? 나의 어떤 믿음이 이런 결과로 이어졌나? 지금과 다른 결과를 얻으려면 내가 어떻게 해야 할까?

내 인생은 나의 것

—

내 상황을 100퍼센트 내 책임 아래 두는 것은 내 인생의 주도권을 전적으로 내가 가지는 것이다. 내가 운전대를 잡았으니 내가 원하는 곳으로 차를 몰 수 있다. 책임이 있는 곳에 주도권이 따라온다. 내가 내 인생을 주도한다는 것은 무엇일까? 내 인생에서 일어나는 모든 일의 귀추를 따져 보고 그 결과를 분석해 내 RAS가 내게 더 좋은 단서를 가져오도록, 그 단서를 좋은 결과로 연결하도록 노력하는 것이다. 물론 내 인생에서 일어나는 일의 상당 부분은 내가 통제할 수 없다. 하지만 벌어지는 일들에 대해 무엇을 생각할지, 어떻게 반응할지, 어떤 선택을 할지에 대한 통제권은 전적으로 나에게 있다. 내 생각과 반응과 선택들이 나의 다음번 상황을 창조한다. 내 상황을 지휘하는 총 감독은 바로 나다. 사실은 처음부터 그랬다. 내가 깨닫지 못했을 뿐.

내 마음대로 할 수 있는 유일한 것이 있다면, 그것은 생각과 태도다. 때로 나쁜 결정을 할 수도 있다. 중요한 것은 거기에 대처하는 방식이다. 그리고 그것을 다시 내 통제권 안으로 가져오는 것이다.

리타 하트니Rita Hartney,
《여자가 주도권을 잡아야 할 때》It's Time for Women to Take Control의 저자

나의 선택

내가 인생에서 겪는 것은 모두 나의 선택들에 기초한다. 긍정적 상황이든 부정적 상황이든 지금 내가 처한 상황은 과거 내가 행한 선택들이 불러온 것이다. 내 인생의 결정권과 방향선택권은 오직 내게 있다. 내가 직접 책임자고 유일한 책임자다. 다르게 생각하는 것은 자신의 인생에 책임지기를 거부하는 것이다. 사람은 태어나는 순간 삶의 주도권을 받고 그 결과에 책임질 의무를 진다. 이런 질문이 가능하다. 절대빈곤 속에 태어난 사람은? 강제 결혼이 합법적으로 존재하거나 개인의 자율적 기회 추구를 법으로 막는 나라에 태어났다면? 자기 의견을 가지면 죽임을 당하는 사회에 태어났다면?

실화: 스티븐의 이야기

나는 정부와 사회가 개인을 대신해 무엇을 생각할지 무엇을 할지 결정하는 나라에서 태어났습니다. 내 누이는 원하지 않는 상대와 강제로 결혼했고, 내 친구들 중 다수가 사상 때문에 감옥에 갇히거나 매를 맞거나 죽임을 당했습니다. 그러나 나는 적어도 그곳에 남느냐 떠나느냐의 선택권은 내게 있다고 생각했습니다. 내 선택은 내 나라를 떠나 망명자가 되어 미래를 선택할 기회를 찾는 것이었습니다.

나는 3천 킬로미터를 걸어서 탈출했고, 지금은 다른 곳에 삽니다. 손 하나를 잃었지만 새로운 이름과 새로운 인생과 좋은 직업을 얻었습니다. 내 친구들의 다수는 살던 곳에 남는 것을 선택했고, 아직도 그 선택의 피해자로 살고 있습니다. 내 선택은 위험을 무릅쓰고 다시 시작하는 것이었고, 나는 현재 그 선택의 보상을 누리고 있습니다. 나는 어쩔 수 없는 처지라고 생각했던 처지에서 벗어났습니다. 새 삶을 위해 새로운 곳으로 향했을 때, 떠나기로 결심하지 않았다면 있는 줄도 몰랐을 문들이 열렸습니다. 물론 중간에 체포되거나 살해될 위험이 있었지만 내게 남느냐 탈출하느냐의 선택권이 있다는 점은 변함없었습니다.

인생의 혜택을 태어나면서 거저 얻는 사람도 있지만 필요한 위험을 감수해야 하는 경우도 있습니다. 현재 어떤 형편에 놓여 있는지 어쩌다 거기에 이르게 됐는지는 중요하지 않습니다. 우리에겐 스스로 새로운 환경을 선택할 힘이 있습니다. 스스로 환경과 처지의 피해자가 되지 마십시오. 누구에게나 자신의 인생을 선택할 능력이 있습니다.

어쩔 수 없는 일

인생은 내 의지와 상관없이 일어나는 일들로 가득하다. 예를 들어 쓰나미나 산불이 집을 쓸어버릴 수도 있고, 음주운전 사고의 피해자가 될 수도 있고, 목숨이 위험한 병에 전염될 수도 있다. 그러나 세상에 대한 내 생각과 행동과 반응을 결정하는 것은 전적으로 나다. 거기에 대한 지배력을 행사하는 사람은 바로 나다. 이런 생각과 행동과 반응이 모여 선택이 되고, 이런 선택들이 나의 미래를 조성한다. 내 인생은 결국 내 선택들의 결과다. 인생이 마음에 들지 않는가? 선택의 질을 높이자.

**내 인생은 내가 한 선택들의 결과다.
자신의 인생이 마음에 들지 않는다면 선택의 질을 높이자.**

실화: 미첼의 이야기

미첼은 27세 때 오토바이 사고로 몸의 65퍼센트에 화상을 입었다. 부상에서 회복하고 4년 후 그는 조종사 자격증을 땄다. 그런데 얼마 후 이번에는 비행기 추락 사고로 하반신이 마비되는 부상을 입고 평생 휠체어에 의지해 살게 됐다. 하지만 그는 번영하는 삶을 살기로, 삶의 주도권을 놓지 않기로, 인생에 일어난 변화에 의연히 대처해 나가기로 결심했다. 그는 의지와 용기로 자신의 변화를 불가능에 맞서는 긍정적 힘으로 만들었다. "중요한 것은 내게 어떤 일이 일어났느냐가 아니다. 거기에 내가 어떻게 대처하느냐다"가 그의 인생 모토가 되었다. 그는 절망적으로 보였던 운명을 놀라운 성공 스토리로 바꿨고, 그의 이야기는 전 세계 수백만 명에게 감동과 영감을 주었다.

사고 후 미첼은 콜로라도 소도시의 시장으로 선출됐고, 재임 기간 동안 에몬스 산에 몰리브덴 광산이 들어서는 것을 막아 내며 '산을 구한 시장'이라는 찬사를 받았다. 성공한 기업가로 지역사회에 일자리 1천 개를 제공했고, 콜로라도 국회의원 후보로 뛰었으며, 명망 높은 환경운동가 및 자연보호 활동가로 활동하며 국회에서 여러 번 관련 진술을 했다. 놀랍게도 비행기 조종과 급류 래프팅을 즐기는 것도 포기하지 않았다. 그의 놀라운 성공담은 세계의 매스컴을 탔고 수많은 잡지에 소개되었다. TV 프로그램 〈초인들〉Super Humans에 등장하기도 한 미첼은 현재 유명 저술가이자 동기부여 강연가다. 그는 한계는 대부분 스스로 부과한 것에 지나지 않는다는 인생철학을 직접 증명해 보였다.

장애인이 되기 전에 내가 할 수 있었던 일은 1만 가지였다.
지금은 9천 가지가 된다. 선택은 두 가지다.
못하게 된 1천 가지를 곱씹든가, 남은 9천 가지에 집중하든가.

W. 미첼W. Mitchell

핑계 없는 무덤

원하는 모든 것을 갖춘 인생을 창조하고 싶은가? 그렇다면 자기변명을 멈추는 것이 좋다. 모든 탓을 다른 사람과 외부로 돌리는 피해자 행세는 그만두는 것이 좋다. 내게 잘못한 사람들, 나를 알아주지 않은 사람들, 내 꿈을 막은 사건과 인연들, 나를 방해했던 외압과 외계의 작용을 캐는 것도 접는 게 좋다. 인생에서 성공하는 법을 40년 넘게 가르치면서 바바라와 나는 온갖 종류의 핑계를 접했다. 당장의 행동 개시가 어렵다는 핑계는 그야말로 각양각색이었다. 정부, 성별, 학력,

피부색, 옛날 애인, 현재 애인, 상사, 경제상황, 친척/인척, 건강 등이 항상 발목을 잡았다. 골퍼는 경기 부진을 코스와 골프채와 날씨와 풍향과 캐디 탓으로 돌린다. 이런 요인들이 실제로 경기에 영향을 미치기는 한다. 하지만 어느 것도 경기 결과를 통째로 결정하지는 않는다. 골프채, 코스 또는 날씨가 골프의 통제요인이라면, 타이거 우즈와 잭 니클라우스Jack Nicklaus 같은 선수들을 우리가 스타로 대접할 이유가 없다. 빌 게이츠Bill Gates, 마크 주커버그Mark Zuckerberg, 테레사Theresa 수녀, 스티브 잡스Steve Jobs가 정부정책, 가족, 날씨, 은행, 출생지 등을 제한인자로 여겼다면, 마이크로소프트, 페이스북, 사랑의선교회, 애플은 세상에 없었을 것이다. 어떤 일에도 '제한인자'는 있다. 그러나 이런 '제한인자'를 극복하고 해당 분야에서 성공을 거둔 사람들도 수천 수만 명씩 있다.

'제한인자'가 정말로 제한인자라면 세상에 성공할 사람은 하나도 없다.

나를 지금의 처지에 있게 한 것은 내가 한 행동과 생각들이다. 지금의 나는 내 선택에 의한 것이다. 이것이 인생의 진실이다. 하지만 과거의 선택들과 그 이유는 이제 더 이상 중요하지 않다. 그것은 과거일 뿐이다. 오늘부터 시작되는 미래는 내가 오늘부터 선택하는 생각과 행동들로 결정된다. 그리고 그 선택은 100퍼센트 내 소관이다.

다른 게 있다면 지금부터는 내가 정말 원하는 상황만 선택할 수 있다는 것이다. RAS는 결코 주인을 배신하지 않는다. 주인이 생각하는 대로 움직인다. 그러니 내 불행한 상황에 대한 책임회피용 핑계거리를 찾는 일은 지금 당장 그만두자.

형편없는 선택의 결과

나쁜 선택을 했다고 멍청한 것은 아니다. 나쁜 선택의 나쁜 결과는 인생이 우리에게 교훈을 주는 방법이다. 사람들은 대개 경험에서 배운다. 같은 실수를 또 하는 것은 내가 경험에서 교훈을 얻지 못했음을 보여 주는 것이다. 같은 실수를 반복하고 있는가? 그렇다면 자기파괴self-sabotage 같은 이상심리를 의심하고 전문 상담사나 심리치료사의 조언을 구해야 한다. 인생의 사건들은 내가 알아야 할 것을 가르치기 위해 일어나는 것이다. 그리고 내가 알아먹기 전에는 절대 없어지지 않는다.

올 것이 오는 이유

―

인간에게는 같은 행동을 되풀이하면서 다른 결과를 기대하는 해괴한 심리가 있다. 내 인생이 이 모양이고, 내게 있는 것이 이런 것뿐인 이유는 내가 같은 사고방식과 같은 행동양식을 반복하고 있기 때문이다. 지금까지와 다른 결과를 원한다면, 인생을 극적으로 개선해야 한다. 꿈을 현실로 바꾸고 싶다면, 지금까지와는 다른 방식으로 생각하고 행동해야 한다. 지금처럼 생각하고 행동하면 지금까지와 같은 결과만 더 생길 뿐이다.

　내 인생은 왜 항상 거기서 거기인지, 내가 만나는 사람들은 왜 항상 그저 그런지, 내게 걸리는 것들은 왜 항상 이 모양인지 궁금한가? 내가 동일한 사고 과정과 의사결정을 반복하고 있기 때문이다.

지금까지 하던 대로 하면 지금까지 살던 대로 살게 된다.

내 인생의 현주소는 지금까지 내가 한 선택과 생각과 행동의 결과물이다. 결과는 거짓말하지 않는다. 내가 과체중/저체중/표준체중인 것도, 내가 부유/가난한 것도, 가족이 나를 존중/무시하는 것도 내 판단과 행동의 결과다. 인생이 내게 원하는 것을 주지 않은 것이 아니라 내가 피해 다닌 것이다. 결과는 거짓말하지 않는다.

'나는 환경의 피해자'라는 거짓말로 스스로를 속이는 일은 오늘부터 그만하자. 남들에게 내 잘못이 아니라고 말하는 것도 그만하자. 따져 보면 다 내 탓이다. 내 생각이 내 행동으로 이어진 결과다. 내가 원인 제공자. 현상을 유지하는 것도 바꾸는 것도 내게 달렸다. 결과는 내 선택들의 진실을 말해 줄 뿐이다. 실상을 깨달았다면 RAS를 다시 프로그래밍해야 한다.

투덜이와 칭얼이

불평은 말 그대로 마음이 불편한 것이다. 지금의 것이 마음에 차지 않아서 더 나은 것을 바란다는 뜻이다. 더 나은 집, 자동차, 애인, 건강, 일자리 등등. 하지만 불평하는 사람은 듣는 사람에게 자신이 더 나은 결과를 바라기만 할 뿐 필요한 조치를 취하거나 위험을 감수할 준비는 되어 있지 않다는 인상을 줄 뿐이다. 능동적으로 나설 생각은 손톱만큼도 없으면서 같은 불평을 거듭하는 것은 징징대는 소리에 불과하다.

정당한 불만도 있다. 예컨대 과중한 업무량, 상사의 부당한 대우, 어이없는 고객 서비스 등. 문제는 우리가 그 불만을 엉뚱한 사람에게

110

토로한다는 데 있다. 남편/아내/애인에게 당한 부당한 대접은 친구들에게 불평하고, 상사의 악행은 애인에게 불평하고, 상점에서 겪은 불쾌한 경험은 이웃사람을 만나 불평한다. 이런 불평은 아무 소용이 없다. 불평을 듣는 사람은 문제 해결에 어떤 보탬도 되지 않거나 그럴 관심조차 없기 때문이다.

엉뚱한 곳에 대고 불평하지 말자. 사람들의 80퍼센트는
당신의 문제에 별 관심이 없고, 나머지는 좋아라 한다.

반대의 상황도 문제다. 칭찬할 때 우리는 대개 엉뚱한 사람을 칭찬한다. 레스토랑에서 음식이 기가 막히게 맛있었고 덕분에 즐거웠다는 칭찬을 웨이터에게 한다. 하지만 웨이터는 거기에 관심이 없다. 웨이터가 손님에게 바라는 건 두둑한 팁과 식사가 끝나면 빨리 사라져주는 것이다. 내 식탁에 나온 음식에 대해 나무라거나 칭찬하고 싶다면 웨이터가 아니라 요리사에게 해야 한다. 더 좋은 방법도 있다. 음식이 별로라는 판단을 행동으로 연결하는 것이다. 다음에는 거기 말고 다른 레스토랑으로 가는 거다. 그것이 능동적 조치다. 내가 불평한다고 요리사의 실력이 바뀌지 않는다. 내가 레스토랑을 바꾸는 편이 낫다.

불평과 하소연은 원치 않는 것에 집중하게 만든다. 그러면 RAS가 나를 지금의 처지에 이르게 한 상황과 비슷한 상황들만 자꾸 찾아

낸다. 불평은 뇌의 부정적 신경회로를 강화하고, 그러면 RAS가 내 인생에 이미 존재하는 부정적 측면들을 반복 재생한다.

인생이 바뀌기를 바라는가? 직접 인생을 바꿔라. 다른 대안은 없다.

목표에 부합하는 능동적 조치를 취하자. 일어났으면 하는 것에만 집중하자. 불쾌한 경험을 되새김질하고 불평하면서 비슷한 경험을 더 불러들이는 짓을 멈추자. 정당한 불만이 있으면 직접 당사자에게 항의하자. 당사자란 상황을 바꿀 수 있는 사람을 말한다.

나의 상황은 내가 선택한다

얼 나이팅게일Earl Nightingale(1921~1989)은 자기계발 기술의 개척자이자 1970년대에 나의 멘토였다. 그는 인간은 자신이 생각하는 모습대로 되기 때문에, 자신이 바라는 것에 초점을 맞춘 긍정형 생각으로 자신의 상황을 스스로 선택해야 하며, 그러지 않으면 원치 않는 상황이 나를 선택하게 된다고 가르쳤다. 협박처럼 들리지만 사실은 해방의 말이다. 다른 사람들의 상황이 뒤엉켜 흐르는 물결에 휩쓸려 끌려가거나 타인의 견해로 짠 판에서 장기의 말처럼 움직이는 대신, 마음

112

만 먹으면 내가 원하는 곳으로 갈 수 있다는 뜻이다.

**자기 인생을 자기가 100퍼센트 책임지지 않는 사람은
그렇게 하는 사람들 밑에서 일하게 된다.**

앞서 몇 번이나 말했듯 인생에서 내 현재 위치에 대한 책임은 내게
있다. 에티오피아의 절대빈곤 속에서 AIDS 보균자로 태어난 사람을
말하는 것이 아니다. 지금 이 책을 읽는 당신에게 하는 말이다. 과거
의 생각과 행동이 나를 지금의 위치로 데려왔고 나의 오늘을 만들었
다. 물론 내 통제권 밖의 일들도 있었다. 하지만 거기에 대한 내 반응
은 어땠는가. 그 대응 방식들이 지금의 내 상황에 꾸준히 기여했다.

부정적인 생각의 결과

직장 동료에게 몰래 상사 험담을 했는데 그 말이 상사의 귀에 들어가
해고당했다고 치자. 나의 행동이 실직으로 이어졌다. 자업자득의 단
적인 경우다. 그럼 이 경우는 어떤가? 너무 바빠서 회사에서 지원하
는 교육과 연수, 자기계발 연수도 마다하고 일만 했는데, 회사가 나
보다 근무 연수가 적은 사람을 승진시켰다. 이 경우도 자업자득인 건
마찬가지다.

배우자나 애인이 나를 정신적으로 또는 육체적으로 학대한다. 또는 나는 계속 그런 사람만 만난다. 나아가 그런 사람과 헤어지지 않고 버틴다. 이때 단골로 등장하는 상투적 이유들이 있다. 사랑하니까, 아이들 때문에, 함께한 세월이 있어서, 돈 문제가 얽혀 있어서 등등. 능동적 행동의 부재를 덮기 위한 궁색한 변명은 이밖에도 많다. 먹고 살기 바쁜데, 집에 오면 피곤해서 쓰러지기 바쁜데, 다른 문제로도 머리가 복잡한데, 예의 없고 무책임하게 자라는 아이들에게 투자할 시간이 어디 있으며, 신체치수와 체중에 신경 쓰며 살 겨를이 어디 있는가?

남에게 손가락질할 때, 다른 세 손가락은 나를 향하고 있다.

건강이나 비만 문제에도 변명이 넘쳐난다. 호르몬, 나쁜 유전자, 부모의 영향, 출산의 피해자가 아닌 사람이 없다. 그도 아니면 우주를 떠돌며 사람을 골라 들러붙는 지방입자들의 무차별 습격에 당한 걸까?

아니다. 내가 식이요법이나 운동을 무시하기로 작정했거나 알지만 실천하지 않기로 선택한 결과다. 따라서 궁극적인 책임은 내게 있다. 본인의 체중에 당혹감을 표하며 불가사의한 일이라고 주장하거나 정크 푸드를 끝없이 입속에 밀어 넣은 자신의 손을 원망하고 싶은가? 아니다. 손은 자발적으로 움직이지 않는다. 손에게 쓰레기를 입에 넣으라고 지시한 건 바로 나다. 내가 했다. 아무도 보지 않을 때 내가 했다. 사람들은 어이없다는 표정으로 하소연한다. "도대체 살이 왜 찌는지 모르겠어. 별로 먹는 것도 없는데…."

　종류를 막론하고 내 현재 상황의 직접적인 원인은 결국 내 행동 또는 내 행동의 부재다. 최종 결정자는 바로 나다. 내 선택에 영향을 미친 불특정 다수가 아니라 나 자신이다.

마음에 들지 않는 것이 있다면 그것을 바꿔라.
그것을 바꿀 수 없다면 그것을 보는 방식을 바꿔라.

건강을 지킬 책임

암과 심장병의 발병 원인 중 80퍼센트 이상은 생활방식과 관련이 있다. 조악한 식단, 흡연, 음주, 정크 푸드 섭취, 환경 오염과 공해, 스트레스가 심한 생활, 부정적 태도 등. 식습관과 생활방식이 서구화한 나라에서는 2015년을 기점으로 인구의 반 이상이 암에 걸린다는 통계가 있다. 직업상 바바라와 나는 암 진단을 받은 사람들을 많이 만난다. 그만큼 암 발병의 책임에 대한 자기기만 사례도 많이 접한다. 우리는 암이 있거나 없는 사람들을 대상으로 유기농 식품 섭취, 채식, 금연, 금주, 규칙적 운동, 스트레스 감소, 긍정적 사고 등 라이프 스타일 변화로 발암 위험성을 낮추는 방법을 전파한다.

대부분의 암 환자는 이런 노력의 타당성을 인정한다. 그러나 암 치료 이후 실제로 실천하는 사람은 드물다. 대다수는 암 진단 이전의 생활방식과 사고방식으로 돌아간다. 애초에 암 발병의 원인이었던 습관과 행동까지 그대로 다시 행한다. 그들은 변하지 않는다. 자신의 건강에 대한 책임을 의사에게, 건강 전문가에게, 방사선 전문의에게, 배우자에게, 신에게 떠넘긴다. 자신의 상황을 스스로 책임지기를 거부한다. 그리고 많은 이들이 생명을 잃는다. 내 건강을 책임지는 사람은 결국 나라는 사실을 인정하지 않은 것이 그들의 사망 원인이다.

세상에 뒤처지지 않을 책임

—

잠재적인 문제나 임박한 변화가 보내는 경고신호를 무시하지 말자. 내 인생이 별 볼일 없이 흘러가는 주된 이유는 내가 대책 대신 무대책을 선택하는 데 있다.

나이 많은 사람들 중에 자신이 이메일 주소도 없고 인터넷과는 담 쌓고 산다고 자랑처럼 말하는 이들이 있다. 이들은 커리어 기회를 자기 손으로 걷어 내고 있다는 것을 모른다. 스스로를 경제활동 사다리의 최하위층으로 끌어내리고 있다는 것을 모른다. 이들은 청년층과 세상과 소통할 능력이 아예 없거나 심하게 부족하다. 이들은 21세기의 현실로부터 스스로를 철저히 배제시킨다. 그러면서도 대다수 노령자는 이 사실을 인지하지 못하거나 인정하기를 거부한다. 세상의 변화를 무시하는 것이 나이든 세대의 슬픈 트렌드가 되었다.

1970년대에 나는 휴대전화 1세대 사용자 중 한 명이었다. 그때 휴대전화는 결코 대중화되지 못할 것이며, 전화를 걸고 싶으면 언제든 공중전화 박스로 가겠노라 장담했던 사람들이 있었다. 지금도 자칭 지식인 중에 이메일은 시간 낭비고, 온라인 채팅은 변태들이나 하는 짓이라고 말하는 이들이 있다. 이들은 다른 사람들이 찍어 올리는 음식 사진을 보겠다고 SNS를 하는 것을 바보짓이라고 말한다. 이들은 세상의 변화를 무시한다. 그 결과 새로운 영역과 흥미로운 분야에 참여할 능력은 물론 자신의 자녀들과 소통할 능력마저 잃었다.

과거에 살지 말자. 책임지고 스스로를 업그레이드하자.

내 인생의 수질 관리

사람들이 보이는 미묘한 단서들을 놓치지 말자. 기업의 인사 담당자들은 과거 실적과 평판을 조회해 봄으로써 그 사람의 미래 성과를 가늠한다. 우리도 같은 전략을 쓸 필요가 있다. 누군가 무례하고, 오만하고, 시간관념과 경제관념이 없고, 자격지심이 강하고, 폭력 성향을 보이고, 술이나 약물에 의존하고, 강박적이고, 책임감 없고, 게으른 행실을 보인다면, 그 사람은 앞으로도 같은 문제로 애먹일 가능성이 높다. 나쁜 징후를 보이는 사람을 섣불리 내 인생에 들여놓지 말자.

> **남들이 나를 대하는 방식은 내가 어떤 사람인지를 보여 주는 것이 아니다.
> 그들이 어떤 종류의 인간인지를 보여 주는 것이다.**

물론 개과천선해서 새사람으로 거듭나는 이들도 있다. 그러나 그런 경우는 극소수에 불과하다. 삶의 방식을 대대적으로 뜯어고치는 건 결코 쉽지 않다. 변하려면 일생일대의 사건을 필요로 한다. 암 진단, 종교적 계시, 사랑하는 사람의 죽음, 죽다 살아난 경험과 같은 강도의 충격이 아니면 사람은 좀처럼 변하지 않는다. 사람들은 이런 책도 좀처럼 읽지 않는다. 삶의 성공을 위해 알아야 할 것을 가르치고, 거울 앞에서 자신을 돌아보라고 말하는 책에는 흥미가 없다. 그보다는 현실을 모방한 판타지물이나 연출된 리얼리티 쇼를 보며 시간을 보낸다.

인생이 보내는 경고들을 간과하지 말자. 상대가 동료와 부하직원과 서비스업 종사자와 동물을 대하는 방식을 관찰하자. 그것이 그가 장차 남편, 아내, 애인을 대하는 방식이다. 인생은 내게 끝없이 단서를 제공한다. 그 단서들을 챙겨 보자. 내 인생에 해로운 사람이 있는가? 내 인생에서 내보내자. 엮이지 말자. 최소한 그 사람 주변에서 보내는 시간을 줄이자.

실화 : 앤의 이야기

앤의 아버지는 가족을 냉대하고 폭력적 언동을 일삼는 알코올중독자였다.

118

어린아이들이 흔히 그렇듯 앤은 아버지의 애정을 얻어 보려 온갖 노력을 다했다. 어른이 된 앤은 계속해서 자신을 정신적·육체적으로 학대하는 남자에게 끌렸고, 이것이 그녀의 인생 테마가 되었다. 앤은 부지불식간에 아버지와 같은 특성을 가진 남자들을 골랐고 그들의 사랑을 얻으려 애썼다. 결국 그녀가 결혼한 남자도 그녀를 학대했고 경제적 파산까지 안겼다. 앤은 46세 때 인생 최초로 중대한 긍정적 결정을 내렸다. 그것은 이혼이었다.

앤은 이혼을 인생 최고의 긍정적 결정으로 생각한다. 그러나 그 긍정적 결정이 자신에게 경제적 파탄을 안겼다고 말한다. 그녀는 그 불행이 자신의 잘못이 아니라 전남편의 잘못이라고 믿는다. 그러나 진실은 다르다. 앤이 입은 정서적 피해와 재정적 손실의 원인은 본인의 과거 선택에 대한 책임의식의 결여, 다시 말해 과거에서 배우지 못하고 같은 실수(나쁜 남자 고르기)를 반복한 데 있다. 앤의 '긍정적' 결정, 즉 이혼 결정은 그녀를 단지 해당 기간의 고통에서만 해방시켰다.

현재 그녀는 다른 남자를 만났고, 그 남자 역시 앤을 학대한다. 인생이 분명한 경고를 보냈건만 그녀는 경고를 무시하고 늘 하던 대로 했다.

요약

세상은 내가 아는 만큼 베풀지 않는다. 내가 행동하는 만큼 베푼다. 고학력자가 흔히 하는 오판이 있다. 일단 졸업만 하면 세상이 알아서 자신의 노력을 보상해 줄 것으로 믿는다. 그렇지 않다. 내가 얻는 것은 전적으로 내 선택에 달렸다. 부모, 과거의 악연, 일자리, 경기, 날씨, 나이 탓이 아니다. 내 결정과 선택에 책임이 있는 사람은 나고, 내가 유일하다. 그뿐이다. 희소식이 있다. 지금부터 선택의 주도권을 100퍼센트 내가 행사한다. 내게 유리한 방향으로. 이 책이 당신에게 '어쩔 수 없는'have to 인생이 아닌 '원하는 대로'want to 인생을 사는 방법을 제시할 것이다.

오늘부터 내 인생의 모든 것은 100퍼센트 내 책임이라는 진실을 마주하자. 나도 모르게 불평하고 있다면 깨닫는 즉시 멈추자. 인생의 대응 방식을 바꾸겠다고 결심하자. 지금 이 자리에서 결심하자. 일의 형편과 양상이 달라 보이고, 지금까지 알던 것과 다른 인과관계가 보이고, 내 꿈을 행한 경로들이 모습을 드러낼 것이다. 내가 할 수 있는 것, 내가 하려는 것을 긍정적으로 이야기하자.

걱정을 달고 사는 사람을 가까이 하고 싶은 사람은 없다. 험담과 불평을 일삼는 사람들에 둘러싸여 있다는 생각이 들면 속히 그 무리를 떠나라. 그 사람들과 한 묶음으로 얽히지 말자. 이 무리를 선택한 것이 나라는 것을 인정하자. 그 경험을 바탕으로 이번에는 보다 긍정적인 무리를 선택하면 된다. 낌새가 좋지 않은 모든 것에서 벗어나라. 스스로에게 그럴 권한을 주자. 누구에게도 어떤 해명도 할 필요 없다. 내 마음속 목소리를 믿자. 이 상황과 사람들을 내 인생으로 불러들인 사람은 바로 나라는 사실을 잊지 말자. 끌어들이는 사람도 나고, 싫으면 떠나는 사람도 나다. 이제부터는 내 인생에 내가 원하는 것만, 내게 자격이 있는 이들만 두겠다는 결심이 필요하다. 결심은 빠를수록 좋다.

　나를 바꾸고 싶은 부분, 잘하고 싶은 것을 10가지 적어 보자. 이 목록을 보면서 그동안의 부정적인 생각을 인지하고 떨쳐 버리자.

1.

2.

3.

4.

5.

6.

7.

8.

9.

10.

　인생 최고의 날은 내 인생은 나의 것이라고 결심한 날이다. 변명이나 핑계는 필요 없다. 기댈 사람, 비빌 언덕, 원망의 대상을 찾지 말자. 모두가 내 탓이고 내 덕이다. 이것을 깨달은 날이 진짜로 내 인생이 시작되는 날이다.

누구의 탓도 하지 마라. 좋은 사람들은 행복을 주고 나쁜 사람들은 경험을 준다.
최악의 사람들은 교훈을 주고 최고의 사람들은 추억을 준다.

7장

시각화 기법

| 남자, 여자, 개. 그리고 그들이 보는 것 |

앞장에서 말했듯 RAS는 내 내면에 입력된 목표에 따라 목표 실현에
필요한 자원과 정보를 찾아 내 앞에 대령한다. 목표가 없었다면 무심

히 흘러갔거나 '배경소음'으로 의미 없이 남았을 것들이다. 이때 목표를 그림처럼 시각화해서 입력하면 효과가 극대화된다. RAS는 입력된 내용에 곧이곧대로 작동한다. RAS는 상상과 현실을 구분하지 못한다. 상상이 아니라 실제로 여긴다. 그래서 몸이 거기에 물리적으로 반응한다. 내 의식이 목표를 생생한 그림으로 생성하면 RAS가 그 심상을 잠재의식으로 전달하고 잠재의식이 나를 해당 목표로 몰아간다.

시각화란 무엇일까? 간단하다. 눈을 감고 내가 세운 목표가 달성되는 모습을 생생히 그려 보는 것이다. 목표를 이룬 나는 어떤 모습일지, 무엇을 하고 있을지, 어떤 기분일지 상상한다. 원하는 결과를 얻은 내 모습을 미리 본다. 원하는 결과를 미리 시각화한 학생들이 시각화 기법을 이용하지 않은 학생들보다 평균 2배의 성과를 낸다는 연구보고도 있다.

마음의 작동법

—

우리 마음은 실제와 상상의 차이를 모른다. 다시 말해 내 뇌는 내가 지금 이 책을 실제로 읽고 있는지 읽는 상상을 하는지 구분하지 못한다. 반대로, 달리는 꿈을 꾼다고 치자. 뇌는 내가 정말로 달리는지 그저 달리는 꿈을 꾸는지 분간하지 못한다. 그래서 몸이 실제처럼 반응한다. 즉 물리적·신체적 반응을 만든다. 꿈을 꾸면서 식은땀을 흘리고 헐떡이고 다리를 들썩이는 건 이 때문이다. 몽유병처럼 심한 경우에는 침대에서 나와 정말로 달린다.

침대 밑의 로프를 보고 뱀으로 착각한 사람은 실제로 뱀을 본 것과 다름없다. 맛보기도 전에 맛이 이상하다고 생각하면 실제로 그 맛을 좋아하게 될 가능성이 거의 없다고 봐야 한다. 거미를 무서워하는 사람은 거미를 구석구석에서 잘도 발견한다. 심지어 거미가 없어도 거미를 본 것처럼 놀라기도 한다. 비둘기를 싫어하는 사람은 그렇지 않은 사람보다 길에서 비둘기를 자주 본다.

뇌의 이런 특성에는 순기능도 있다. 연설을 앞두고 멋지게 연설하는 내 모습을 시각화하는 것은 좋은 연습이 된다. '가상체험' 연습이 실제 수행 성과를 극적으로 향상시킨다.

테니스 테스트

눈을 감고 테니스 경기를 보고 있다고 상상하자. 상상 속 관중석의 내 자리는 코트 중간 지역이다. 상상의 공이 네트를 타고 이쪽에서 저쪽으로 다시 저쪽에서 이쪽으로 날아간다. 이때 실제 상황이 아닌데도 대개의 경우 안구가 상상의 공을 따라 좌우로 움직인다. 테니스 관전은 상상에 불과하다는 것을 모르는 뇌가 실제 신체 반응을 유도한 것이다. 바로 이 점 때문에 시각화는 목표 실현의 비결이 된다. 시각화는 단순한 상상이 아니라 바람을 현실로 유도하는 리모컨 기능을 한다.

운동선수의 시각화 훈련

체육계는 이미 50년 전부터 시각화 기법을 활용했다. 어느 나라나 국가대표 선수들은 종목을 불문하고 이 기법을 쓴다. 딱히 시각화라는 용어를 쓰지 않아도 음으로 양으로 이미지 트레이닝과 자기 암시에 적용한다. 스포츠 심리학자들은 선수들에게 실수 없이 허들을 뛰어넘고, 공을 정확하게 몰고, 화살을 명중시키고, 깔끔하게 착지하는 모습을 반복적으로 마음에 그리라고 주문한다.

세계적 프로 골퍼들도 타수를 줄이는 최고 비결 중 하나로 마음속에서 공을 원하는 곳으로 보내는 능력을 꼽는다. 목표 지점만이 아니라 공의 탄도彈道와 비거리飛距離까지 보는 게 좋다. 마음으로 공이 내는 소리를 듣고, 근육의 작은 움직임까지 느낀다면 금상첨화다. 그러면 실전에서 공을 더 멀리 더 정확히 보낼 가능성이 높아진다. 상상한 내용이 상세 지시사항이 되어 RAS를 통해 뇌의 신경망으로 들어가고, 온몸이 이 메시지를 받아 근육들이 지시 사항에 따라 움직인다. 최적의 타이밍, 보디 컨트롤, 스윙이 거의 자동으로 일어난다. 시각화를 통해 뇌가 몸에 그렇게 하라고 지시하기 때문이다.

마음은 그림으로 생각한다

마음은 글로 생각하지 않는다. 마음은 그림으로 생각한다. 따라서 목표를 글로 쓰되 눈에 보일 듯 손에 잡힐 듯 생생하게 묘사하는 것이 중요하다. 목표가 부자가 되는 것이라고 해 보자. 이때 '부자가 된다'라고 써 봤자 아무 일도 일어나지 않는다. 마음은 부자가 되는 것이 어떤 건지 혼자서는 알지 못한다. '부자가 된다'는 표현은 너무 모호하다. 하지만 '2020년 7월 1일까지 순자산 100만 달러를 소유한다'라고 쓴다면? 그러면 마음이 감을 잡고 목표를 이룰 방법들을 검색하기 시작한다.

앞서 말했듯 '아름다운 집을 가져야지'라고 두루뭉술하게 쓰면 곤란하다. '아름다운 집'은 너무 막연하다. 마음은 아름다운 집이 어떤 집인지 잘 알지 못한다. 그러므로 내가 꿈꾸는 집을 종류와 구조부터 문손잡이 모양과 페인트 색상까지 상세하게 기술해야 한다. 기술만 하지 말고 그 집을 돌아다니는 내 모습을 상상한다. 그래야 내 마음이 그런 집을 마련하는 데 필요한 자원 발굴과 방법 모색에 돌입한다. 그러고 보면 빈곤도 일종의 마음상태다. 빈곤한 사람들은 돈과

126

기회를 박탈당한 자신의 모습을 마음에 끊임없이 상기함으로써 그 처지를 꾸준히 확정하는 결과를 빚는다. 돈은 있다가도 없고 없다가도 있다. 누구나 파산할 수 있다. 우리 중 대부분이 한때는 무일푼이었다. 무일푼은 '지금은' 빈털터리란 뜻에 불과하다. 그 상황은 언제라도 바뀔 수 있다. 진짜 빈곤은 '나는 돈과는 영원히 인연이 없어'를 끊임없이 시각화하는 상태다.

**가난하게 태어난 것은 내 잘못이 아니지만
가난하게 죽는 건 내 잘못이다.**

빌 게이츠Bill Gates

목표와 아이디어와 생각은 최대한 생생하고 구체적이어야 한다. 자잘한 부분까지 시시콜콜 정하는 것이 좋다. 마음으로 목표만 봐서는 부족하다. 목표로 가는 과정과 단계를 하나하나 다 볼 수 있어야 한다. 이런 명료한 사고는 시각화 과정을 통해 얻어진다.

시각화하지 말아야 할 것도 있다. 공을 놓치고, 선을 넘지 못하고, 은행이 집을 압류하고, 애인이 나를 버리고 다른 사람에게 가는 장면은 굳이 시각화할 이유가 없다. 일어나지 말았으면 하는 온갖 것들을 시각화하는 것이 바로 걱정이다. 조심하자. 그런 장면을 계속 시각화하면 마음의 작동으로 그 장면이 현실이 된다.

그래서 긍정형 심상을 만드는 것이 중요하고 필요하다. 이루고 싶은 목표, 목표를 이룬 내 모습을 마음에 또렷이 새기자. 꿈과 바람을 줄기차게 시각화하면, 내 마음이 그것을 정상적이고 당연하고 가능한 일로 인식하기 시작한다. 목표를 달성한 내 모습을 열과 성을 다해 상상하자.

한편 심리학자 헤더 카프스Heather Kappes와 가브리엘 외팅겐Gabriele Oettingen은 단지 목표의 최종 결과만 시각화하는 것은 자칫 추진력 감퇴와 노력 부족으로 이어질 수 있다고 경고한다. 장밋빛 판타지에만 젖어 있으면 뇌가 긴장감을 잃고 꿈이 이미 이루어졌다고 착각하기 때문이다. 두 연구자는 장밋빛 미래와 더불어 거기에 이르는 데 따르는 장애와 난관, 현실적 여건과 도전의 수고로움 같은 비판적 시각화도 병행해야 달성 가능성이 높아진다고 조언한다.

시각화의 효과

시각화의 효과는 정신신체의학의 선구자 에드먼드 제이콥슨Edmund Jacobson 박사가 처음 발견했다. 박사는 피험자들에게 특정 운동 동작을 상상하게 하고 감지장치를 이용해 근육의 움직임을 검사했다. 그러자 미묘하지만 해당 동작을 실제로 할 때와 일치하는 근육 움직임이 나타났다. 추후 연구에서도 특정 운동 기술을 지속적으로 시각화한 사람에게 일종의 '근육기억'muscle memory이 생겨서 해당 기술을 실제로 할 때 수행력이 높아지는 현상이 나타났다.

호주 심리학자 앨런 리처드슨Alan Richardson의 연구도 시각화의 실제 효과를 검증했다. 리처드슨은 학생들을 무작위로 선발해 세 그룹으로 나눴다. 피험자들 모두 시각화 경험이 없는 사람들이었다. 첫 번째 그룹은 20일 동안 매일 농구 자유투를 연습했다. 두 번째 그룹은 첫날과 마지막 날만 자유투를 연습했다. 세 번째 그룹도 첫날과 마지막 날만 자유투를 했지만 매일 빼놓지 않고 20분씩 마음속으로 자유투를 시각화했다. 마음속으로 슛을 하고 슛에 실패하면 다음 샷에 성공하는 상상을 했다.

20일째 되는 날 리처드슨은 각 그룹의 자유투 성공률을 측정했다. 매일 실제로 연습한 그룹은 24퍼센트 향상되었다. 두 번째 그룹은 당연한 말이지만 전혀 향상되지 않았다. 실제 연습량은 두 번째 그룹과 같지만 매일 시각화 훈련을 한 세 번째 그룹은 23퍼센트 향상되었다. 거의 첫 번째 그룹만큼 실력이 향상된 것이다.

리처드슨은 계간 연구지 《리서치 쿼터리》Research Quarterly에 해당 실험 결과를 발표했다. 그의 논문에 따르면 가장 효과적인 시각화는 피험자가 마음속에서 자신의 동작을 최대한 생생히 보고 느낄 때 일어난다. 다시 말해 농구 실험에서 피험자는 공을 손에 '느꼈고,' 공이 튀는 소리를 '들었고,' 공이 골대로 들어가는 것을 '보았다.'

상상 연습도 실제 연습만큼 야무진 효과를 낸다.

1995년에는 경찰들의 사격 훈련에 시각화 연습을 도입해 실력 향상에 효과를 보았다는 연구도 있었다. 시각화 연습을 병행한 그룹의 사격 점수가 대조 그룹의 점수보다 평균 32.86점 높았다.

1954년 영국 의대생 로저 배니스터Roger Bannister가 유럽 육상선수권대회 1마일(약 1,600미터) 종목에서 3분 59초 4의 기록으로 결승점을 통과하며 세계 최초로 마의 4분 벽을 깼다. 당시 사람들은 인간이 1마일을 4분 안에 뛰는 것은 물리적으로 불가능하다고 믿었다. 배니스터는 훈련 기간에 1마일을 4분 안에 주파하는 자신의 모습을 반복적으로 상상했다. 그는 하도 많이 상상해서 자기가 이미 '인간의 한계'를 깬 것처럼 느낀 순간도 있었다고 술회했다. 그의 상상이 인식의 선을 넘어 현실의 지각 영역으로 들어갔다. 배니스터는 1마일을 4분 안에 달리는 것이 결코 불가능하지 않다고 굳게 믿었고, 마침내 그 한계를 넘었다.

더 놀라운 것은 그다음부터였다. 배니스터가 4분 벽을 깬 지 불과 1년여 만에 4분 벽을 깨는 선수가 수십 명으로 늘었다. 4분은 실질적 한계가 아니라 심리적 장벽이었다. 그 장벽이 무너지자 사람들은 자신도 할 수 있다고 믿기 시작했다. RAS가 그들의 몸에 어떻게 할지 지시했고, 그 지시가 한때 불가능한 목표로 여겨졌던 목표를 가능하게 했다. 4분 벽은 이후 수천 번 무너졌다.

사이먼튼의 발견

—

종양학자이자 암 심리치료 분야의 권위자이며 《마음 의술》Getting Well Again의 저자인 칼 사이먼튼Carl Simonton과 스테파니 사이먼튼Stephanie Simonton 박사가 암 예방과 치료에 시각화 요법을 접목하는 새로운 접근법을 발표했다. 두 사람은 말기암 진단 환자 245명을 대상으로 실험에 나섰다. 피험자들의 평균 연령은 47세였고, 이중 67퍼센트가 여자, 33퍼센트가 남자였다. 사이먼튼 박사의 치료법은 시각화 요법과 이완 요법을 하루 3회 10~15분씩 수행하고, 아울러 목표 설정, 자기주장 훈련, 신념 평가, 스트레스 관리 같은 정신적·감성적 지원 프로그램을 병행하는 것이었다. 이들의 연구 결과는 마음의 힘으로 병을 멀리할 수 있다는 것을 의심의 여지없이 보여 주었다.

당시 미국의 말기 유방암 환자들의 중간생존기간은 18개월이었지만, 사이먼튼 환자들의 경우는 38.5개월이었다. 말기 장암 환자들의 경우는 전국적 중간생존기간이 9개월이었고, 사이먼튼 환자들의 중간생존기간은 22.5개월이었다. 폐암의 경우는 전국적 결과가 6개월, 사이먼튼 요법의 결과가 14.5개월이었다. 순전히 환자들이 마음에 품는 이미지만 바꾸어서 얻은 획기적인 결과였다. 약물치료도 화학요법도 수술도 방사선요법도 없었다. 다만 RAS를 긍정적 이미지와 기대로 채웠을 뿐이다.

이처럼 시각화는 어떤 유형의 목표에도 놀라운 효과를 발한다. 내가 지금까지 접한 암의 자연소멸 사례들의 공통분모는 명상과 시각화였다. 간단히 말해 마음에 넣는 대로 얻는다.

나는 1970년대에 최면요법 훈련을 받았다. (앞서 말했듯 내 인생 목표 중 하나가 '무대 최면술사 되기'다.) 나는 무대에서 근엄한 최고경영자들을 엘비스 프레슬리Elvis Presley처럼 노래하고 오리처럼 걷게 만들었다. 누군가의 마음에 '나는 록스타'라는 생각을 심으면, 그는 전에 없던 실력과 열정으로 노래한다. 그에게 '나는 경찰관'이라는 생각을 심으면, 그는 갑자기 사람들을 체포하기 시작한다. 그리고 이건 내게도 한 번 일어난 일인데, '나는 아기'라는 생각을 심으면 바지에 오줌을 싸기도 한다! 최면의 원리는 간단하다. 우리 마음이 무언가를 믿으면 우리는 그것이 된다.

멘탈 리허설

역도 선수의 두뇌 활동 패턴을 관찰한 연구가 있었다. 역도 선수가 수백 킬로그램의 역기를 들어 올릴 때의 두뇌 활동이 그저 들어 올리는 상상을 했을 때의 두뇌 활동과 비슷한 양상을 보였다. 특정 동작이나 기량을 몸의 직접적 움직임 없이 상상만으로도 강화할 수 있다. 운동선수들은 이런 상상 훈련으로 불안감을 해소하고 실전 성공률을 높인다.

오하이오 클리블랜드클리닉재단의 운동심리학자 광예Guang Yue 박사는 실제로 헬스클럽에 다닌 사람들과 머릿속으로 가상 근력운동을 행한 사람들을 비교했다. 헬스클럽에 다닌 그룹은 근력이 30퍼센트 증가했고, 근력운동을 상상으로만 수행한 그룹은 근력이 앞 그룹의 반에 육박하는 13.5퍼센트 증가했다. 증강된 근력은 상상 훈련 이후에도 3개월간 지속되었다.

2005년, 미국의 신경과학자들은 목 부상으로 사지가 마비된 매튜 네이글Matthew Nagle의 뇌에 실리콘 칩을 이식해 시각화만으로 삶의 방식 자체를 바꾸는 데 성공했다. 네이글은 상상 훈련 나흘 만에 컴퓨터 화면의 커서를 움직이고, 이메일을 열고, 컴퓨터게임을 하고, 로봇의 팔을 움직였다.

1970년대에 나탄 샤란스키Natan Sharansky는 미국의 스파이라는 혐의로 소련의 감옥에서 9년을 보냈다. 독방 감금 기간에 그는 가상의 상대 또는 자신을 상대로 끊임없이 머릿속으로 체스를 두었다. 그는 이렇게 말했다. "이 기회에 세계 챔피언이 되는 것도 나쁘지 않겠는데!" 1996년, 샤란스키는 체스 세계 챔피언 개리 카스파로프Garry Kasparov를 실제로 이겼다.

시각화가 진짜 연습을 대체할 수 있을까?

결론부터 말하자면 '아니오'다. 일찍이 1960년 시카고 대학교에서 운동능력 개발에서 상상 훈련과 실제 훈련의 효과를 비교하는 실험을 했다. 이때 144명의 학생을 실제 훈련 그룹과 상상 훈련 그룹으로 나누어 비교했더니 두 가지 훈련이 거의 대등한 효과를 보였다. 그러나 1994년 35가지의 관련 연구사례를 모아 분석한 결과, 상상 훈련이 실제 훈련만큼 효과적이라고 볼 수는 없었다. 다만 상상 훈련이 실제 신체능력 강화에 기여하는 것은 분명했다.

실화: 짐 캐리 이야기

미국 코미디 배우 짐 캐리Jim Carry는 가난하게 자랐다. 어렸을 때 집이 없어 온 가족이 밴에서 살기도 했고, 10대 초반에는 방과 후에 8시간씩 건물 잡역부로 일했다. 하지만 그는 자신에게 빛나는 미래가 있을 것으로 믿었다. 할리우드에서 배우 일을 시작할 당시 짐 캐리는 한 푼 없는 빈털터리였다. 그는 자기 자신에게 1천만 달러짜리 수표를 쓰고 지급일자로 5년 후의 날짜를 적었다. 그리고 수표 메모 칸에 이렇게 적었다. '그대의 노력에 대한 사례금'. 이는 극적이고 강력한 시각화이자 빛나는 미래라는 목표에 대한 믿음의 표명이었다.

그는 이 수표를 지갑에 가지고 다녔다. 그리고 매일 수표를 꺼내 보며 그 돈을 갖는 상상을 했다. 몇 년 후 그는 할리우드에서 영화 1편당 2천만 달러 이상의 고액 출연료를 받는 초대형 스타가 되었다.

돈이 다는 아니지만 이왕이면
자전거 위에서 우는 것보다는 벤츠 안에서 우는 게 낫다.

짐 캐리

시각화 연습

—

시각화 방법은 간단하다. 하지만 최선의 결과를 얻으려면 꾸준하고 규칙적인 연습이 필요하다. 간단한 목표로 시작하는 것이 좋다. 음식 천천히 먹기, 아침에 일찍 일어나기, 짜증을 유발하는 사람 앞에서 침착하기 등등. 쉬운 것들로 시작하면 원대하고 복잡한 목표들을 상대하기 전에 미리 시각화 능력의 기초를 닦고 잔근육을 다지는 효과가 있다.

기타 배우기라는 목표를 예로 들어 설명해 보자. 다음의 시각화 단계를 따른다.

1. **긴장을 푼다**: 방해받지 않을 조용한 장소로 가서 두 눈을 감는다. 숨을 깊이 3번 들이마신다. 온몸의 힘을 빼고 긴장을 푼다.

2. **대상을 그린다**: 마음속에 기타를 그린다. 전체 모양, 기타줄, 핑거보드 등등. 기타의 모습이 명확하게 완성될 때까지 상상한다.

3. **나를 그림 안에 넣는다**: 기타를 안고 자세를 잡은 내 모습을 상상한다. 기타를 어떻게 잡고 어떻게 앉을지 상상한다. 가능한 한 자세히 상상한다.

4. **행동에 옮긴다**: 손에 닿는 기타의 느낌을 상상한다. 마음속에서 기타 줄을 하나하나 튕겨 보고, 각각의 줄이 만드는 소리를 들어 본다. 연주를 시작한다. 연습 때 할 것을 미리 재현한다. 중간에 멈추거나 음을 건너뛰지 않고 곡의 처음부터 끝까지 완주한다.

그렇게 여러 곡 연주한다. 전문가가 된 것처럼 연주한다. 연주가 끝나면 눈을 뜬다.

최선의 시각화는 가급적 오감을 총동원해 장면 하나하나를 최대한 자세히 상상하는 것이다. 이를테면 이렇다. 나는 어떤 옷을 입고 있는가? 누구와 함께 있는가? 기분은 어떤가? 어떤 소리가 들리고 어떤 냄새가 나는가? 나는 어떤 장소에 있는가? 주변 상황은 어떤가?

시각화 연습은 이른 아침이나 잠자기 직전에 하는 것이 좋다. 만날 가능성이 높은 장애와 난관도 같이 상상하고, 그것을 성공적으로 극복하는 모습을 상상한다.

요약

정신적 영역에 속한 의지만으로 물리적 영역에 속한 몸과 세상에 변화를 만드는 것. 초능력이나 마법에만 해당하는 이야기가 아니다. 실제로 가능하다. 마음과 몸, 생각과 행동 간의 연결이 의외로 강하고 질기다는 것이 과학의 영역에서 입증되었다. 우리가 마음만 먹으면 인생의 경험치와 성취량을 극대화할 수 있다는 결정적 근거다.

시각화는 운동 조절, 주의집중, 지각과 인식, 계획 능력, 기억력 등 뇌기능에 여러모로 영향을 준다. 시각화는 뇌를 훈련시켜 실제 수행력을 높인다. 시각화는 동기를 강화하고, 사기를 진작하고, 자신감과 능률을 높이고, 운동 수행의 질을 향상시킨다. 한마디로 목표 달성을 위해 뇌에 시동을 건다.

시각화는 총에 화약을 재고, 펌프에 마중물을 붓는 것과 같다.

연구에 따르면 시각화는 실제 연습에 버금가는, 때로는 실제 연습 못지 않은 효과를 내며, 상상 훈련과 실제 훈련을 병행하면 한 가지만 할 때보다 높은 효과를 낸다.

구체적인 목표를 설정하는 것으로 시작한다. 다음에는 그 목표를 이미 성취한 내 모습을 상상한다. 그 모습을 지금 일어나는 일처럼 생생한 심상으로 간직하고 수시로 떠올린다. 시각화할 목표들을 모아 목록으로 만든다. 오늘 모든 걸 다 할 필요는 없다.

시각화는 해당 동작이나 기술을 수행하는 뇌신경회로를 자극하고 강화한다. 어떤 목표든 가리지 않고 적용된다. 다시 말하지만 우리 마음은 실제 사건과 상상 속의 사건을 구분하지 못한다. 우리는 바라는 기량을 때와 장소를 가리지 않고 마음으로 연습할 수 있고, 그 방법으로 실제 실력을 끌어올릴 수 있다. 내가 인생의 현재 위치에 이르게 된 과정도 다르지 않다. 내 마음이 나를 지금의 내 위치로 데려왔다. 원하는 곳으로 가고 싶다면 오늘부터는 바라는 것만, 일어났으면 하는 일만 마음에 새기고 원치 않는 것은 마음에서 몰아내자.

이 책의 서두에 나왔던 격언을 되새겨 보자.

마음이 무엇을 품고 무엇을 믿든 몸이 그것을 현실로 이룬다.

나폴레온 힐

8장

확언의 힘

| 말이 씨가 된다 |

시각화와 더불어 목표 달성에 필요한 것이 또 하나 있다. 바로 확언
確言, affirmation이다. 확언은 이루고자 하는 것이나 앞으로 할 일을 말로
표현하고 그것을 자신에게 반복하고 확인하는 것이다. 확언은 내 신
념에 대한 긍정형 자기 암시다. 확언은 목표와 목적에 대해 보험증서
를 발급하는 것과 같다. 쉽게 말해 내가 원하는 것은 이것이며, 그것
을 해내고야 말겠다는 일종의 선언이다.

시각화에 따른 심상처럼 확언도 RAS를 타고 우리 뇌로 들어가 뇌 신경회로망 배선을 바꾸고 생각도 바꾼다. 목표를 현실로 바꾸려면 사고 패턴과 자아상과 두뇌 회로의 변경이 필요하다. 확언은 이 변경의 중요한 열쇠로 작용한다.

확언은 내가 반복적으로 접하거나 말하는 표현과 진술이다. 특정 주장에 지속적으로 노출되면 사람은 결국 그것을 내면화한다. 다시 말해 그것이 내 됨됨이의 일부가 된다.

확언은 수천 년 전부터 철학자, 종교 지도자, 정치가, 작가들이 자기계발의 방법 또는 동기부여 수단으로 활용해 왔다. 예를 들어 보자. 1940년 나치 독일이 유럽을 초토화하던 시기에 처칠Winston Churchill 이 "우리는 해변에서 그들을 맞아 싸울 것이다"We shall fight them on the beaches라고 한 연설은 영국민의 국난 극복 의지에 불을 댕긴 확언이 었다. 1961년 존 F. 케네디John F. Kennedy는 대통령 취임 연설에서 "국가가 나를 위해 무엇을 할 수 있는지를 묻지 말고, 내가 국가를 위해 무엇을 할 수 있는지를 물어라"라는 확언으로 냉전시대 미국의 국민 의식을 바꿨다. 무하마드 알리Muhammad Ali의 "내가 최고다"I am the greatest라는 외침은 그를 전설의 복싱 챔피언의 자리로 추진하는 발사대 역할을 했다. 확언은 소감과 소원을 말로 붙들어매고 글로 굳히는 방법이다. 이 방법은 목표 달성을 위한 RAS의 검색 기능을 증강한다. 다시 말하지만 우리 뇌는 현실과 상상을 구분하지 못한다. 그래서 확언을 통한 자기 암시가 효과를 발하는 것이다. 우리 뇌는 시각화한 심상과 마찬가지로 확언도 현실로 인식해 그것을 행동으로 옮기기 위한 신경경로를 생성한다.

**확언은 내가 나를 목표지점으로 끝없이 몰아가는 방법이다.
분야를 막론하고 최고의 성과자들은 성공을 확언한다.**

확언의 작동원리도 시각화와 다르지 않다. 나의 바람이나 주장을 담은 명제나 문구를 선택해 그것이 내 직관이 되고 본능이 될 때까지 말과 글로 반복한다. 그렇게 자기 확신을 키운다. 아주 간단하다. 말의 힘은 의외로 강하다. 말이 씨가 된다. 내 마음속에 무엇을 넣을지는 오로지 내가 결정한다. 똑같은 원리로 부정적인 사고는 부정적인 결과를 만든다.

**내 마음에 들어가는 생각은 내가 결정한다.
내가 바라는 것만, 내게 유리한 것만 집어넣자.**

회의론자의 손해

이런 내용에 회의적인 사람들도 있다. 같은 말을 반복한다고 설마 상황이 달라질까? 이것을 믿지 못하는 사람일수록 평생 부정적인 확언만 실행하고 있을 가능성이 높다. 항상 스스로에게 그리고 남들에게 "나는 외국어에는 젬병이야" "나는 항상 늦어" "내가 하는 일은 전부 용두사미야" "나는 구제불능성 무대울렁증이 있어서 남들 앞에서 연설은 죽었다 깨도 못해"라고 말하고 다닌다면, 그는 부정적인 확언을 열심히 실천하는 사람이다. 그가 '확언'하는 일은 필연적으로 일어나게 돼 있다. 그 사람은 부지불식간에 실패를 원칙으로 삼고 그 원칙에 따라 살게 된다. 어쩌다 용기를 내서 연설자로 나선다 해도 엉망으로 망쳐 버리고 만다. 그런 실패의 경험은 그의 부정적인 확언을 한층 확증한다.

반대로 생각해 보자. 어떤 사람이 자신은 연설에 재능이 있다고 자부하고, 그 확언을 반복하고, 자신이 멋지게 연설하는 모습을 빈번하게 시각화하면 그의 RAS는 그것을 사실로 믿는다. '나는 사람들 앞에서 말하는 데 아무 문제가 없다. 나는 내가 하는 말을 믿으니까 겁날 것이 없다. 나는 나날이 발전한다. 나의 진심이 다른 사람들에게도 전해져서 그들도 내 말을 믿고 따르게 된다. 연설을 거듭할수록 내 설득력도 늘어난다. 실수는 뛰어난 연설가가 되는 징검돌일 뿐이다'라는 자기 확신을 쌓자. 그것이 현실이 된다.

믿어지지 않는가? 너무 간단해서 거짓말 같은가? 애초에 내 인생이 지금의 모습이 된 것도 같은 과정의 결과임을 기억하자. 좋든 나쁘든 지금의 내 상황에 책임이 있는 사람은 다름 아닌 나다. 내가 배후조종자고 원인제공자고 행동대장이다. 모든 것은 내가 확언의 힘을 빌려 알게 모르게 창조한 것들이다.

말은 내 속을 비추는 거울이고 내 미래의 씨앗이다.

실화: 대린 캐시디의 이야기

나는 어렸을 때 쿵푸에 빠져 있었다. 그런데 돌려차기에 항상 애를 먹었다. 원하는 대로 되지 않자 점점 자신감을 잃었다. 시도를 하면 할수록 마음속에 어설픈 내 모습만 점점 커지고 그 생각으로 머리가 꽉 차 머릿속의 어설픔이 현실로 굳어졌다. 그러던 어느 날 농구 선수들의 훈련 방법에 대한 글을 읽었다. 실제보다 큰 공을 실제보다 넓은 링에 던져 넣는 자신을 상상한다는 내용이었다. 나는 완벽한 돌려차기를 구사하는 내 모습을 상상하기로 마음먹었다. 나는 영화에서 브루스 리Bruce Lee가 돌려차기 하는 장면을 골라잡고 날마다 그 이미지를 속으로 반복 재생했다. 상상 속에서 브루스 리만 나로 교체했다.

나는 3주 동안 브루스 리의 쿵푸 영화 속에 들어가 기막힌 돌려차기를 구사하는 내 모습을 끝없이 시각화했고, 스스로에게 내 발차기가 일취월장하고 있다는 생각을 반복해 주입했고, 내 실력에 넋이 나간 사람들을 상상했다. 그러면서 그 3주 동안 실제 발차기 연습은 전혀 하지 않았다. 그저 발차기를 상상하고 원하는 결과를 확인했다.

집중적 시각화 후 나는 마침내 첫 시도를 감행했다. 놀랍게도 나는 발차기를 제대로 해냈다! 하늘을 날 것 같았다! 처음으로 성공한 발차기였지만 끝내주는 발차기였다. 그후 자신감이 빠르게 붙었다. 모르는 사이에 실력도 늘었다. 사범님이 내게 발차기 시범을 시킬 정도였다. 나는 시범

공연에도 나갔다.

훗날 몸을 다쳐 걷기가 힘들었을 때 나는 다시 한 번 이 방법을 썼다. 긍정형 확언과 시각화를 통해 나 자신에게 다시 걷는 법을 가르쳤다. 동시에 변호사가 되겠다는 목표를 세웠다. 변호사가 된 내 모습을 줄기차게 상상했다. 이번에는 〈어 퓨 굿 맨〉A Few Good Men과 〈야망의 함정〉The Firm에 나오는 톰 크루즈Tom Cruise의 모습에 나를 대입했다. 재활 기간 때 법학 학위를 따겠다는 목표를 세웠고, 마침내 변호사 자격을 얻었다. 시각화 기법과 긍정형 확언을 꾸준히 실천하면 성공하지 못할 일이 없다는 것을 나는 체험을 통해 알았다.

확언 만들기

원하는 것을 긍정문으로 서술한다. 명심하자. 우리 마음은 긍정형 이미지로만 생각한다. 정해져 있지 않은 것, 즉 부정형不定形은 보지 못한다. 확언이 제대로 먹히려면 긍정형 표현으로 서술되고 언명되어야 한다. 그래야 우리 마음이 감을 잡는다. 우리 마음은 '~하지 않는다' '~하지 않을 것이다' '~할 수 없다'로 표현된 이미지는 떠올리지 못한다.

만약 누군가 아이에게 "자전거에서 떨어지지 마라"라고 하면 아이의 마음은 '자전거에서 떨어진다'만 듣는다. 그리고 실제로 그런 일이 생긴다. 그보다는 '내 자전거 실력이 쑥쑥 늘고 있어'라고 생각하는 것이 자전거의 균형을 유지하는 데 도움이 된다.

우리 마음은 '~ 않는다' '~않을 것이다' '~할 수 없다'로 표현된 이미지는 보지 못한다.

　세계적으로 사람들의 비만도가 높아졌다. 그만큼 체중 감량에 대한 강박도 심해졌다. 체중 감량을 목표하는 사람들은 흔히 "앞으로 10킬로그램 빼야지" 또는 "더는 뚱뚱하다는 소리를 듣지 말아야지"라고 다짐한다. 하지만 이상하게도 이런 말로는 아무리 자기 암시를 걸어도 별 효과가 없다. 그저 다짐에 그칠 뿐이다. 왜 그럴까? 우리 마음은 부정형 이미지를 만들지 못하기 때문이다.

　RAS는 정해져 있지 않은 것은 보지 못한다. 그의 마음에는 이미 과체중 남자/여자의 이미지가 강하게 박혀 있다. 그것이 자꾸 허기를 조장하고 먹게 만든다. 그의 뇌는 마음속 뚱뚱한 이미지와 실제 몸을 일치시키는 방향으로 작용한다. 간단히 말해 그의 자아상은 이미 뚱뚱한 사람으로 설정되어 있다. 뚱뚱한 몸은 긍정형이지만 뚱뚱하지 않은 몸은 부정형이다. 마음은 뚱뚱하지 '않은 것이' 어떤 것인지 모른다.

　그러므로 체중 감량의 목표를 긍정형으로 설정해야 한다. 방법은 이렇다. 내 몸무게가 현재 100킬로그램이고 10킬로그램을 빼는 것이 목표라면 이렇게 다짐하자. "나는 7월 1일까지 90킬로그램이 된다."

그러면 RAS가 해당 이미지를 생성하고, 뇌가 나를 90킬로그램 나가는 사람으로 상상할 수 있게 된다. 뇌의 입장에서는 10킬로그램을 '뺀' 내 모습을 상상하는 것보다 90킬로그램이 '된' 내 모습을 상상하는 것이 쉽다.

구체적인 방법

1. **'나는 ~이다' 또는 '나는 ~한다' 형태의 확언을 만든다.**

   '살을 빼자'보다 '나는 90킬로그램 나가는 사람이다' 또는 '나는 7월 1일까지 90킬로그램이 된다'가 효과적이다.

2. **확언은 구체적으로 만든다.**

   불확실한 확언은 확언도 아닐 뿐더러 결과를 내지 못한다. '나는 점점 날씬해진다'라는 말보다는 '나는 90킬로그램 나가는 사람이 된다'라는 말이 힘이 세다.

흡연자 대부분이 금연(담배를 피우지 **않겠다**)을 다짐하지만 성공하는 사람은 드물다. RAS는 어떤 것을 없앤 모습이나 어떤 것을 하지 **않는** 모습은 생성하지 못한다. 흡연자가 '나는 비흡연자다/나는 비흡연자가 된다'라는 긍정형 확언을 해야 RAS가 비로소 비흡연자의 안색, 체취, 옷매무새, 행동거지 등등 비흡연자의 이미지를 만들어 낸다. 그리고 이 이미지를 현실화하는 방향으로 몸을 몰아간다. 어느새 흡연 충동이 사라지기 시작한다. 그의 마음에 니코틴을 갈구하지 않는 사람의 이미지가 들었기 때문이다. 아주 간단하지만 항상 쉽지는 않다. 그러나 간단하다. 나의 RAS는 항상 내 편에서 일한다. 다만 내가 RAS를 제대로 프로그래밍했을 때만 그렇다.

마음이라는 도화지에 원치 않는 결과를 그리지 말고
원하는 결과를 그려라.

어느 목표, 어느 과제에나 이 확언의 법칙을 적용할 수 있다. 미시건 대학교가 노년층을 대상으로 조사한 바에 따르면, 긍정적인 태도를 지니고 긍정직인 확언을 사용하는 사람들이 비관적인 사람들보다 심부전 발병률이 낮다.

나의 적은 나?

—

"그렇게 말한다고 현실이 달라지지는 않아." 사람들이 흔히 하는 말이다. 얼핏 맞는 말처럼 들린다. 그러나 확언이 반복되고 쌓이면 인생관이 바뀌고, 관점이 바뀌면 결국 현실이 바뀐다. 다시 공개 연설의 예를 들어 보자. 나는 "나와 연설은 상극이야"라는 부정적인 확언을 지속적으로 쓴다. 그런데 어느 날 사람들 앞에서 발표할 일이 생겼다. 공포심리 연구에 따르면 사람들의 공포 리스트에서 상위를 점하는 것 중 하나가 바로 공개 발언의 공포다. 연설을 앞둔 사람은 대부분 청중 앞에서 몸이 얼어붙거나 녹아내리는 자신의 모습을 상상한다. 엎친 데 덮친 격으로 주위 사람들이 "단상 옆에 생수병 있어요" "잘하실 거라 믿어요" "행운을 빌어요!" 같은 말들로 공포심을 더욱 자극한다. 물론 선의에서 하는 말들이다. 하지만 내가 무대에서 겁먹고 긴장해서 목이 탈 것이고, 연설을 제대로 해내지 못할 것이며, 따라서 내가 연설을 무사히 마치기 위해서는 행운이 따라야 한다는 부정적 기대와 메시지를 은연중에 담은 진술들이다.

내 이름이 호명되고 내 다리가 무대에 오를 때, 나의 뇌는 이런 부정적 확언들과 이미지들을 영화처럼 재생한다. 내 뇌는 땀을 흘리고, 몸을 떨고, 말을 더듬고 다음 말을 잊어버리는 내 모습과 지루한 표정으로 앉아 있는 청중들을 상상한다. 상상을 현실로 아는 뇌가 몸으로 하여금 이 심상에 반응하게 한다. 심하면 연설하는 상상만 해도 실제로 연설할 때 일어날 법한 신체 반응이 일어난다. 심지어 "나는 사람들 앞에서 말하는 게 그다지 좋지 않아" 같은 낮은 강도의 묵시적 언명도 평생 집요하게 반복되면 실제 행동에 극적인 변화를 만든다. 나는 청중을 겁내는 사람이라고 믿어 버리면 실제로 겁쟁이가 된다. 반대로 자신을 자신감 있는 사람으로 믿고 반복적으로 그렇게 말하면 실제로 자신감이 는다. 이것이 확언의 작동원리다.

사람의 일생은 그 사람의 말, 말, 말의 집합이다.

각자가 사는 모습은 각자가 말로 만든 자기 암시의 결과다. 인생의 추이와 성공과 실패의 원인은 그 사람이 만들어 온 확언들에 있다. 내가 단언한 것들이 평생을 두고 잠재의식 속에 모이고 쌓인다. 앞서 말했듯 잠재의식은 강력하게 작동한다. 그리고 잠재의식에 모인 부정적 확언들은 우리를 해친다. 만약 "나는 멍청해" "나는 수학을 못해" "나는 숫기가 없어서 친구를 못 만들어" "나는 테니스/골프/스쿼시와는 담을 쌓았어" "나는 한번 왔던 길도 잘 모르겠어" "지금 시작하기엔 내 나이가 너무 많아" "내가 하는 일이 다 그렇지"라고 말하고 다니면, 그 말의 내용이 내 현실이 된다. 실제와 다른 말을 해도 말이 쌓이고 다져지면 실제가 바뀌어 반갑지 않은 언행일치를 만든다.

그러나 나쁜 소식을 뒤집으면 좋은 소식이 된다. 지금의 내 인생이 만들어진 과정을 역이용해 지금부터는 원하는 인생을 만들어 가면 된다. 다시 말하지만 묵시적 언명도 집요하게 반복되면 실제 행동에 극적인 변화를 만든다.

> **어제의 내 생각이 오늘의 나를 만들었다.**
> **오늘의 내 생각이 나의 내일을 만든다.**
> 제임스 레인 앨런James Lane Allen, 미국 작가

간단한 실험을 해 보자

말을 조금만 바꿔도 느낌이 많이 달라진다. 다음의 세 문장을 소리

내어 말해 보자. 그리고 느낌이 어떻게 다른지 생각해 보자.

1. "오늘 일이 잘 풀리기를 바란다."
2. "오늘 일을 잘 풀어 가고 싶다."
3. "오늘 일을 잘 풀어 갈 작정이다."

문장마다 어감이 좀 다르지 않은가? 첫 번째 문장에서는 어딘지 반신반의하는 분위기가 난다. 첫 번째 문장과 달리 두 번째 문장부터는 주체가 달라진다. 그에 따라 문장이 만드는 내적 감정도 달라진다. "오늘 일을 잘 풀어 가고 싶다"라고 말하면, 원하는 바는 드러나지만 당장부터 몰입하는 느낌은 나지 않는다. 반면 세 번째 문장은 즉각적 감정이입을 부른다. 무언가를 일어나게 하기로 작정하면 RAS가 그 목표를 이루는 경험을 창조한다. 그것을 달성하고 누리는 느낌, 이미지, 소리를 종합 세트로 함께 생성한다. 그 일을 이루는 경험을 미리 경험하게 해서 나를 목표에 정서적으로 물리적으로 밀착시킨다.

사람은 살아 있는 자석이다.
내 인생 안에 있는 것들은 전부 내 생각에 딸려 온 것들이다.
브라이언 트레이시Brian Tracy, 성공학 저술가

치환 원리

―

확언은 치환 원리에 바탕을 둔다. 치환 원리는 무엇일까? 물을 가득 담은 양동이를 가져다놓고 그 안에 모래 한 컵을 부어 보라. 모래의 부피만큼 물이 넘친다. 모래의 부피만큼 물이 밀려난 것이다. 모래를 부으면 부을수록 물이 자리에서 밀려나 결국에는 양동이에 모래만 그득하고 물은 하나도 남지 않게 된다. 모래로 치환된 것이다. 생각도 마찬가지다. 확언을 통해 마음에 계속 긍정적인 생각을 넣으면 부정적인 생각이 마음 밖으로 밀려난다. 방법은 간단하다. 긍정적 확언을 반복함으로써 마음에 긍정적인 생각을 붓는 것이다. 마음에 원래 담겨 있던 부정적인 생각과 의심과 공포와 망설임이 모두 밀려날 때까지 계속.

자아상

―

자아상은 내가 생각하는 내 모습이다. 자아상은 현실과 일치하지 않을 수도 있고 자신이 원하는 이상과도 다를 수 있다. 자아상은 친구, 가족, 사회, 종교, 타인이 나를 보는 긍정적 또는 부정적 평가의 말들이 내 RAS로 들어와서 형성된다. 타인의 확언을 스스로 지속적으로 재확인하면 그것이 내 자아상을 만들고, 내 자아상은 거기 맞는 현실을 만든다. 게다가 설사 내가 목표를 정해도 그 목표가 자아상에 부합하지 않으면 RAS는 해당 목표를 잠재의식으로 전달하지 않는다. 즉 내게 들어오는 타인의 확언이 부정적이면 죽도 밥도 되지 않는다. 그래서 치환 원리가 중요하다. 내가 원하는 긍정적인 내용을 지속적으로 확언하면 결국 그 내용이 부정적인 내용을 대체해 나의 새로운 자아상, 새로운 현실이 된다.

실화 : 샘의 이야기

샘은 7세 때 내 단짝이었다. 샘의 엄마는 걸핏하면 남들 보는 데서 샘을 면박 주고 혼냈다. "이런 구제불능 사고뭉치 녀석!" 이 말이 샘의 엄마가 자기 아들에게 즐겨 사용한 확언 중 하나였다. "너는 제대로 하는 게 하나도 없어!"와 "너는 나이가 들수록 더 한심해지는구나!"라는 말도 입버릇처럼 했다. 샘의 엄마는 친구와 가족에게 항상 "쟤는 사고만 치고 아무 짝에도 쓸모가 없어"라고 말했다.

하지만 샘의 아빠는 아들을 다르게 보았다. 아빠는 샘을 대견하게 여겼다. 아빠에게 샘은 눈에 넣어도 안 아픈 존재였다. 아빠는 이렇게 장담했다. "샘은 꼬마 천사야." "나중에 뭐가 되도 될 아이야. 정말 똑똑해."

샘이 아빠와 함께 있을 때는 실제로 착하고 공손한 어린이라는 사실을 사람들은 알아채지 못했다. 샘은 아빠의 묘사와 다름없는 꼬마 천사였다. 하지만 엄마와 함께 있을 때는 엄마가 생각하는 대로 악동으로 변했다. 샘은 부모 각각의 기대를 현실로 옮기며 그들 각각의 확언에 부응하고 있었던 것이다. 불행히도 샘이 8세 때 아빠가 교통사고로 세상을 떠났다. 그후 샘은 줄곧 엄마의 손에 자랐다. 샘에 대한 엄마의 부정적 확언들은 빈도를 더해 갔고, 샘은 예외 없이 그 확언들에 부응했다. 오래지 않아 샘은 엄마의 확언을 스스로 확정하기 시작했다.

12세 때 샘은 불량 아동으로 찍혀 퇴학당했다. 아들에 대한 엄마의 부정적 확언이 아들의 현실이 되었다. 샘은 소년원을 드나들며 10대를 보냄으로써 '사회에 위협이 될 거라던' 엄마의 확언에 부응했다. 21세 때는 마약 밀매로 3년을 복역했다. 출소 후에는 호주를 떠나 아프리카에서 용병이 되어 '테러리스트'라는 자아상을 그대로 실행했다. 그리고 27세의 나이로 나이지리아에서 총격전 중 사망했다.

이 이야기는 내 주위의 긍정적 또는 부정적 확언들이 내 현실에 미치는 영향을 잘 보여 준다.

부모, 학교, 친구, 친척, 배우자/애인, 사회가 내 인생에 행사하는 영향력의 경로는 의외로 단순하다. 다른 사람들의 확언들이 내 자아상을 구축한다. 나는 그 자아상에 부응해 결정하고 행동한다. 내가 주위의 기대를 의식적·무의식적으로 재확인하고 RAS가 이를 반영하는 일이 거듭되면서 나는 남들이 말하는 사람이 되어 간다.

**호언하고 장담하라. 굳이 남들에게 해명할 필요는 없다.
다른 사람들은 십중팔구 반대하거나
시간 낭비라고 하거나 정신 차리라고 한다.**

몽상과 장담의 차이

말과 글로 확언하는 것은 흔히 말하는 공상과는 다르다. 공상가는 자신의 꿈을 믿지 않는다. 공상은 일시적 변덕이나 판타지다. 심지어 현실화를 원치 않는 내용도 많다.

공상가는 자신의 꿈을 위해 어떤 행동도 취하지 않는다. 취할 마음도 없다. 실질적 계획이나 데드라인은 더더구나 없다. 반면 시각화의 힘을 이용하는 사람에게는 확고한 목표의식이 있다.

확언은 의지력과도 다르다. 의지력은 자신을 특정 과업에 정신적·육체적으로 밀어붙이는 것을 말한다. 확언은 목표 달성을 위한 일종의 포괄적 계획이고, 내가 그것을 이룬다는 내적 신념을 구축하는 일이다.

내 마음에 어떤 확언이 자리잡는지는 순전히 내 선택에 달렸다. 그러면 마음이 그것을 현실로 실행한다. 말이 씨가 된다는 것은 그런 뜻이다. 우리 마음은, 즉 우리 RAS는 상상과 현실을 구분하지 못한다. 그래서 확언을 접수하면 몸에게 실행 명령을 내린다. RAS에게는 확언이 꿈을 현실화하는 실행 명령어다. 긍정형 목표를 세우고 데드라인을 설정하면 전에 보이지 않던 기회요소들이 갑자기 사방에서 나타나는 것은 이런 이유 때문이다. 나의 행동거지, 태도, 심지어 말투까지 바뀐다. 내가 확언을 통해 마음에 심은 자아상이 겉으로 발현하기 시작한다. 내가 내 기대에 부응하기 시작한다. 말이 씨가 된다. 이것을 다른 말로 자기 충족적 예언이라고 한다.

못한다고 전해라

특정 과제의 수행이 불가능하다고 판단하거나 주장하면 뇌가 해당 과제와 관련된 신체 조직이나 기관으로 가는 에너지양을 줄인다는 연구보고가 있다. 간단한 실험을 해 보자. 한 팔을 들어서 90도로 굽히고 주먹을 쥔다. 그 상태로 내가 잘하는 것을 떠올린다. 옆 사람이 내 팔을 펴려고 하고, 나는 팔을 펴지 않으려 버틴다. 다음에는 내가 못한다고 믿는 것을 떠올리며 같은 실험을 반복한다. 먼젓번보다 팔이 쉽게 펴진다. 먼젓번보다 팔 힘이 약해진 것이다. 같은 팔인데 왜 갑자기 힘이 줄었을까? 우리 마음은 '~할 수 없다' '~하지 않는다' '~하지 않을 것이다'와 결부된 이미지는 만들지 못하기 때문이다.

실화: 스콧의 확신

스콧은 확언을 이용해 아무도 예상 못한 목표를 한 가지도 아니고 여러 가지 이루었다. 그의 접근법은 이렇다. "내가 원하는 것을 마음에 그리고, 그 내용을 하루에 한 차례씩 15회 연속 종이에 쓴다. 그 꿈을 이루는 날까지." 그랬더니 불과 몇 주 후 놀라운 일이 일어났다. "믿기 힘든 우연의 일치들이

실에 꿴 듯 연속으로 일어났다. 그러더니 몇 달 만에 내 목표가 종이에 쓴 그대로 실현됐다." 스콧이 말했다.

스콧은 다음 목표를 골랐다. 이번에는 주식시장에서 돈을 버는 것이었다. 그는 이 확언을 매일 종이에 썼다. 그러던 어느 밤 그는 이상한 꿈을 꾸다 깼다. '크라이슬러를 사라'는 말만 머릿속을 맴돌았다. 그는 크라이슬러사의 주식을 샀다. 당시는 크라이슬러의 장래가 암담해 보일 때였다. 그런데 얼마 후 이 회사는 위기를 극복했고, 스콧은 엄청난 주식 차익금을 챙겼다. 그는 다음에는 경쟁이 치열한 UC 버클리의 경영대학원에 들어가겠다는 목표를 세웠다. 그의 GMAT(경영대학원 입학시험) 모의고사 성적은 백분위수로 77점에 불과했다. 백분위수 90점 이상이어야 원하는 학교에 원서라도 넣어 볼 수 있었다. 그는 GMAT 백분위수 94점을 목표로 잡았다. 그리고 이번에도 시각화와 확언 기법을 적용했다. 그는 목표를 달성했고, 1986년 버클리 MBA를 졸업했다.

얼마 후 스콧은 또 다른 목표를 세웠다. 친구들은 그 목표를 '미친 생각'이라고 했다. 바로 만화가로 대성하겠다는 목표였다.

1996년 6월 스콧 애덤스Scott Adams의 만화책《딜버트의 법칙》The Dilbert Principle이 〈뉴욕타임스〉 베스트셀러 1위에 올랐다. 11월에는 그의 두 번째 만화책《독버트의 경영비법서》Dogbert's Top Secret Management Handbook까지 대성공을 거두면서 애덤스는 〈뉴욕타임스〉 베스트셀러 명단의 1위와 2위를 동시에 접수했다.

암을 이기는 확신

—

나는 암 진단을 받은 이후 많은 암 환자들을 만났다. 세상에 존재하는 모든 암을 만났다고 해도 과언이 아니다. 림프종, 유방암, 폐암, 간암, 갑상선암, 식도암, 난소암, 흑색종… 이름만 대 보라. 내가 만나지 않은 암이 없다. 내가 만났거나 상담한 암 환자 중 다수는 사망했고, 일부는 현재까지 생존해 있다. 사람들은 내게 생존자와 사망자 사이에 차이가 있는지, 있으면 무엇인지 자주 묻는다. 있다. 두 그룹 사이에는 한 가지 분명한 차이가 있다. 생존자들은 살겠다는 결심을 했고, 목적 달성을 위한 조치와 행동을 취했다. 그리고 삶의 목표를 정하고 긍정형 확언을 활용했다.

반면 본인이 죽을 것으로 믿은 사람들은 대부분 죽었다. 물론 다 그런 것은 아니다. 하지만 집단으로 봤을 때 생존자들은 살기로 결심한 사람들이었고, 죽은 사람들은 그런 결심을 하지 않은 사람들이었다. 20년 넘게 암 환자 상담을 하면서 나는 이 현상을 암의 종류와 치료법과 예후를 망라해 공통으로 목격했다. RAS에게 일을 시키자. 그러면 RAS가 그 일을 한다. 좋은 일이든 나쁜 일이든.

할 수 있다는 말도 할 수 없다는 말도
대개는 다 맞는 말로 드러난다.

헨리 포드Henry Ford

요약

호언장담과 성공 상상으로 효과를 본 사례는 시대와 분야를 막론하고 수없이 많다. 우리 주변에서도 수없이 일어난다. 단순한 호언장담이 아니다. 원하는 결과를 얻겠다는 의지를 모아야 한다. 성공 상상도 두루뭉술하면 안 된다. 성공한 내 모습을 세세히 구상해야 한다.

오늘부터 실천하자. 부정적인 말이 입에서 나오면 그때마다 그 말을 긍정형으로 고쳐 말하자. 목표는 물질적으로 구현되기 전에 마음속에서 먼저 구현되어야 한다. 다른 사람이 부과한 한계는 넘어도 스스로 부과한 한계를 넘기란 쉽지 않다. 시각화와 확언의 힘으로 내가 나를 가둔 성공의 장벽을 부수고 자유의 몸이 될 수 있다. 거기서 해방되면 지금까지 미개발 자원으로 썩고 있던 창의력과 잠재력이 발휘된다. 그리고 상상에 머물러 있던 일들이 현실이 된다.

확언을 적재적소에 활용하자. "어떤 문제든 정면 승부하면 모두 해결할 수 있어. 장애물 넘기가 내 전공이야"라는 확언은 용기를 배양하고, "피로는 권태의 다른 이름에 불과해. 내게는 원하면 무한 공급되는 에너지원이 있어"라는 자기 암시는 추진력을 준다. "나는 어떤 경우에도 나 자신과 남들에게 솔직하다"는 확언은 정직한 사람을 만든다.

내 인생은 내가 과거에 했던 확언들의 총합이다. 확언을 실천해 보라.

강화의 법칙이 내게 유리한 방향으로 작용한다. 확언을 하면 우선 말로 표현한 내용의 장점과 변화들을 기대하게 되고, 기대하는 것 위주로 보게 된다. 그러면서 기대가 현실로 바뀐다. 대린의 돌려차기와 스콧의 만화가 커리어가 그랬고, 샘의 부질없고 짧았던 인생이 그랬다. 그다음에는 되고자 하는 사람처럼 행동하기 시작한다. 걸음걸이와 몸짓이 바뀐다. 대화의 내용과 양상도 달라진다. 그야말로 사람이 달라진다. 대린과 스콧과 샘처럼, 자신 또는 남들이 기대하는 사람이 된다.

성공한 운동선수는 물리적 기량만 뛰어난 것이 아니라 정신력에서도 승리한다. 끝없는 훈련으로 근육을 단련하는 동시에 경기에서 이기는 자신의 모습을 끝없이 마음에 새긴다. 자신이 다른 경쟁자들보다 앞서 결승선을 넘는 모습을 보거나 느끼지 못하는 선수는 실제로도 우승할 가능성이 낮다. 승리하는 내 모습을 상상하자. 말을 골라서 하자. 스스로에게 주문을 걸자. 그대로 이루어진다.

일어나지 말았으면 하는 일은 아예 생각을 말자. 처지와 상황에 상관없이 원하는 것만 생각하자. 내가 생각하는 대로, 내가 단언하는 대로 이루어진다.

인디언 할아버지가 손자에게 말했다.
"인간의 마음은 늑대 두 마리의 싸움터란다.
한 마리는 악이야. 분노, 질투, 탐욕, 적개심, 열등감, 거짓말, 자만심을 일으키지.
다른 하나는 선이야. 평화, 희망, 기쁨, 사랑, 겸허, 친절, 공감, 진실을 만든단다."
소년은 잠시 생각하다 물었다. "할아버지, 어떤 늑대가 이겨요?"
노인이 조용히 대답했다.
"네가 먹이를 주는 쪽."

9장

버릇 바꾸기

성공하는 삶을 위해 반드시 습득해야 하는 습관이 있는가 하면 반드시 버려야 할 자기 파괴적 습관도 있다. 성공의 걸림돌로 작용하는

대표적 습관을 예로 들면 다음과 같다. 걸핏하면 정크 푸드로 끼니 때우기, 전화 회답과 연락 거르기, 문자메시지 무시하기, 사람들 이름 잊어버리기, 운동과 담 쌓고 살기, 과도한 TV 시청, 흡연, 음주, 마약 복용, 약속시간에 항상 늦기, 내게 함부로 하는 사람 참고 살기 등이다. 성공하는 사람들의 습관은 적어도 주 3회 운동하기, 약속시간 지키기, 생활계획표/작업계획표 짜기, 목표 설정, 회답 전화하기, 재정 관리에 힘쓰기, 폭언과 학대 피하기, 건강한 라이프 스타일 추구하기 등이다.

인간 행동의 80퍼센트 이상이 습관에서 나온다. 다시 말해 우리 생활의 대부분은 우리가 별 생각 없이 무심히 반복하는 행동들로 채워진다. 이는 인간의 중요한 생존 전략이다. 우리가 매사 사사건건 의식적 결정을 내려야 한다면, 이를테면 먹고 마시고 씻고 입고 걷고 운전하고 일하는 행동 하나하나에 집중하고 신경 쓰며 살아야 한다면, 정신적 압박과 삶의 무게를 도저히 견뎌 낼 수 없다.

우리가 운전하면서도 대화하고 옷을 입으면서 일과를 구상할 수 있는 것은 반복적 습관의 힘 덕분이다.

정말로 진실을 알고 싶어 하는 사람은 없다.
자신이 믿는 것이 진실이라는 위안을 원할 뿐.

습관 형성

서커스 코끼리를 본 적 있는가? 봤다면 이런 의문이 든 적은 없는가? 코끼리는 바닥에 대충 박은 허술한 말뚝에 묶여 있다. 코끼리 다리에 감겨 있는 것은 가는 사슬이나 밧줄이다. 코끼리의 힘이라면 말뚝을 뽑아 버리거나 사슬을 끊어 버리는 것쯤 일도 아니다. 그런데도 코끼리는 탈출하려는 어떤 시도도 하지 않는다. 왜 그럴까?

서커스에 팔리는 코끼리는 새끼 때부터 매일 몇 시간씩 다리에 쇠고랑을 차고 있다. 쇠고랑의 쇠사슬은 거대한 콘크리트 덩어리에 붙어 있다. 아무리 당기고 몸부림치고 울부짖어도 쇠사슬은 끊어지지 않는다. 코끼리는 자라면서 아무리 기를 써도 쇠사슬에서 벗어날 수 없다고 생각하게 된다. 그리고 결국 노력을 멈춘다. '다리가 말뚝에 연결된 사슬에 묶여 있으면 탈출이 불가능하다'고 믿도록 정신적으로 길들여진 것이다. 사슬과 말뚝이 아무리 약해도 코끼리는 보이지 않는 감옥에 갇힌다.

사람도 태어나는 날부터 다양한 트레이너들에게 정신적으로 길들여진다. 생물학적 진화로 기본 장착된 '원초적' 본능을 제외하면 우리는 모두 백지 상태로 세상에 태어난다. 우리의 생각과 행동은 모두 '트레이너들'—부모, 형제, 친지, 교사, 광고, 사회, 종교, 대중매체, 인터넷 등—이 우리에게 행한 길들이기의 결과다. 길들이기는 대개 미묘하고 반복적으로 행해지고, RAS를 타고 잠재의식에 저장되어 우리의 의사결정에 관여한다. 길들이기의 일부는 우리의 안위와 안전에 도움을 주지만, 대개는 우리의 개인적 성장을 방해한다. 결과적으로 우리도 정신적·정서적 쇠사슬에 묶여 있는 셈이다.

부모가 말한다. "애들은 부모의 눈에 보이는 데 있어야 하고 부모의 말을 들어야 한다."

교사가 말한다. "말하라고 할 때만 말해."

친구들이 말한다. "안정적인 직장을 왜 떠나? 밖은 전쟁터야."

사회가 말한다. "은행 융자 갚고 노후대책에 힘쓰라."

종교가 말한다. "계명을 지키라. (안 그랬다가는 지옥/천벌이 기다린다!)"

사람들은 부지불식중에 위의 문장들을 인생의 정석으로 받아들인다. TV 등 대중매체는 '나는 여러 모로 부족한 사람'이라는 인식을 강화한다. 행복하려면 날씬한 몸매, 완벽한 피부, 빛나는 머릿결, 새하얀 치아로 무장하고 온몸으로 유행을 대변하고, 패스트푸드를 먹고, 은행에서 정기적으로 대출을 받고, 라테를 마시고, 철철이 핸드폰과 노트북을 바꾸라고 가르친다. 이들의 메시지는 교묘히 반복되어 우리 신념 체계의 일부를 이룬다. 신체 성장기와 인격 형성기를 거치면서 우리는 할 수 있는 것에 대한 응원보다는 할 수 없는 것에 대한 경고를 반복적으로 주입받는다. 코끼리가 탈출을 불가능하다고 믿듯이 우리도 아주 쉽게 '나는 못해'라는 믿음의 노예가 된다. 부정적이고 반복적인 길들이기는 우리의 잠재력을 누르고 성공을 방해한다.

버릇들이기 나름

사람들은 긍정적인 습관보다는 부정적인 습관을 더 많이 달고 산다. 부지불식간에 효과가 없거나 부정적인 효과를 내는 행동을 되풀이한다. 부정적 습관과 태도의 대부분은 어린 시절에 형성된다. 5세 어린이는 'no'를 'yes'보다 평균 11배 많이 듣는다. 그 결과 영양가 없는 습관과 태도만 잔뜩 장착하고 성년에 이른다.

5세 어린이는 평균 하루에 'yes'를 12번, 'no'를 122번 듣는다.

우리는 날마다 크고 작은 의사결정과 문제해결 상황에 수없이 봉착한다. 그때마다 습관적으로 익숙한 방식으로 반응한다. 바람직한 결과를 낳는 긍정적인 습관을 가지는 것이 그래서 중요하다. 목표의 종류를 막론하고 긍정적인 습관은 성공에 필수적이다. 목적도 의미도 없는 습관에서 벗어나 어떤 상황과 과업에서도 생산적 가치를 내는 행동들을 찾아 습관으로 길러야 한다. 좋은 습관이 몸에 배면 일이 닥칠 때마다 의식적으로 선택하고 결정하는 수고를 덜 수 있다. 특정 행동이 반복되면 우리 뇌가 그 행동을 만드는 전기적 신호를 기억해서 신호가 통하는 길(신경회로)이 열린다. 자동 '습관회로'가 생기는 것이다. 습관회로가 생기면 옳은 답을 찾기 위해 시간과 에너지를 낭비하는 일이 적어진다.

생각의 습관 혹은 태도

생각의 습관을 흔히 '태도'라고 부른다. 생각 습관은 행동 습관보다 다루기가 어렵다. 생각을 고정하기도 어렵고 한 번 고정된 생각을 바꾸기도 쉽지 않다. 그래서 생각과 태도를 종이에 쓰는 것이 중요하다. 글로 쓰면 스파게티 덩어리처럼 얽혀 있던 생각을 한 가닥씩 풀어서 차분히 분석할 수 있다. 예를 들어 보자. 캄보디아에서는 메뚜기, 타란툴라, 애벌레, 바퀴벌레 같은 곤충을 먹는 일이 흔하다. 오히려 곤충 요리가 별미로 통한다. 서양인 대부분은 곤충을 먹어 본 적도 없으면서 곤충이 입으로 들어간다는 생각만으로도 기겁한다. 이런 태도는 곤충의 영양학적 가치가 아닌 벌레와 질병 간의 연상 작용에 근거한다. 내가 아들 브랜든과 함께 시베리아에 갔을 때다. 그곳에서 식사 대접을 받았는데 소의 혀와 눈, 돼지의 발, 양의 뇌와 그밖에 정체를 알 수 없는 여러 재료로 만든 요리들이 즐비했다. 이방인은 그런 요리를 먹을 엄두조차 못 낸다. 그런 요리를 먹는 그림이 RAS에 들어가기만 해도 속이 불편해진다. 하지만 요리의 영양가만 생각하면 못 먹을 것도 없다. 그래서 우리 부자는 먹었다. 인생에서 무언

164

가를 이루는 과정은 RAS에 소망의 긍정형 이미지를 주입하는 것에서 시작된다.

나쁜 태도는 펑크 난 타이어와 같다.
타이어를 교체하기 전까지는 아무 데도 갈 수 없다.

부정적인 습관은 쉽게 바뀌지 않는다. 사람들은 해당 습관에 연결된 물리적 행동만 바꾸려할 뿐 습관의 뿌리, 즉 사고방식을 바꿀 생각은 못하기 때문이다. 어쩌다 한 번 포크를 들고 양의 뇌를 집어 먹을 수는 있지만 양의 뇌를 먹는 것에 대한 태도가 바뀌지 않는 한 꾸준히 먹게 되지는 않는다.

미루기, 자기 부정, 불평불만이 습관인 것처럼
열정, 자기 존중, 결의, 자신감도 습관이다.
긍정적인 사고방식도 부정적인 사고방식도 모두 습관이다.

자신감도 일종의 생각 습관이다. 자신감은 내 행동 방향이 긍정적 결과를 가져온다는 것을 아는 힘이다. 그런 앎은 거저 얻어지지 않는다. 여러 방법을 시도해 봐야 맞는 방법을 얻을 수 있다. 그리고 새로운 시도는 성공할 때보다 직접적인 효과 없이 무위에 그칠 때가 더

많다. 그때마다 절망할 것인가? 실패는 성공의 필수 요건이다. 실패를 겪을수록 맞는 방법에 가까워지고 따라서 자신감도 는다. 한 번도 실패하지 않은 사람은 아무것도 이루지 않은 사람이다. 사람들은 실패가 두려워서 여러 번 시도하지 못한다. 시도하지 않으면 성공도 없다.

실패는 성공의 전제조건이다.
빠르게 성공하고 싶다면 실패율을 2배로 높여라.
브라이언 트레이시

한결같은 사람

생산적이고 성공적인 사람은 자신에게 중요한 것을 꾸준히 실천한다. 그냥 실천하지 않고 한결같이 실천한다. 우리 동네 헬스클럽의 최강자는 매주 같은 요일 같은 시간에 나타난다. 최고의 작가들은 하루도 거르지 않고 키보드 앞에 앉는다. 최고의 지도자, 부모, 관리자, 음악가, 의사에게도 같은 원칙이 적용된다. 최고의 성과자에게 중요한 것은 성과 자체가 아니다. 꾸준한 실천이다.

패배자의 전형적인 나쁜 습관은 다음과 같다.

• 남들의 호구 노릇을 한다.

- 일을 미루고 질질 끈다.

- 일지를 쓰지 않는다.

- 말이 많고 듣지는 않는다.

- 약속시간에 늦는다.

- 정크 푸드를 먹는다.

- 체력 단련과 건강식을 멀리한다.

- 인간관계가 순탄치 않다.

- 재정 문제를 겪는다.

- 불행해 한다.

- 대화에 찬물을 끼얹는다.

- 자기 일을 싫어한다.

습관을 생산적인 방향으로 바꾸고 싶은가? 먼저 지금 내게 붙어 있는 비생산적인 습관들을 적나라하게 적어 볼 필요가 있다. 자아비판에 자신이 없으면 친구와 동료들에게 도움을 청한다. 아무리 생각해도 마땅히 떠오르는 게 없다면 가족과 주위 사람들에게 물어 보길 권한다. 단번에 기다란 목록이 만들어질 것이다.

가장 흔한 부정문

'한번 해보기는 할게'와 '시간이 없다' '너무 바쁘다' 같은 문장들도 패배자들의 습관성 부정적 확언이라는 것을 알아야 한다. '시간이 없다'는 '개가 내 숙제를 먹어 버렸어요'의 어른 버전이다. '해보기는 할

게'는 습관성 저성과자의 전유물이다. 저성과자들은 자신에게 성공을 기대하지 말라는 말을 이런 식으로 사전 통보한다. '너무 바쁘다'는 '나는 체계적이지 못한 인간이다'라는 자백이거나 '너의 요청 따위 내겐 하찮다'라는 거절이다.

누구도 항상 '너무 바쁠' 수는 없다.
모든 것은 우선순위의 문제다.

부정적인 생각 습관은 빨리 버릴수록 좋다. 다음의 3단계 기법을 쓴다.

1. 내게 부정적인 습관이 있다는 것을 인정한다.
2. 습관의 근원을 따져 본다.
3. 긍정적인 습관을 새로 개발하고 치환 원리를 이용해 낡은 습관과 대체해 나간다.

습관은 모두 후천적으로 얻은 것이다. 생각 습관도 다르지 않다. 내게 붙어 있는 부정적인 습관을 곰곰이 따져 보자. 그 습관이 어디에서 어떻게 시작되었는지 대개의 경우는 알 수 있다. 제거 대상이 정해졌다면 새로 배양할 긍정적인 습관을 종이에 적는다. 그리고 그 습관이 완전히 붙은 내 모습을 시각화하고 명확한 말로 표현해 RAS에 주입한다. 기존의 사고방식을 다른 사고방식으로 바꾸는 것이다. 어렵게 생각하지 말자. 애초에 기존의 부정적인 습관들도 이와 똑같은 과정을 통해서 얻었다.

다음은 대표적인 성공 습관과 실패 습관이다. 습관을 바꿀 때 참고하기 바란다.

성공하는 습관	성공을 막는 습관
남들 칭찬을 한다.	남들 흉을 본다.
남들을 용서한다.	적의를 품는다.
남들의 성공을 응원한다.	남들이 잘못되기를 바란다.
힘든 상황에서도 유머를 잃지 않는다.	걸핏하면 화를 낸다.
매사 감사한 마음을 갖는다.	매사 당연한 권리로 생각한다.
아이디어를 화제로 삼는다.	사람들을 화제로 삼는다.
매일 책을 읽는다.	매일 TV를 본다.
할 일 목록을 만든다.	즉흥적으로 일한다.
끊임없이 배운다.	다 아는 것처럼 군다.
남의 공을 인정한다.	모든 생색을 혼자 낸다.
실패의 책임을 인정한다.	남 탓을 한다.
정보와 생각을 나눈다.	정보를 숨기고 독점한다.
변화를 기대하고 환영한다.	변화를 두려워한다.
목표를 세우고 계획을 짠다.	목표도 계획도 없다.

오른편 목록에서 내 습관을 발견했다면 거기 대응하는 왼편의 습관으로 갈아타자.

새 친구 만들기

—

놀라운 원리가 하나 있다. 나와 가장 많이 어울려 다니는 5명을 꼽아 보라. 좋든 싫든 나는 그들과 동급이거나 평균 수준이다. 내가 친구 무리에서 가장 성공한 사람일 때, 무리는 내게 점진적이고 꾸준하고 소리 없는 압력을 행사해 소득과 업적과 삶의 태도 등에서 나를 무리의 평균 수준으로 끌어내린다.

반대로 내가 무리에서 가장 못한 사람일 때는 무리의 덕을 본다. 나를 무리의 평균 수준으로 끌어올리려는 보이지 않는 압력이 작동하기 때문이다. 부모들은 이런 원리를 본능적으로 간파하고 기를 쓰고 자녀를 물 좋은 곳에 넣으려 한다. '질 나쁜' 아이들로부터 떼어 놓고 '나쁜 길'로 빠지지 않게 감시한다.

그러므로 친구를 고를 때는 신중히 골라야 한다. 내가 성취하려는 것을 이미 성취한 사람들이나 내가 가고 싶은 방향으로 이미 가고 있는 사람들로 주위를 채우겠다고 결심하자. 지금 결심하자. 부정적인 사람들과 어울리면서 긍정적인 삶을 살기는 어렵다. 지금의 친구들과 인연을 끊으라는 말이 아니다. 내가 다음 단계로 도약하는 데 기를 보태 줄 친구들을 새로 늘려 가라는 뜻이다.

**발전을 위한 가장 확실한 방법은
나보다 나은 사람들을 가까이하는 것이다.
그들이 나를 더 나은 사람으로 만들어 준다.**

다음의 방법을 써 보자. 우선 종이에 내가 만나는 사람들의 이름을 모두 적는다. 친구는 물론이고 가족 구성원, 일로 얽힌 사람들, 이웃, 동창과 동문까지 모두 적는다. 명단이 완성되면, 내 인생에 긍정적인 영향을 주는 사람의 이름 옆에 V표를 한다. 나의 발전을 응원하는 사람과 스스로 발전하고 있는 사람들이 여기 속한다. 다음에는 부정적인 사람의 이름 옆에 ×표를 한다. 내게 불가능을 말하는 사람, 내 흉을 보는 사람, 매사 남 탓을 하는 사람, 나를 시기하는 사람, 항상 어두운 얘기만 하는 사람들이 여기 속한다.

다음은 실천 단계다. ×표를 한 사람들과는 만나지 않는다! 보지 않고 사는 것이 어렵다면(같은 동네에 살거나 같은 직장에서 일하기 때문에) 그들과 얽히는 일을 줄인다. 단지 오래 알고 지낸 사이라는 이유로 또는 피붙이라는 이유로 부정적인 사람을 참고 받아 주어야 할 의무는 없다. 그 사람에게 정을 떼란 말이 아니다. 그들의 부정적 허튼소리를 듣는 데 시간을 낭비하지 말라는 뜻이다. 걸핏하면 찾아오거나 전화해서 신세타령을 일삼거나 내 목표나 꿈을 무시하고 밟으려 드는 사람이 주위에 있는가? 그런 사람은 스트레스를 유발한다. 그런 사람들에게 아까운 시간을 낭비하지 말자.

부정적인 사람들, 유독성 인간, 꿈 도둑, 정서적 흡혈귀를 멀리 하자.

실화: 미셸과 게일 이야기

게일은 걸핏하면 미셸에게 전화해서 사람들 험담과 자신의 신세한탄을 늘어놓았다. 게일의 말만 들으면 사람들은 전부 악마고, 미래는 암울할 뿐이었다. 미셸이 상황을 개선하는 데 도움이 될 조언을 해도 게일이 그 조언에 따른 적은 한 번도 없었다. 게일은 한번 전화하면 1시간을 넘겨 수다 떨기 일쑤였다. 게일의 하소연을 듣고 나면 미셸은 기운이 빠지고 기분이 처졌다. 아이들에게 자주 화내고, 가끔은 몇 주씩 성욕도 떨어졌다.

미셸은 우리의 상담을 받고 게일의 이름에 ×표를 했다. 쉬운 결정은 아니었다. 둘은 사촌지간이었다. 알다시피 게일은 그동안 '유전적 의무'를 구실로 미셸을 '감정의 쓰레기통'으로 이용해 왔다. 달리 말하면 '너는 내 사촌이니 내 감정 쓰레기를 받아 줄 의무가 있다'는 식이었다. 미셸은 게일이 주로 전화하는 밤 시간에는 남편에게 전화를 받으라고 했다. 그리고 게일이 자신을 찾으면 전화를 받을 수 없는 상황이거나 집에 없다고 말하라고 했다. 우연히 직접 게일의 전화를 받더라도 미셸은 더는 아무 조언도 하지 않았고, 게일이 부정적인 얘기를 시작하면 화제를 바꿨다.

그렇게 2개월이 지났다. 게일은 미셸에 대한 전화 폭격을 멈추고, 친척 중에 대타를 골라잡아 그리로 전화했다. 현재 미셸은 가족 행사에서 게일을 만나도 어느 때보다 마음이 편하다. 그녀는 더 이상 정신적 흡혈귀들의 감정 쓰레기통으로 이용당할 마음이 없었고, 상대도 그것을 깨달았기 때문이다.

나쁜 배우자나 애인에게 괴롭힘을 당하면서도 헤어지기를 망설이는 사람들이 많다. 이들이 주로 대는 핑계가 있다. '함께한 세월 때문에' 또는 '아이들을 생각해서.' 하지만 지나간 세월은 생각할 필요가 없고, 불행한 부모는 아이들에게 불행의 롤 모델이 될 뿐이다. 어떤 이는 단지 핏줄이라는 이유로 부정적인 가족 구성원을 참고 산다. 세월이나 혈연이 감정노예계약의 조건이 되지는 않는다. '유전적 의무'라는 것도 존재하지 않는다. 행복하고 승리하는 삶을 원한다면 그 이름에 ×표를 한 사람들과는 접점을 없애자. 접점을 없애기 힘들면 접하는 횟수라도 줄이자. 이 방법이 거북할 수도 있다. 하지만 기억하자. 가장 가까운 친구 다섯을 꼽아 보고, 그들이 내 인생을 진심으로 응원하고 에너지를 주는 사람들인지 아니면 내 진을 빼고 기를 말리는 사람들인지 냉철히 따져 볼 필요가 있다. 친구를 폭넓게 사귀면 좋지 않다는 말이 아니다. 나와 가장 많은 시간을 보내는 5명의 평균이 곧 내 수준이 된다는 뜻이다. 그 평균이 마음에 차지 않는다면 무리를 바꾸자. 일단 부정적인 사람들을 뚫고 나오면 긍정적인 사람들이 나타나게 돼 있다.

위의 백만장자와 빈털터리 비유가 불편한 사람도 있을 것이다. 하지만 비관주의자들을 면밀히 관찰해 보라. 비관주의는 전염병처럼 옮는다. 그리고 비관은 RAS에 입력되어 거기에 부합하는 처지를 만든다. 부정적인 사람들에 둘러싸여 살면서 인생에서 긍정적인 결과를 기대하기는 어렵다.

발전적이고 생산적인 삶을 추구한다면, 냉소적인 사람, 남의 꿈에 찬물을 끼얹는 사람, 피해의식이 있는 사람, 중간만 가면 잘하는 거라고 믿는 사람은 피하는 것이 좋다. 허튼소리를 걸러 듣고 흘려들을 수 있는 자신감과 배짱이 생길 때까지라도 피하는 것이 좋다. 내가 원하는 곳에 이르도록 격려하고, 내가 거기 이르렀을 때 박수를 보내주는 긍정적이고 희망적인 사람들로 주위를 채우겠다는 의식적이고 의도적인 결정이 필요하다.

요약

좋은 습관은 긍정적인 결과를 가져온다. 나쁜 습관은 지금까지 내가 인생에게 받았던 나쁜 대접을 강화 또는 지속시킬 뿐이다. 내 생각과 습관에 대한 통제권과 선택권은 거의 전적으로 내게 있다.

간단히 말해 성공의 지름길은 성공하는 습관을 의식적으로 습득하는 것이다. 비생산적인 습관을 유지하는 것은 목에 닻줄을 감는 것과 다름없다. 그걸 감고는 앞으로 나갈 수가 없다. 성공 여부는 내가 후천적으로 학습하고 습관화한 생각과 태도에 달렸다.

비생산적인 습관을 한 번에 하나씩 골라잡고 그것을 긍정적인 습관으로 대체할 계획을 세우자. 예컨대 스스로에게 패스트푸드점 출입금지령을 내리자. 금지령 때문에 별 수 없이 더 건강한 대안을 찾게 되고, 찾아보면 훌륭한 대안이 사방에 널렸다. 전에는 찾는 입장이 아니었기 때문에 보지 못했을 뿐 항상 거기에 있던 대안들이다. 비즈니스 일기를 쓰고 일기를 항상 지니고 다니자. 이름과 얼굴을 잘 기억하는 방법을 찾아 읽고, 담배를 피우고 술을 마시고 마약을 복용한다면 지금 당장 필요한 조치를 밟아 중독에서 벗어나자.

내 성공에 촉진제가 아닌 억제제가 되는 사람들과 몰려다니는 버릇을 버린다. 가장 가까운 친구 5명을 꼽아 보라. 그들의 생활방식과 성취도가 내게 그다지 매력적이지 않다면 다른 친구들을 찾는 게 좋다. 어떻게 찾으면 좋을까? 생각해 보자. 미래의 친구들이 자주 가거나 모여 있을 만한 곳은 어디일까? 그들은 어떤 모임, 동호회, 단체, 학교, 조직에 속해 있을까? 그런 곳에 가입하고, 뜨내기 회원이 아닌 정규회원이나 상임위원이 되자. 그러면 빠른 시일 내에 내가 원하는 것을 이미 이룬 새로운 친구들로 둘러싸이게 된다. 지금의 친구들하고만 어울리면 내가 기대할 수 있는 성취도는 그 무리의 평균수준밖에 안 된다. 사람들은 학연, 지연, 혈연을 기반으로 인간관계를 쌓고 또 그래야 한다고 생각한다. 그건 정답이 아니다. 지금 친구들이 삶에서 이루고 누리는 것의 평균이 내 수준이 되어도 좋다면 그래도 상관없다. 하지만 지금 친구들의 평균이 되고 싶지 않다면 새로운 친구들을 찾아야 한다.

나의 현재 습성과 태도는 양동이에 담긴 물과 같다. 그 물은 주로 부모, 교사, 선후배, 동배 그룹, 사회와 미디어가 채웠다.

이 책이 제시하는 방법들로 새롭게 긍정적인 습관들을 만들어 가는 것은 양동이에 모래를 붓는 것과 같다. 결국은 모래가 양동이의 물을 모두 밀어낸다. 양동이는 나를 원하는 곳으로 데려갈 긍정적인 사고방식과 습관과 대처법으로 가득 차게 된다. 한 번에 하나씩 좋은 습관을 정하고 그것이 몸에 배어 내 일부가 될 때까지 실천하자. 새로운 습관을 만들고 그것을 체화하려면 적어도 30일은 꾸준히 반복해야 한다. 지금 시작하자. 부정적인 구속을 긍정적인 습관으로 바꾸자. 서커스 코끼리가 반복 학습으로 탈출 의지를 잃었다면, 같은 방법으로 되찾을 수 있다. 반복 학습. 그것만큼 확실한 방법은 없다.

긍정적인 행동을 지속적으로 실천하자. 그것이 '할 수 있다' 습관이 될 때까지.

이제부터는 매일 목표를 설정하고 달성하는 습관을 들이자.
원치 않는 것들에 골몰할 시간에 원하는 것들에 집중하자.

10장

확률게임

사람들은 시간이 없다는 핑계를 입에 달고 산다. 업무 때문에, 가족 때문에, 늘 하는 집안일 때문에 바쁘다는 불평이 떠나지 않는다. 하지만 어떤 이들은 똑같은 시간에 놀라운 일들을 해낸다. 흔히 우리는 성공한 사람은 남들보다 열심히 일해서, 운을 타고 나서, 또는 우연히 적시적소에 있었던 이유로 앞서 나갈 수 있었다고 생각한다. 그러나 그건 사실이 아니다. 그렇다면 비결은 무엇일까?

우리는 삶과 일에서 많은 활동을 수행한다. 특정 활동에는 특정 결과가 따르고, 둘 사이에는 수리적 원리와 법칙이 존재한다. 다시 말해 모든 일은 일정한 빈도와 비율로 일어난다. 그 수치들을 알아내서 추진에너지로 활용하자. 그것이 성공의 비결이다. 이번 장에서는 인생에 가장 요긴한 수리 법칙들을 소개한다.

비행 공포가 있는 회계사가 있었다. 그는 통계청에 전화를 걸어 물었다.
"폭탄이 설치된 시드니발 런던행 비행기에 탑승할 확률이 얼마나 됩니까?"
통계청의 답변은 약 200만 분의 1이었다.
"너무 높아요!" 회계사가 부르짖었다.
통계청은 컴퓨터로 더 자세한 확률을 뽑았다.

"몸에 폭탄을 하나 부착하고 비행기에 오르시길 권합니다.
폭탄이 두 개 설치된 비행기를 탈 확률은 1,500만 분의 1밖에 되지 않습니다."

평균의 법칙

이 법칙은 삶의 모든 활동을 지배한다. 같은 상황에서 같은 일을 반복해 보면 그 결과에 일정한 패턴이 발견된다. 이 법칙은 우리가 전작 《질문이 답이다》Questions are the Answers에서 소개한 법칙이다.

평균의 법칙의 작동 원리는 포커머신을 예로 들면 이해하기 쉽다. 평균 당첨율이 10:1인 포커머신이 있다고 치자. 머신에 1달러를 넣고 바를 당겨 회전판을 돌리는 행동을 반복하면 10번에 1번꼴로 60센트에서 20달러의 상금이 떨어진다. 20~100달러의 상금이 떨어질 가능성은 이보다 훨씬 낮은 118:1이다. 머신에 돈을 넣고 바를 당기는 데는 어떤 기술도 필요 없다. 포커머신이 미리 설정된 당첨율에 따라 상금을 지급할 뿐이다. 우리가 행하는 모든 활동에도 포커머신처럼 평균 성공비율이 존재한다. 성공을 위해 우리가 알아내야 할 것이 바로 이 성공비율이다.

생명보험 영업을 하던 시절 나는 내 영업 활동에 1:56이라는 평균 성공비율이 적용된다는 것을 발견했다. 내가 거리를 지나는 사람들에게 "보험에 드시겠습니까?"라고 물어 보면 56명당 1명은 "네"라고 대답한다는 뜻이었다. 다시 말해 이 질문을 하루에 168번 하면 보험 계약을 하루에 3건씩 체결하게 되고, 그러면 나는 보험 영업의 세계에서 상위 5퍼센트에 든다는 뜻이었다. 거리에 서서 행인에게 내 아이디어를 말해 보라. 아이디어 실현을 돕겠다고 말할 사람이 아마 50명 중 1명은 나올 것이다.

나는 11세 때 집집마다 다니며 고무 스펀지를 개당 20센트에 팔았다. 그때 내 평균 성공비율은 10:7:4:2였다.

나는 학교가 끝나고 오후 4시부터 6시까지 방문판매를 했다. 내가 문을 두드리는 10곳당 7곳이 문을 열었고, 그중 4곳이 나의 준비된 상품 소개를 들어 주었고, 그중 2곳이 고무 스펀지를 샀다. 다시 말해 10곳당 평균 판매액이 40센트였다. 나는 1시간에 평균 30곳을 돌았다. 따라서 2시간 동안 평균 12개를 팔아서 평균 2달러 40센트의 판매 실적을 올렸다. 1962년 당시 11세의 호주 소년에게 2달러

40센트는 큰돈이었다. 보험 판매원이었던 아버지에게 평균의 법칙을 배운 덕분에 나는 학교가 끝나고 집집을 돌 때 10곳당 40센트씩 번다는 것을 알았다. 그러자 마음이 편해졌다. 문도 열지 않는 3곳과, 내 말을 듣기도 전에 관심 없다며 문을 닫는 3명과, 구매를 거절하는 2명에 대한 걱정이 없어졌다. 내가 아는 것은 10곳을 두드리면 40센트를 번다는 것뿐이었다. 다시 말해 다음 집에서 일이 어떻게 풀리든, 다음 문을 두드릴 때마다 4센트를 버는 셈이었다.

이런 인식은 내게 강력한 동기부여 요인으로 작용했다. 10곳당 40센트! 이제 관건은 10곳을 돌면서 문을 두드리고 상품 소개를 하는 데 걸리는 시간이었다.

대개의 사람들은 평균의 법칙을 모르기 때문에 '바로 다음에 일어날 일'에서 동기를 부여받는다. 어떤 것을 시도하든 통계적으로 볼 때 80퍼센트는 무위에 그친다. 내 방문판매 활동의 평균 성공률 10:7:4:2는 두 건의 판매와 40센트의 판매액을 뜻하지만, 뒤집어 보면 전체 시도 중 80퍼센트는 헛수고라는 뜻도 된다. 그러나 나는 비록 대부분의 시도가 헛수고로 끝나도 10번 시도할 때마다 40센트를 번다는 점에 집중했다. 정보는 엄청난 힘이 된다. 따라서 되도록 많은 사람들에게 아이디어를 타진하고, 계획과 목표를 말하고, 도움과 조언과 동참을 구해야 한다. 단번에 승부를 보려는 생각을 접고 확률게임을 하자. 내가 아는 사람들은 통계적으로 적어도 5명당 1명꼴로 나를 돕는다. 나만의 은밀한 욕망을 품는 것도 낭만적이지만, 그것이 실현되기 바란다면 도움을 줄 만한 사람들에게 도움을 구해야 한다.

목표가 무엇이든 거기에는 몇 번 시도에 몇 번 성공한다는 일련의 구성비, 이른바 평균 성공비율이 있다. 관건은 이 비율을 발견하는 것이다. 사람들은 목표를 향하다 쉽게 낙담한다. 이 평균의 법칙을 모르고 바로 다음에 일어날 일만 걱정하고 거기에 사기가 좌우되기 때문이다. 앞에서 말했듯 바로 다음에 일어날 일은 십중팔구 아무 결과도 내지 않는다. 잘 나가는 영업인은 이 법칙을 안다. 하지만 이 법칙이 영업에만 적용되는 것은 아니다. 모든 활동에 빠짐없이 적용된다. 평균 성공비율은 활동에 따라 사람에 따라 다르다. 나는 나의 비율을 알아내면 된다.

10대 시절 나는 방과 후에 알음알음으로 그리고 무작위 전화 영업으로 냄비와 팬, 리넨과 담요를 팔았다. 이때도 평균의 법칙을 활용했다. 활동 30여일 만에 내가 발견한 나의 평균 성공비율은 5:3:2:1이었다.

평균을 내 봤더니 내 전화를 받는 잠재 고객 5명 중 3명이 나를 만나는 데 동의했다. 3개의 약속 가운데 내가 제품 소개까지 성공하는 경우는 2번이었다. 나머지 1명은 나를 바람맞히거나 약속을 취소하거나 내 말을 들으려 하지 않거나 실직이나 파산 같은 불가항력적 이유로 구매를 거절했다. 옆방에서 싸우는 소리에 방해받기도 했고,

개가 나를 물기도 했고, 건물에 번개가 떨어지기도 했다(모두 내게 실제로 일어났던 일이다).

　제품 소개까지 들어준 2명 가운데 1명꼴로 제품을 구매했고, 나는 판매 건당 45달러를 벌었다. 다시 말해 잠재 고객 5명에게 전화하면 45달러의 판매 수수료로 이어졌다. 다시 쪼개면 전화 연결 1건당 9달러씩 떨어지는 셈이었다! 이번에 전화 받는 사람이 나를 만나는 데 동의하든 말든, 약속에 나타나든 말든, 실제로 구매를 하든 말든, 내가 포기하지 않고 계속 전화를 돌리면 누군가 전화를 받을 때마다 내게 9달러가 생긴다는 뜻이었다. 나는 '9달러'라고 크게 써서 전화기 옆에 붙여 두었다. 그리고 오래지 않아 나는 호주 최고의 냄비와 팬 판매사원이 되었다.

　나는 20세 때부터 본격적으로 영업에 뛰어들었다. 생명보험 설계사가 된 것이다. 나는 신속하게 평균 성공비율 파악에 들어갔다. 10:5:4:3:1.

　전화 연결이 된 잠재 고객 10명 중 평균 5명이 나를 만나는 데 동의했다. 그중 1명은 약속을 지키지 않았고 내가 실제로 만나는 사람은 4명이었다. 그중 상품 설명까지 가는 경우는 3건이었고, 그중 1건이 계약 성사로 이어져 평균 300달러의 계약 수수료가 생겼다. 전화 연결 1건당 30달러를 버는 셈이었다. 당장 이 사람이 약속에 동의할까, 약속을 지킬까, 계약으로 이어질까에 대한 염려는 할 필요가 없었다. 나는 결코 보험 가입자를 찾아다니는 데 집중하지 않았다. 내 최우선 과제는 매일 잠재 고객 10명에게 전화하는 것이었고, 거기에 집중했다. 간단 명료한 과제였다. 당장의 실적만 생각하면 금세 맥이 빠지고 일이 고달파진다. 목표도 중요하지만 과정도 즐거워야 한다. 확률게임을 하자.

영업인이 망하는 이유는 팔지 못해서가 아니다.
팔 기회를 보지 않기 때문이다.

나는 세일즈맨으로 성공해서 21세 때 메르세데스 벤츠를 몰았고, 주택을 소유했고, 화려한 삶을 살았다. 미국 백만달러원탁회의Million Dollar Round Table(생명보험업계의 고소득 설계사 모임)의 회원 요건도 충족했다. 호주 사람으로는 역대 최연소였다. 나는 평균의 법칙을 계속 활용했다. 24세 때 호주 최대 보험회사에서 일하며 세계 톱 20 영업인 대열에 들었고, 28세 때 호주 최고 부호 케리 팩커Kerry Packer와 전설의 크리켓 선수 토니 그레이그Tony Greig와 파트너십을 결성해 호주 최대 규모의 독립 보험중개사를 설립했다. 이 모든 성공 뒤에 성공비율의 발견과 활용이라는 확률게임이 있었다.

80/20 법칙

이 법칙은 상위의 소수가 가치의 대부분을 창출한다는 경험 법칙이다. 이 법칙은 사회현상과 인간사 전반을 보편적으로 지배한다. 이 법칙의 강력한 장점이 또 하나 있다. 활용하는 데 통계학적 소양이 필요하지 않다는 것이다.

80/20 법칙을 '파레토 법칙'이라 부르기도 한다. 이탈리아 국민의 20퍼센트가 국민소득의 80퍼센트를 창출한다고 밝힌 이탈리아 경제학자 빌프레도 파레토Vilfredo Pareto의 이름을 땄다. 이 법칙에 따르면 소수가 성과의 대부분을 결정한다. 숫자를 대입해서 말하면, 전체 투입량의 20퍼센트가 전체 산출량의 80퍼센트를 만든다. 중요한 것은 이 법칙이 경제경영 분야뿐 아니라 인생 전반에 해당된다는 것이다. 특정 노력과 활동(20퍼센트)이 행복과 성과의 대부분(80퍼센트)을 좌우한다. 일주일 동안 자신이 하는 모든 활동과 거기 쓰는 시간을 분석해 보라. 내 인생에 별다른 기여를 하지 않는 일들이 내 시간의 80퍼센트를 차지하고 있음을 알게 된다. 또는 투자한 시간의 20퍼센트만이 가치 있는 결과를 내고 있음을 알게 된다. 내게 중요한 20퍼센트를 찾아내는 것이 중요하다.

**세계 인구의 20퍼센트 미만이
세상 부富의 80퍼센트 이상을 차지하고 있다.**

80/20 법칙은 거의 어디에나 적용된다. 가령 물품 가짓수의 20퍼센트가 창고 공간의 80퍼센트를 차지한다. 달리 말하면 창고 이용료의 80퍼센트는 전체 고객사의 20퍼센트에서 나온다. 좀 더 전형적인 예를 들어 보자. 상위 20퍼센트의 영업 인력이 총 매출의 80퍼센트를 창출하고, 상위 20퍼센트의 제품에서 총 수익의 80퍼센트가 나오고, 상위 20퍼센트의 고객이 매출의 80퍼센트를 일으킨다. 20퍼센트의 직원이 말썽의 80퍼센트를 도맡아 일으키고, 다른 20퍼센트의 직원이 전체 생산의 80퍼센트를 책임진다. 또한 불량 발생 사유의 20퍼센트가 전체 하자품의 80퍼센트를 만든다. 전체 작업 중 20퍼센트(초반 작업 10퍼센트 + 마무리작업 10퍼센트)가 프로젝트 기간과 자원의 80퍼센트를 잡아먹는다는 것은 프로젝트 매니저들 사이에 잘 알려진 사실이다. 전 세계 부와 자원의 분포를 봐도 20퍼센트의 소수가 자산의 80퍼센트를 주무른다. 개인 경제의 영역에서도 마찬가지다. 일주일 동안 수행하는 많은 활동 가운데 수입과 직결된 활동은 소수에 불과한 경우가 허다하다. 다시 말해 활동의 20퍼센트가 재정적 보상의 80퍼센트를 만들어 낸다. 일상의 모든 분야에서 80/20 법칙이 성립한다. 삶의 행복과 만족에서도 마찬가지다. 우리가 들이는 노력이나 시간의 20퍼센트가 우리 행복의 80퍼센트를 만든다. 바꿔 말하면 우리는 가치 없는 일에 많은 시간과 노력을 낭비하고 있다.

80/20 법칙은 생활 곳곳에서 나타난다. 성과의 80퍼센트가 노력의 20퍼센트에서 나오거나(80/20), 반대로 성과의 20퍼센트가 노력의 80퍼센트에서 나온다(20/80). 사람들 대다수는 후자의 경우에 속한다.

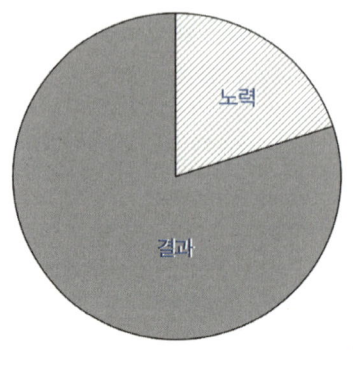
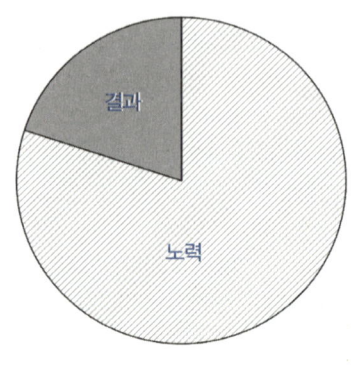

| A. 성공한 사람들의 80/20 법칙 적용법 |　　| B. 평범한 사람들의 80/20 법칙 적용법 |

이 법칙은 고정불변의 법칙은 아니다. 모든 상황이 80/20으로 딱 떨어지는 것도 아니다. 숫자 자체가 중요한 것도 아니다. 그보다는 모든 요소가 같은 가치를 지니는 것은 아니며, 소수의 주요 요소가 대세를 결정한다는 것이 이 법칙의 요점이다. 간단히 말해 무엇이 중요한지 알아야 한다. 적은 부분이 대부분을 창출한다.

일상의 습관과 행동을 기록하고 분석해 보라. 80/20 법칙이 성립되는 경우가 여기저기서 발견될 것이다. 아는 전화번호는 많지만 주로 전화하는 곳은 정해져 있고, 몇몇 사람과의 통화시간이 전체 통화시간의 대부분을 차지한다. 마찬가지로 아는 사람은 많아도 대부분의 시간을 함께 보내는 사람은 몇몇에 불과하다. 또한 전체 지출액의 대부분이 집세, 대출상환금, 식비 등 몇 가지 지출 항목에 집중되어 있다.

사람들은 대개 늑장 부리고, 미적거리고, 비효율적으로 일하고, 별로 이득이 없는 일을 하면서 많은 시간을 흘려보낸다. 또는 시간의 80퍼센트를 즐겁지 않은 일을 하며 보낸다. 20퍼센트의 여가시간을 즐길 돈을 벌기 위해서.

카페인 성향 : 명사. 커피를 마시기 전까지는 아무것도 시작하지 않는 경향.

경영자 입장에서는 80/20 법칙이 성립하는 부분을 찾아 인지하는 것이 사업성과 극대화에 필수적이다. 수익의 대부분을 창출하는 제품, 서비스, 활동(20퍼센트)을 규명하고, 미미한 결과를 내는 나머지(80퍼센트)를 털어 내는 것이 성공하는 방법이다. 경쟁력을 발휘할 수 있는 핵심 역량에 집중하고, 다른 80퍼센트는 붙들고 있지 말고 더 잘하는 사람들에게 맡기는 것이 좋다. 이것이 아웃소싱의 기본이다. 사람의 열심과 최선도 유한자원이다. 모든 일에 열심과 최선을 다할 수는 없다. 내게 최고의 결과를 주는 것들에 최선을 다하자. 최고의 직원들을 후하게 보상하고, 최악의 직원들을 단계적으로 줄여 나가자. 이것이 인사관리의 기본이다. 나쁜 고객들은 점진적으로 털어 버리고, 좋은 고객들에게 집중해서 서비스를 강화하고 보다 수익성 있는 구매로 이끌어야 한다. 그것이 고객관리의 기본이다.

내게 80퍼센트를 만들어 내는 20퍼센트가 무엇인지 아는지 여부가 인생에서 엄청난 차이를 만든다. 언제나 80/20 법칙을 염두에 두자. 내가 하루에 하는 일 중 20퍼센트만이 유효하다. 그 일들이 내가 얻는 성과의 80퍼센트를 만들어 낸다. 그 일들에 주력하자.

내 일상을 수정해서 중요한 일들에 집중한다면 인생을 멋지게 바꿀 수 있다. 힘만 들고 보람 없는 80퍼센트를 제거하고 나머지 20퍼센트로 놀라운 결과를 달성할 수 있다. 그것이 성공한 사람들이 사는 법이다.

2장과 3장에서 말했듯 최우선 과제는 내 열정이 정확히 어디에 있는지 결정하는 것이다. 80/20 인생을 시작하려면 내 에너지를 내 열정이 있는 곳에 집중해야 한다. 방향감각을 잃고 무력감을 느끼는가? 내 열정을 명확히 식별하지 못한 탓이다. 열정을 식별했다면 당장 80/20 법칙을 인생에 적용해 보자. 사람들은 대개 풀타임으로 일하고 근무시간 이후의 자투리 시간만 자신의 관심사나 취미, 창의적 재능에 할당한다. 인생의 구성비가 80/20이 아니라 20/80인 것이다. 좋아하지 않는 일에 시간의 대부분을 보낸다. 자연히 일을 잘하려는 동기가 약하고 의욕이 없다. 저녁에 귀가하면 피곤해서 내 열정을 추구할 여력이 없다. 결과적으로 회사에서 원하는 '20퍼센트 핵심 인력' 범주에 들지 못한다. 그리고 아무리 발버둥 쳐도 늘 같은 자리만 맴도는 허탈감에 시달린다. 이것이 내 행복에 20퍼센트만 기여하는 일

188

에 내 노력과 시간의 80퍼센트를 투자하는 인생의 모습이다. 이런 인생에서는 내가 얻는 것이 매우 적고, 내가 일하는 회사도 내게서 얻는 것이 매우 적다. 모두에게 손해다.

내 시간의 80퍼센트를 잡아먹기만 하고
즐겁지 않은 일이라면 지금 당장 그만둔다.

이런 인생을 살고 있다면 인생의 구성비를 바꿔야 한다. 좋아하지 않는 일에 쓰는 시간을 줄이고, 내 열정이 있는 곳에 쓰는 시간을 늘리자. 돈을 벌어야 해서 그렇게 하기 어렵다고 말하고 싶은가? 하지만 생각해 보자. 나는 정말 필요한 곳에만 돈을 쓰고 있나? 다시 생각해 보면 사는 데 지금처럼 많은 돈이 필요하지 않을 수도 있다. 일을 줄여도 생활비를 충당할 수 있는데 물질적으로 더 소유하기 위해 일하는 시간을 늘리는 경우가 많다. 가난하게 살라는 뜻은 아니다. 하지만 진짜 행복은 돈을 더 버는 데 있지 않다. 좋아하는 일을 하면서 좋아하는 사람들과 함께하는 데 있다. 돈을 쫓아다니는 것은 무의미하다. 좋아하는 일을 하면서 돈이 나를 쫓아오게 해야 한다.

제대로 사는 것처럼 살고 있는가?
아니면 월급날만 기다리며 살고 있는가?

열정을 좇는 것이 좋은 수입으로 연결되는 경우도 비일비재하다. 열정 없는 일을 할 때보다 결과물의 질이 높기 때문이다. 내 핵심 역량을 발휘하는 데 에너지와 시간을 집중하면 그만한 보상이 따른다. 단순히 돈벌이를 위해 일하는 시간을 줄이자. 주당 근무일수나 하루 근무시간을 줄여 보자. 그리고 늘어난 시간에 새로운 사업을 구상하고, 고객과 투자자를 모으고, 음악 공연에 참가하고, 책을 쓰고, 발명 특허를 준비하고, 소프트웨어 프로그램을 개발하는 데 쓰자. 자신의 열정을 수입원으로 바꾸는 데 관심이 없더라도 제안은 여전히 유효하다. 1차 관심사가 돈이 아니라면, 예컨대 음악이라면, 필요 이상의 돈을 버느라 세월을 죽일 까닭이 더더욱 없다. 미래 계획도 자산 축적도 중요하지만 음악을 사랑하는 영혼에게 그런 일은 시간과 에너지의 대부분을 바칠 만큼 중요하지 않다. 그런 사람은 해변의 별장이 없어도 행복하다. 차라리 음악 창작에 시간을 투자하면 언젠가 음원 판매 수입으로 해변의 별장을 사게 될지도 모른다. 설사 큰돈을 벌지 못해도 자신의 열정을 추구한 데 따른 행복만큼은 넉넉히 챙길 수 있다.

> **대부분은 자신의 음악을 속에 품은 채로 죽는다.**
> **삶의 준비만 하다가 삶의 시간이 바닥나고 만다.**
> 올리버 웬델 홈즈Oliver Wendell Holmes, 미국 연방대법원 판사

물론 재정적 자유가 인생의 목표인 사람도 있다. 그런 사람은 자신의 열정을 소득을 창출하는 아이디어로 전환하면 된다. 내 사업을 한 걸음씩, 고객 1명씩, 강연 1번씩, 노래 1곡씩, 판매 1건씩 착실히 키워나가자. 사업이 커감에 따라 현재 직업(일) 대 미래 사업(열정)의 시간 구성비를 조정해 나가면 원래 직업에서 얻는 소득이 더는 필요 없어지는 시점이 온다.

> **생활 전반에서 80/20 구성비를 찾아내 성과가 미미한 활동들은 과감히 버린다. 내 인생에서 정말로 중요한 것들에 집중하고 나머지에서는 손을 뗀다.**

확률게임의 함정

흔한 확률게임 중 하나가 복권이다. 그러나 복권에 당첨될 가능성은 매우 낮아서 부유한 사람들은 복권을 잘 사지 않는다. 어느 나라에서나 복권은 당첨만 되면 모든 문제가 일거에 해결되고 영원히 행복하게 살 수 있다는 환상을 조장한다. 하지만 통계는 다른 말을 한다. 미국을 예로 들면, 복권 당첨자 8명 중 7명이 7년 내에 빈털터리가 되고, 반수가 4년 내에 파산신청을 하고, 복권 당첨자의 자살률이 전국 평균보다 3배나 높다. 왜 그럴까? 무슨 일이 일어난 걸까?

복권 당첨자들은 대부분 노동자 계급 출신이다. 이들은 복권에 당첨되면 대부분 부유한 동네로 이사하고 넓은 집을 사고 큰 차를 뽑는다. 하지만 불행히도 새 이웃들은 복권 당첨자를 경원시하기 일쑤라서 당첨자는 지역사회에 융합하고 친구를 만드는 데 어려움을 겪는다. 옛 친구들도 사는 형편과 입장이 달라지니 더는 말이 안 통한다는 이유로 당첨자를 멀리한다. 3년이 지나면 복권 당첨자들은 평균보다 30~40퍼센트 더 비대해지고 기대수명도 줄어든다. 복권 구매자의 절대다수는 거액의 돈을 벌거나 만져 본 경험이 없는 사람들이다. 그래서 당첨금을 펑펑 쓰거나 헛되이 날리거나 사기당할 가능성이 높다.

**복권 당첨자 8 명 중 7 명이 7년 내에 빈털터리가 되고,
반수가 4년 내에 파산신청을 하고,
복권 당첨자의 자살률이 전국 평균보다 3배나 높다.**

거액의 유산을 상속받은 사람이나 법정소송으로 거금을 배상받은 사람에게도 종종 비슷한 일이 일어난다. 하지만 복권 당첨자가 특히 취약하다. 일확천금의 주인공으로 매스컴에 노출되기 쉽기 때문이다. 최악의 경우 벌떼처럼 꼬이는 자선단체들과 사기꾼들에 시달리다 못해 아무도 모르는 곳으로 떠나야 하는 일도 생긴다. 조사에 따르면 50만 달러 이하의 소액 당첨자의 경우 유능한 자산관리사를 만나면 삶의 질을 성공적으로 높이고 지속가능한 행복을 누릴 가능성이 높다. 다만 제대로 된 자문을 구하지 않는 게 문제다. 통상적으로 당첨

자들은 재정적 성공 경험이 없는, 또는 돈을 잃어 본 경험만 있는 가족이나 친지의 조언에 따른다. 선의의 조언이 꼭 효과적인 조언은 아니다. 당첨금이 1천만 달러 이상으로 올라가면 상황이 더 심각해진다. 통계에 따르면 고액 당첨자는 인생이 불행해지고, 친구도 건강도 잃고 이른 죽음을 맞는 경우가 많다. 통계적으로 봤을 때 성공하고 부유한 사람들이 복권 구매 가능성이 가장 낮은 그룹이다. 그들은 복권 당첨 확률이 너무 낮다고 본다. 그리고 재무성과를 운에 맡기기보다 본인의 판단과 노력에 맡긴다.

재정 목표를 명확하게 규정하고 데드라인이 있는 행동계획을 세우는 편이 복권 당첨을 바라는 것보다 돈을 벌 가능성이 높다. 높아도 한참 높다. 복권과 달리 내 노력과 의지에 따라 배당률과 당첨 확률이 높아진다. 내가 재정 성과의 주도권을 잡는다.

상담치료사가 물이 반쯤 담긴 컵을 내 앞에 놓았다.
그는 물이 반쯤 찬 것으로 보이면 낙천주의자고, 물이 반쯤 빈 것으로 보이면 비관주의자라고 했다. 그래서 물을 마셔 버린 뒤 나는 문제해결사라고 했다.

상위 3퍼센트

—

나는 47세 때 악성 전립선암 진단을 받았다. 내 미래는 그야말로 암담했다. 내가 두 차례의 암 수술 후 몸에 13개의 튜브를 달고 진통제에 취해 병상에 누워 있을 때, 전문의가 병실로 들어와 무심한 목소리로 '절제 주변부 양성'positive margin이라고 했다. 쉽게 말해 '암이 퍼져 몸속을 돌아다니고 있다'는 뜻이었다. 다른 전문의가 와서 향후 치료법을 설명했다. 방사선 치료였다. 쉽게 말해 내 엉덩이를 마이크로웨이브로 굽겠다는 뜻이었다. 모든 일에는 확률이 존재한다. 그래서 나는 물었다. "방사선 치료를 받지 않을 경우 제가 살 가능성은 얼마나 됩니까?"

"3년 정도 봅니다." 의사가 판에 박힌 말투로 말했다.

"처음 2년은 긍정적이지만 다음 1년은 좀 불안합니다."

나는 그게 무슨 뜻이냐고 물었다.

"음, 환자분과 같은 나이, 같은 상태의 남성 100명을 놓고 볼 때 20퍼센트가량이 2년 내에 사망하고, 50퍼센트가량이 3년 안에 사망합니다. 그때까지 생존한 사람도 얼마 안 가 대부분 사망합니다."

"생존한 사람은 없나요?" 내가 물었다.

"약 3퍼센트는 80을 넘겨 살다가 다른 이유로 사망합니다."

의사가 담담하게 말했다.

"좋아요." 내가 말했다. "저는 그 3퍼센트 그룹을 선택하겠어요!"

의사가 나를 황당한 눈으로 보았다.

"80세를 넘기는 3퍼센트에 들겠습니다." 내가 선언했다. "거기 끼려면 어떡해야 합니까?"

"선택의 문제가 아닙니다." 의사가 말했다.

"같은 연령, 같은 상태의 남성 환자에 대한 생존 가능성을 말씀드

린 겁니다. 환자가 선택하는 게 아닙니다!"

왜? 어째서? 3퍼센트 그룹에 드는 사람이 분명히 존재하지 않는가? 그게 내가 되지 말란 법이 있나? 의사는 3퍼센트 그룹에 드는 사람이 반드시 있다는 데에는 동의하지만 그게 내가 되란 보장은 없다고 했다. 그건 그냥 통계수치라고 했다. 나는 의사가 틀리고 내가 맞는 이유를 설명했다. 분명 3퍼센트 그룹의 생존자들은 97퍼센트가 하지 않은 무언가를 했을 것이다. 그것이 무엇인가?

의사는 3퍼센트가 하는 것이 무엇인지 알지 못했다. 그것만 모르는 게 아니라 표정을 보아하니 그룹을 선택한다는 개념조차 이해하지 못하는 눈치였다. 실망스럽게도 상위 3퍼센트에 들려면 어떻게 해야 하는지 아는 의사는 없었다. 의사들은 내 질문을 대꾸할 가치 없는 헛소리로 무시했다. 하지만 헛소리가 아니었다. 내게는 아주 명료한 목표였다. 누군가는 반드시 상위 3퍼센트 안에 든다. 나는 그중 한 명이 되기로 작정했다. 그러려면 그룹의 자격요건을 알아야 했다.

나는 이렇게 결론 내렸다. 치명적 암은 우리 부부가 이루고자 하는 것들 앞에 놓인 여러 장애물 중 하나에 지나지 않는다. 나는 다음 1년 동안 3퍼센트 그룹에 속한 사람들을 찾아다니며 그들이 하는 것들과 그들이 아직 살아 있는 이유를 연구하고 그대로 실천했다. 간추려 말하면 이렇다. 나는 먹을거리에서 화학성분과 알코올을 끊고 유기농 채식을 고수했다. 그리고 이 책의 조언들을 낱낱이 실천했다. 그게 16년 전의 일이다. 모든 일에는 성공비율이 있다. 우리가 할 일은 그 숫자들을 알아내는 것뿐이다.

요약

반려자를 찾는 것부터 병을 이겨 내는 것까지 우리가 인생에서 행하는 모든 활동과 시도에는 거기 해당하는 통계수치와 발생비율이 있다. 수치들은 누가 하느냐에 따라서도 달라진다. 나의 성공 가능성을 말해 주는 나만의 수치들이 존재한다. 이 수치들은 성공 가능성을 높이려면 내가 어느 영역에서 어떤 역량을 강화해야 하는지 보여 준다. 시간과 노력을 어디에 쓰고 어떤 헛수고를 피해야 하는지 말해 준다.

내가 할 일은 간단하다. 내 일상을 채우는 활동을 모두 기록하는 것이다. 무슨 일을 몇 번이나 시도했는지, 그중 몇 번 성공하고 몇 번 실패했는지, 어떤 활동이 성과를 내고 어떤 활동이 쓸데없었는지 적는다. 그러면 나의 기회 영역을 보여 주는 수치들이 드러나기 시작한다.

나의 진짜 열정이 어디에 있는지 규명하자. 이때 금전적 득실은 등식에서 살짝 빼고 생각한다. 일단 돈 걱정보다 신명나는 일이 무엇인지 아는 것이 중요하다. 다음에는 라이프 스타일을 20/80에서 80/20으로 바꾸는 계획을 수립하자.

내가 잘하는 것을 극대화한다. 내 생활과 행복에 가장 기여하는 활동들에 집중하고, 금전적·정서적 보상이 가장 크게 따르는 곳에 에너지를 투입한다. '일확천금'을 얻거나 '벼락부자'가 되는 방법에 시간을 낭비하지 말고, 힘들여 번 돈을 복권에 낭비하지 않는다.

'내 숫자'를 찾자. 내 숫자를 이해하면 성공으로 가는 길이 뚜렷해진다.

| 11장 |

웃음이 만병통치약

| 21세기의 예수 |

분야를 막론하고 성공한 사람들에게는 한 가지 특별한 공통점이 있다. 어려운 상황에서도 웃을 줄 안다는 것이다. 모든 일에는, 설사 부정적인 일에도 웃을 소지가 존재한다. 우리가 그것을 찾거나 기대하지 않을 뿐이다. 유머와 웃음이 우리 인체에 미치는 영향을 심리적·

생리적 관점에서 연구하는 학문 분야를 겔로톨로지gelotology라고 한다.

가장 최근에 박장대소한 것이 언제였는지 생각해 보라. 누군가의 농담에 배꼽 잡고 웃었던 적이 언제였나? 웃고 난 느낌이 어땠는가? 온몸이 얼얼하거나 간질간질하지 않았는가? 우리 뇌가 불안해소와 진통작용을 하는 엔도르핀이라는 호르몬을 혈관계로 분비해 이른바 '자연 흥분상태'natural high를 만들기 때문이다. 실제로 한참 격렬하게 웃으면 마약 없이도 일시적으로 마약에 '취한' 상태가 된다.

웃을 일이 없거나 웃지 않는 사람은 같은 기분을 얻기 위해 종종 마약이나 알코올에 의존한다. 알코올은 절제력을 낮춰 많이 웃게 하고 엔도르핀 분비를 촉진한다. 정서적으로 안정된 사람은 술을 마시면 평소보다 행복감을 느끼지만 불행한 사람은 평소보다 더 비참한 기분이 되고 폭력적으로 변한다.

한바탕 웃고 났을 때 우리는 "웃다가 눈물이 다 났네!"라고 한다. 눈물에는 엔케팔린이라는 물질이 들어 있다. 엔케팔린도 우리 몸이 분비하는 천연 신경안정제이자 진통제다. 그래서 고통스러울 때 눈물이 난다.

**최근 연구에 따르면 엉덩이가 큰 여자들이
그걸 언급하는 남자들보다 오래 산다.**

웃음 뒤의 과학

인간만 웃는 것은 아니다. 고릴라와 오랑우탄 같은 다른 영장류 동물도 웃는 모습을 보인다. 이는 영장류 동물 사이에 공유되는 웃음의 기원을 시사한다. 웃음의 생물학적 기원은 위기 모면에 따른 일종의 안도의 표현이었을 가능성이 높다. 뇌과학에 따르면 뇌의 변연계 limbic system(대뇌피질과 시상하부 사이의 경계부위)가 웃음을 유발한다고 한다. 대뇌피질은 진화 단계에서 가장 나중에 인간에게만 발달한 부분으로 이성적 사고를 담당한다. 뇌의 중간 부분은 좀 더 오래된 뇌로 감정과 감각을 관할한다. 가장 먼저 발달한 뇌의 가장 안쪽은 본능적인 생명활동을 관장한다. 지적 활동을 담당하는 대뇌피질에서 웃기

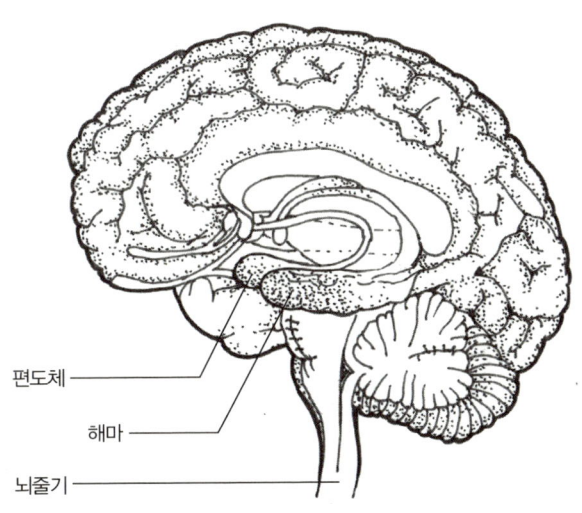

편도체 ———

해마 ———

뇌줄기 ———

| 웃음이 만들어지는 곳 |

는 상황이라는 판단을 내리면 감정을 담당하는 변연계가 웃음을 생성한다.

해부학적으로 볼 때 웃음소리는 후두개가 후두를 조였다가 푸는 소리, 즉 호흡을 재개하는 소리다. 뇌의 변연계에서 웃음 유발에 관여하는 두 기관은 편도체와 해마다.

웃음과 혈관 기능 사이에도 긍정적인 상관관계가 존재한다. 웃으면 일단 혈관 내피가 팽창되어 혈류량이 늘어난다. 그다음에는 뇌의 복내측 전전두피질이 엔도르핀을 생성하고, 엔도르핀이 혈류로 들어가 행복감을 유발한다. 딱딱한 해부학적 설명은 이쯤 하고 넘어가자.

유머와 농담의 약효

농담의 소재는 주로 누군가 골탕 먹고 고통당하는 내용이다. 우리의 의식은 농담의 내용이 현실이 아니란 것을 안다. 하지만 현실과 상상을 구분하지 못하는 뇌는 농담을 접수하면 웃음을 생성하는 동시에 몸에 엔도르핀을 분비해 자가 진통에 들어간다. 그래서 웃으면 몸이 더워지고 얼얼해진다. 눈물도 웃음의 연장선에 있다. 한바탕 웃고 나면 실제로 눈물이 난다. 가족의 죽음 같은 정서적 위기 상황에 처했을 때 사람들은 대부분 운다. 하지만 그 죽음을 정신적으로 받아들이지 못하면 우는 대신 웃을 수도 있다. 그러다 비로소 현실이 인식되면 웃음이 눈물로 바뀐다. 결론적으로 말해 웃음은 몸에 진통과 진정

효과를 주고, 면역기능을 강화해 병증과 질병을 예방한다. 웃음이 건강 증진과 수명 연장에 좋다는 것은 과학적으로 입증되었다. 열심히 웃자. 인생에 도움이 된다.

웃음은 긴장을 풀어 주고 건강에 좋은 '정신에너지'를 방출한다.
이로써 웃음은 상심, 분노, 슬픔에 대한 방어기제가 된다.
지그문트 프로이트Sigmund Freud

2분 동안 웃으면 혈압이 낮아지고, 스트레스 호르몬이 감소하고, 근력이 증가한다는 연구보고가 있다. 또한 웃음은 항원을 죽이는 T세포와 바이러스 복제를 억제하는 감마인터페론과 항체를 생성하는 B세포 수치를 높여 면역기능을 높인다.

우울감과 정신적 압박감이 몸에 해롭다는 건 누구나 경험으로 안다. 반대로 행복감은 아프던 곳도 낫게 하고 숙면을 부른다. 잠은 체력만 높이는 게 아니라 정신과 감정에도 영향을 미친다. 감정은 근본적으로 건강의 모든 측면과 연결되어 있다. 몸과 마음은 따로 놀지 않는다. 웃음은 장운동을 일으키고, 뇌로 가는 산소량을 늘리고, 엔도르핀을 분비하고, 면역체계를 튼튼하게 하고, 기분을 밝게 하고, 인생을 펼쳐 준다.

최근 정신적·정서적·육체적 건강의 상관성에 대한 관심이 높아지면서, 루이스 L. 헤이Louise L. Hay의 베스트셀러 《자기 치유》You Can

*Heal Your Body*와 《인생 치유》*You Can Heal Your Life*처럼 인생을 통합적holistic 관점에서 바라보는 힐링 요법이 사람들의 이목을 끌고 있다. 건강과 병증, 심지어 체형도 정신적·정서적 성향과 무관하지 않다. 정신적· 정서적 패턴들이 시간을 두고 쌓여 육체의 물리적 현실을 만든다.

생각이 암에 미치는 영향에 대한 연구는 1971년에 제대로 시작 되었다. 자궁경부암과 '자포자기' 감정 간의 관계를 다룬 슈말레A. H. Schmale와 아이커H. Iker의 연구가 발화점 역할을 했다. 1978년에는 스 펜스D. P. Spence, 스카보로H. S. Scarborough, 긴즈버그E. H. Ginsberg가 감 정적 요인들이 자궁경부암에 미치는 영향을 집대성했고, 1977년에 는 페티게일K. W. Pettigale이 습관적으로 화를 참는 환자들은 면역글로 불린 A의 수치가 낮다는 연구결과를 발표했다. 호주 뉴사우스웨일즈 대학교 바트롭R. W. Bartrop 박사는 배우자와 사별한 사람들의 면역기 능을 조사하고, 애도기간 동안 T세포 기능이 현저히 감소한 것을 발 견했다.

이스라엘 아사프하로페메디컬센터Assaf Harofeh Medical Center의 세 바흐 프리들러Shevach Friedler 박사는 파리 자크르코크마임연극학교 Jacques Lecoq School의 졸업생이기도 하다. 프리들러 박사는 두 가지 전 공을 동시에 살려 특별한 실험을 고안했다. 박사는 1년에 걸쳐 체외 수정IVF 시술을 받은 여성 219명을 두 그룹으로 나눠 관찰했다. 한 그 룹에게는 체외수정 시술 직후 코미디와 개그와 마술로 구성된 퍼포 먼스를 20분가량 보여 주고, 다른 그룹에게는 보여 주지 않았다. 재 미있는 쇼를 본 여성들은 36퍼센트가 임신에 성공한 반면 대조군은

20퍼센트만이 임신에 성공했다.

　체외수정 시술을 받는 여성들은 심한 스트레스를 겪는다. 이 연구는 수정란 이식 전후의 예민하고 중요한 순간에 유머로 스트레스를 푸는 것이 착상에 도움이 된다는 것을 보여 준다. 코미디 관람은 의료 처치를 받는 환자들의 정신적 압박감을 줄여 치료 성공률을 높였다.

　의료용 코미디 공연이 아동 치료와 암 치료에 능동적으로 활용되기 시작한 지는 꽤 되었고, 이제는 일반 성인 환자들을 대상으로 활용 범위가 빠르게 늘고 있다.

항상 심각하게 있기에는 인생이 너무 짧다.
자신을 비웃는 게 힘들다면 나를 불러라.
내가 당신을 비웃어 주겠다.

만성 스트레스의 시대

미국의학협회AMA의 추산에 의하면 병원 방문을 수반하는 병증의 80퍼센트 이상이 스트레스와 관계가 있다. 또 암을 비롯한 중대 질병 발병 건수의 최소 85퍼센트는 스트레스가 유발한다.

스트레스가 병의 주범은 아닐지 몰라도 중요한 원인 제공자인 것은 확실하다. 21세기형 스트레스에 대처하는 가장 강력하고 비용 효율적이고 자연 친화적인 방법으로 웃음과 유머가 재조명되고 있다. 웃는 습관과 유머감각을 잃으면 질병과 조기 노화와 조기 사망의 가능성이 극적으로 높아진다.

인생은 고해苦海다. 누구의 삶이든 갖가지 스트레스가 넘쳐 나고 스트레스는 면역계를 고갈시킨다. 우리 인간의 몸은 일시적이고 폭발적인 스트레스에 대응하도록 진화해 왔다. 수만 년 전 호랑이에게 쫓기는 우리 선조를 상상해 보자. 선조의 몸은 엄청난 양의 스트레스를 경험하지만 이 스트레스는 금방 해소된다. 적과 싸울 때의 스트레스는 좀 길지만 이때도 최대 1시간이면 끝난다. 원시인은 이웃이 마음에 들지 않으면 이웃을 죽여 없애거나 다른 곳으로 떠나는 방법으로 스트레스를 신속하게 해소하고 다시 자기 삶에 집중했다. 인체는 스트레스를 신속히 처리하고 재빨리 정상으로 복귀하도록 진화했다. 그런데 오늘날 우리가 처한 형편은 어떤가. 21세기의 삶이 가하는 스트레스는 수렵채집 시대와 전적으로 다르고, 우리 몸은 거기에 대한 대처 능력을 갖추지 못했다. 고액 융자금에 대한 불안감, 해고 위협, 이혼, 중병, 재정 문제에 따르는 스트레스는 수십 년씩 지속된다. 인간의 몸은 이런 종류의 위기와 그것이 초래하는 장기적 스트레스에 대한 내성이 부족하다.

C3H 쥐 실험

일찍이 버논 라일리Vernon Riley라는 학자가 C3H 실험용 쥐를 이용한 실험으로 스트레스의 파괴적 효과를 입증했다. C3H 쥐는 생후 일정 기간이 지나면 유방암에 잘 걸리기 때문에 암 연구에 자주 쓰인다. 이 쥐에 다양한 스트레스 인자를 적용했더니 암 발생률이 스트레스 강도에 따라 7퍼센트부터 90퍼센트까지 다양하게 나타났다. 라일리 박사는 만성 스트레스가 항스트레스 호르몬인 스테로이드의 생산을 늘리고, 스테로이드 수치가 높아지면 생쥐 종양바이러스의 발암성이 강화된다고 밝혔다. 인간의 경우도 만성 스트레스가 유방암과 폐암의 부정적 예후 지표로 꼽힌다. 스테로이드 과잉 분비에 따른 면역기능 저하 탓이다. 암 진단을 받은 사람들에게 물어 보면 대부분 발병전 심각한 스트레스 상황을 겪었다고 말한다. 호주의 암 권위자 필립 스트리커Philip Stricker 교수에 따르면 암 환자들은 대부분 진단 2~3년 전에 별거, 이혼, 사별, 정리해고, 사고, 파산, 심각한 재정문제 등의 인생의 위기를 겪은 것으로 나타난다.

시드니의 종양학자 조앤 데일Joan Dale 박사는 암을 진단받은 사람에게 가장 먼저 이런 질문을 던진다. "본인 사업을 운영하시거나 기업체 중역이십니까?" 박사는 책임이 무거운 자리에 있고 끊임없이 스트레스를 받는 사람을 중증질환 예약 1순위자로 꼽는다.

여러 연구에 따르면 지역을 막론하고 암을 비롯한 중대 질병의 시작점에서 만성 스트레스나 심각한 스트레스 상황이 방아쇠로 작용한다. 스트레스가 백해무익한 것만은 아니다. 적당한 스트레스는 주의집중력을 키우고 동기부여가 되고 위험요소에 방심하지 않게 한다. 하지만 만성적으로 지속되는 스트레스는 우리 몸이 견뎌 내지 못한다. 달리 말해 C3H 쥐가 기업체 중역으로 승진하거나, 고액 주택담보대출을 받거나, 창업과 자영의 부담을 지거나, 이혼법정에 가거나, 파산하면, 중증질환으로 죽을 확률이 지붕을 뚫고 치솟는다.

원한을 품는 것은 자신이 독을 마시면서 상대가 죽기를 바라는 것과 같다.

웃음치료

노먼 커즌스Norman Cousins를 아는가? 커즌스는 '광대 의사' 패치 아담스Patch Admas의 '웃음치료' 연구에 촉매 역할을 한 인물로, 웃음치료의 선구자로 꼽힌다. 커즌스는 1960년대에 강직성척추염이라는 난치병을 선고받았다. 강직성척추염은 세포 결합조직의 콜라겐 섬유에 염증이 일어나 유연해야 할 척추 마디들이 대나무처럼 굳어 가는 만성 퇴행성 질환이다. 그는 거의 전신마비 상태에서 살 날이 수개월밖에 남지 않았다는 의사의 말을 뒤로 하고 퇴원 수속을 밟았다. 그리고 호텔방을 잡고 온갖 종류의 코미디물을 왕창 빌렸다. 리얼리티 쇼의 고전이라 할 수 있는 〈몰래카메라〉Candid Camera, 막스 형제The Marx Brothers의 영화들, 〈바보 삼총사〉The Three Stooges, 각종 코믹 시트

콤, 풍자 코미디, 슬랩스틱 코미디까지 웃기는 영상물이란 영상물을 모두 모았다. 호텔에 묵은 첫날 밤, 커즌스는 영화를 보며 신나게 웃은 덕분에 체내 행복 호르몬 분비가 늘어나 몇 시간 동안 고통 없이 푹 잘 수 있었다. 통증이 돌아오면 그는 다시 영화를 틀었고, 웃음이 다시 그를 잠자게 해 주었다. 그는 웃음 요법을 반복하며 혈중 염증 수치를 측정해 몸 상태를 확인했다. 놀랍게도 이 수치가 웃기는 영화 한 편당 5포인트 넘게 떨어졌다.

커즌스는 영화를 보고 또 보며 배를 잡고 최대한 크게 웃었다. 그는 스스로 처방한 웃음치료를 계속했다. 6개월 후 의사들은 그의 병이 완치된 것을 보고 깜짝 놀랐다. 병이 없어진 것이다! 커즌스는 이 놀라운 결과를 바탕으로 《웃음의 치유력》Anatomy of an Illness이라는 책을 펴냈고, 이 책이 계기가 되어 엔도르핀 기능에 대한 연구가 불같이 일었다. 앞서 설명했듯 엔도르핀은 웃을 때 분비되는, 모르핀이나 헤로인과 비슷한 성분을 가진 체내 화학물질이다. 커즌스의 사례는 진정작용과 면역기능 강화라는 웃음의 순기능을 여실히 보여 준다. 웃음은 우리 몸을 병에서 보호한다. 커즌스의 경우 10분 동안 신나게 웃으면 약을 먹지 않고도 두 시간을 통증 없이 보낼 수 있었다. 그는 행복한 사람은 좀처럼 병에 걸리지 않고 불행한 사람은 골골한 이유에 대한 의학적 돌파구를 제공했다.

1980년 12월, 커즌스는 캘리포니아에서 강의 도중 심장마비로 목숨을 잃을 뻔했다. 이번에도 그는 자신의 몸을 실험 대상으로 삼았다. 그는 모르핀 투여를 거부하고 통원 치료 일정을 조정해 안정을 취하고 웃음치료에 집중했다. 그의 상태는 점차 호전되었다. 그는 이때의 경험과 발견을 두 번째 저서 《마음의 치유력》The Healing Heart에 담았다.

노먼 커즌스는 1990년 세상을 떠날 때까지 평화운동에 주력해 UN 평화메달을 비롯해 수백 개의 상을 받았고, 고정관념에 도전하고 가능성을 넓힌 공로로 49개의 명예 박사학위를 받았다. 웃음은 통한다. 그리고 웃는 사람은 오래간다.

커즌스의 사례와 후속 연구에 따르면
10분 동안의 박장대소는 2시간 동안의 천연 진통 효과를 낸다.

스트레스 테스트

인생의 굵직한 사건들은 모두 스트레스를 동반한다. 스트레스에 대한 개인의 내성 유무와 정도가 병에 걸리거나 건강을 유지하는 차이를 만든다. 정신의학자 토머스 홈즈Thomas Holmes와 리처드 라헤Richard Rahe 박사가 스트레스가 발병에 미치는 영향을 연구하며 5천 명 이상의 환자들을 대상으로 설문조사를 수행했다. 두 사람은 살면서 겪는 대표적 스트레스 상황 43가지를 뽑은 다음, 환자들에게 발병 전 2년 동안 경험한 상황이 있는지 물었다. 다음의 표는 홈즈와 라헤가 개발한 사회재적응평가척도Social Readjustment Rating Scale로, 각각의 스트레스 상황에 따르는 상대적 스트레스 강도를 보여 준다.

자가 테스트를 해 보자. 스트레스성 질환에 걸릴 위험도를 가늠해
볼 수 있다.

상황	점수
배우자의 죽음	100
죽음의 위협	100
이혼	73
별거	65
징역	63
가까운 가족의 죽음	63
본인의 부상이나 병	53
결혼	50
해고/실직	47
배우자와의 화해	45
은퇴	45
가족의 건강 변화	44
임신	40
성생활 문제	39
새로운 가족이 생김	39
사업(직업)상의 재조정	39
재정적 위상의 변화	38
가까운 친구의 죽음	37
다른 업무로 재배치	36
배우자와의 언쟁 횟수 변화	36
(국가 평균을 많이 웃도는) 고액의 주택담보대출이나 대출	31

모기지나 대출에 따른 압류	30
업무상 책임의 변화	29
자녀가 집을 떠남	29
시가/처가 식구와의 갈등	29
뛰어난 개인적 성취	28
배우자가 일을 시작하거나 그만둠	26
입학이나 졸업	26
생활 조건의 변화	25
개인 습관의 변경	24
직장 상사와의 갈등	23
근무 시간/조건의 변화	20
거주지 변경	20
학교 변경	20
취미 활동의 변화	19
종교 활동의 변화	19
사회 활동의 변화	18
국가 평균 수준의 주택담보대출이나 대출	17
수면 습관의 변화	16
가족 모임 횟수의 변화	15
식사 습관의 변화	15
휴가	13
크리스마스 시즌	12
경범죄	11

내 점수 = _____

가까운 미래에 병에 걸릴 위험

11~150점: 낮거나 보통이다.

150~299점: 보통이거나 높다.

300~600점: 높거나 매우 높다.

긍정적인 상황이라고 스트레스가 없는 것은 아니다. 표를 보면 결혼이나 은퇴 같은 긍정적 상황이 실직이나 지인의 죽음 같은 부정적 상황보다 오히려 더 많은 스트레스를 부른다.

홈즈와 라헤는 한 해 동안의 점수가 300점이면 1년 이내 발병 가능성이 50퍼센트고, 200점 이하면 10퍼센트 이하라고 말한다.

감정의 물리적 실체, 펩티드

—

인간은 생리기능적 자율반응 정보를 모니터로 확인하면서 손의 체온을 임의로 얼마간 올릴 수 있다. 초능력처럼 들리지만 사실이다. 자신의 생리상태 정보를 접하고 거기에 자극받아서 현 상태를 임의로 바꾸는 자기제어 능력을 바이오피드백biofeedback이라고 한다. 간단히 말해 생각만으로 몸 상태를 바꾸는 것이다.

신경과학자 캔디스 퍼트Candace Pert 박사는 저서 《감정의 분자》The Molecules of Emotion에서 감정은 우리 몸속에 물리적 실체로 존재하며,

그 물리적 실체를 펩티드라고 밝혔다. 뇌에서 다른 신체기관들로 막대한 양의 감정 정보가 펩티드의 형태로 흘러 다닌다. 펩티드는 뇌에서 분비되는 화학물질이다. 엔도르핀도 펩티드의 일종이다. 퍼트 박사는 웃음으로 분비된 펩티드가 온몸을 돌면서 면역계를 비롯한 신체기관에 직접적이고 긍정적인 영향을 준다고 말했다. 건강은 결국 감정의 영향을 받는다는 뜻이다. 펩티드는 감정의 의학적 명칭이며 감정의 물리적 증거다. 펩티드의 활동은 곧 감정의 생화학 작용이다. 이 작용은 감정을 물질로 바꾼다. 그리고 이 물질은 몸에 약이 될 수도 있고 독이 될 수도 있다. 펩티드는 우리의 면역계, 내분비계, 신경계와 끊임없이 교류하고 접촉한다.

감정 상태(행복, 슬픔, 분노 등)에 따라 분비되는 펩티드가 달라지고, 펩티드가 달라지면 몸에 퍼지는 메시지도 달라진다. 가령 행복감과 유대감은 엔도르핀에, 자기애는 VIP(혈관활성 장 펩티드)에 실려 체내 세포와 조직을 잇는 고속통신망으로 퍼진다. 여러 종의 펩티드가 우리가 경험하는 감정과 기분을 나누어 담당한다.

감정 상태가 달라지면
뇌에서 다른 펩티드가 분비되어 온몸에 다른 메시지를 전달한다.

스트레스가 쌓이면 자꾸 나쁜 생각만 들고 기분이 우울해지고 자존감이 떨어진다. 이때 모처럼 웃으면 펩티드 풀에 지금까지와 다른 화학물질들이 분비되어 펩티드 흐름에 변화가 생긴다. 이에 따라 연상, 기억, 자아의식, 대인감정이 종전보다 긍정적으로 변하고, 결과적으로 당장의 스트레스 상황뿐 아니라 인생 전반에 대해 새로운 관점이 생긴다. 그래서 긍정적인 사고와 유머를 잃지 않는 것이 중요하다. 부정적인 상황에서도 긍정적인 면을 보는 내공을 기르자. 그것이 스트레스를 줄이고, 질병의 접근을 막고, 인생의 성공률을 높이고, 수명을 연장하는 비법이다. 긍정적인 면을 보는 것은 개인의 결심이고 선택이다. 긍정적인 면을 RAS를 통해 프로그래밍하면 그것이 현실이된다.

웃음치료실

1980년대에 미국에서 몇몇 병원이 노먼 커즌스의 사례에서 착안한 '웃음치료실'을 도입했다. 이 치료실은 유머집, 코미디 영화, 재미있는 자료들로 가득하고, 코미디언이나 광대가 정기적으로 방문해 퍼포먼스를 보여 준다. 웃고 나면 맥박수가 안정되고, 호흡이 깊어지고, 근육이 이완된다. 모두 병을 이겨는 데 유리하게 작용한다. 역시 웃음치료실을 이용한 환자들의 상태가 호전되고 면역기능이 강해지는 등효과가 있었다. 또 웃음치료실을 운영하는 병원에서는 환자당 평균입원 기간과 환자 요구에 의한 진통제 투여량이 감소했다.

결론은 웃음을 우습게 봐서는 안 된다는 것이다. 진지함을 미덕으로 생각하는 사람이 많다. 심하게 무게를 잡고 살면서 자신을 세상의 주인공으로 여기는 사람도 많다. 그런 사람의 마음은 이렇다. '내가 지역사회의 기둥이고 인간관계의 주춧돌이다. 내가 없으면 회사도 나라도 망한다.' 불행히도 이런 근거 없는 자만심에 따라붙는 스트레스의 결과는 궤양, 치질, 고혈압, 심장질환 등 중증질환이다.

내가 직장과 이웃과 사회집단을 떠날 때 모두가 나를 얼마나 그리워하고 아쉬워할지 궁금한가? 양동이에 물을 가득 채우고 물속에 팔꿈치까지 담갔다가 잽싸게 빼 보라. 그리고 양동이 안을 보자. 거기 남은 구멍이 내가 떠났을 때 남는 구멍이다.

실화: 헌터 캠벨의 이야기

헌터 캠벨Hunter Campbell은 사랑하는 사람들의 죽음을 비롯해 수차례 인생의 참담함을 겪은 후 우울증과 여러 번의 자살시도로 마침내 정신병원 신세를 지게 되었다. 정신병원에서 그는 아픈 사람을 돕겠다는 삶의 목표를 발견했고, 퇴원 후 늦은 나이에 의과대학에 입학했다.

그는 의대생 시절부터 피에로 분장을 하고 환자들을 웃겼다. 놀랍게도 수시로 웃은 환자들의 병세가 극적으로 호전됐다. 캠벨은 의과대학을 졸업하고 새로운 이름으로 의사 활동을 시작했다. 그의 새로운 이름은 바로 패치 아담스였다. 그는 계속해서 웃음과 재미를 의술 삼아 환자들을 치료했다.

아담스는 치료에 웃음의 효과를 이용하는 데 그치지 않고 성금을 모아

게준트하이트병원Gesundheit Institute을 설립했다. 그의 병원에서는 많은 의사들이 무보수로 일하며 소외된 사람들을 무료로 치료한다. 또한 그는 매년 자원봉사 어릿광대 공연단을 이끌고 러시아에 가서 병원과 고아원과 양로원을 돌며 사람들에게 희망과 즐거움을 전한다. 아담스는 알록달록한 옷을 입고, 빨간 가짜 코를 달고, 파랗게 물들인 머리를 망아지 꼬리처럼 묶고 자원봉사 단원들과 거대한 닭 인형들과 함께 러시아의 어린이 암 환자들을 위해 정기적으로 광대놀음을 펼친다. 1980년대 이후 지금까지 그의 웃음 치료 극단은 전 세계 50개국 이상을 돌았다. 그중에는 보스니아와 아프가니스탄처럼 전쟁으로 피폐해진 나라도 있었다. 모스크바 소아종양병원의 의사들에 따르면, 광대 극단의 방문은 환자들의 건강에 실질적인 효과를 냈다. 의사 예브게니아 모이센코Yevgenia Moiseyenko는 패치 아담스의 치료

우리는 진지한 세상에 산다. 의료 환경도 침울하고 근엄하기 짝이 없다.
하지만 심각함이 치료에 도움이 된다는 조사결과는 하나도 없다.
오히려 연구논문들은 즐거움과 유머의 치료 효과를 주장한다.
유머와 웃음과 유쾌함이 건강 유지와 회복에 미치는 긍정적 영향이
지금까지 수없이 많은 연구로 입증되었다. 나는 병원이 놀이공원이 되지 못할
이유를 모르겠다. 유머는 병을 낫게 한다. 좀처럼 웃지 않거나 항상 기분이
저기압인 사람은 심리학자 한스 아이젱크Hans Eysenck가 말한
'질병 경향성 기질'을 가진 사람이다. 이런 사람은 낙천적인 사람보다
발병률이 높고, 병에 걸리면 같은 진단을 받은 다른 환자들보다 완치율이 낮다.
그 반대 경우도 성립한다. 기분은 장기적으로 건강에 엄청난 영향을 미친다.
병에 대한 환자의 태도가 치료 효과와 회복 가능성에 분명한 변수로 작용한다.
패치 아담스

법이 어린이들에게 병마와 싸울 힘을 주었고 그 결과 아이들의 병세가 눈에 띄게 호전되었다고 발표했다.

패치 아담스는 행복한 사람이 불행한 사람에 비해 질병과 스트레스 증상에 대한 면역력이 강하다는 것을 공식적으로 인정한 최초의 의사였다. 1999년에는 그의 활약상을 담은 로빈 윌리엄스Robin Williams 주연의 영화 〈패치 아담스〉가 만들어져 세계적으로 흥행했다.

감정 선택

—

통제가 어려운 다분히 본능적인 감정들도 있다. 분노, 질투, 회한 같은 감정은 인간의 생존 본능과 결부되어 진화했다. 예컨대 질투는 경쟁자들이 짝짓기 상대에게 접근하는 것을 막고, 회한은 후회스런 상황에서 서로의 결속을 다진다.

하지만 다분히 선택적이면서 우리의 행복에 파괴적이고 비생산적인 감정들도 있다. 죄책감, 민망함, 수치심, 발끈함이 그렇다. 어린아이들은 죄책감을 느끼지도 않고 당황하거나 부끄러워하거나 발끈하지도 않는다. 이것들은 태어나 어른이 되면서 후천적으로 배우는 감정들이다. 민망함은 스스로를 자기 견해보다 남의 의견에 무게를 두고 바라볼 때 일어난다. 예를 들어 속옷만 입고 현관을 나왔는데 문이 잠겨 버렸고 지나가는 사람들이 힐끔거린다. 괴롭다. 그런데 무엇 때문에 괴로울까? 그런 상황이 벌어진 것 자체가 괴로울까? 아니면 속옷 바람으로 밖에 있는 나를 보고 이웃이 나를 변태로 생각할 것이 더 괴로울까?

자신에 대해 자기 판단보다 남들의 판단이 더 중요할 때 생기는 감정이 민망함이다. 죄책감과 수치심도 나를 타인의 판단에 맡길 때, 즉 타인의 견해와 기대와 원칙에 나 자신을 견주었을 때 존재하는 감정이다. 종교에서 추종자들의 선택과 반응을 통제하기 위해 종종 죄책감과 수치심을 이용한다. 사회가 사회규범을 세울 때도 마찬가지다. 법을 어기면 부끄럽고, 그래서 우두머리가 명령하는 대로 하게 된다.

죄책감, 민망함, 수치심, 발끈함은 후천적으로 습득된 감정이며 성공적인 인생에서 방해 요소로 작용한다.

발끈하는 것도 선택 반응이다. 다른 사람들은 나를 기분 나쁘게 할 수 없다. 내가 기분 나쁘기로 결정했기 때문에 기분 나쁜 것이다. 발끈함은 남이 내게 가하는 것이 아니라 내가 취하는 태도다. 발끈하는 것은 내가 내 문제를 받아들일 여유와 능력이 없음을 만천하에 알리는 것과 같다. 성공하는 사람들은 남의 말에 일희일비하지 않기로 선택한 사람들이다. 그들은 남들의 생각은 남들의 생각일 뿐 그 이상도 이하도 아니라는 입장을 취한다.

죄책감, 민망함, 수치심, 발끈함은 본능적 감정이 아닌 선택할 수 있는 감정들이다. 이런 감정들을 선택하지 말자. 성공에 이롭기보다는 해로운 감정들이다. 그런 선택은 나는 감정 조절에 서툴거나 자존감이 낮은 사람임을 드러내는 것이다.

정신의학적 문제로 인해 이런 감정들을 아예 느끼지 못하는 사람도 있다. ADHD, 자폐증, 아스페르거 장애를 지닌 사람들이 여기 포함된다. 이런 사람들은 타인의 감정을 파악하고 타인의 기분을 헤아리는 능력이 떨어진다. 감정표현의 주요 경로 중 하나인 보디랭귀지를 읽는 능력도 없다. 타인의 감정에 냉담하고 무신경한 것으로 보이지만 사실은 질병 때문이지 개인의 선택은 아닌 것이다.

유머 레퍼토리 만들기

—

인생의 스트레스 상황을 극복하기 위해 나만의 유머 레퍼토리를 개발하자. 재미 요소가 없는 상황은 거의 없다. 심지어 죽음도 풍자의 대상이 되지 않는가. 단지 우리가 찾지 않았기 때문에 없는 것이다.

바바라와 나는 영국에서 11년을 살았다. 영국 사람들은 걸핏하면 우리에게 호주인을 비하하는 농담을 던졌다. 예를 들면 이렇다.

"호주인과 요구르트의 차이는?" "요구르트에는 컬처culture(문화라는 뜻 외에 배양균이라는 뜻도 있음)가 있지!"

"균형 하면 호주 사람이야. 자격지심을 양쪽 어깨에 달았거든!"

"호주 사람은 참 신중해level-headed(직역하면 '머리가 평평하게 놓였다'는 뜻). 침을 입 양쪽으로 흘리는 걸 보면!"

"호주 사람은 구분은 가는데 특징이 없어!"

"호주 사람이 반바지를 입는 이유는? 뇌로 공기를 보내기 위해서!"

이런 빈정거림에 역정을 낼 수도 있었다. 하지만 바바라와 나는 재미있게 생각하기로 선택하고 영국 사람들과 함께 웃었다. 발끈하는 것―또는 하지 않는 것―은 항상 나의 선택이다.

전립선암 치료를 받을 때 나는 볕이 들지 않는 곳(항문)에 다른 남자들(의료진)의 손가락이 들락거리는 황망함과 거기에 수반되는 스트레스를 이기기 위한 방법으로 여러 우스갯소리를 만들어 냈다. 나는 이 농담들을 다른 전립선암 환자들과도 공유했다. 다들 내 농담을 요긴하게 써먹으며 괴로움을 달랬다.

"선생님, 이제 우린 약혼한 건가요? 선생님 손가락이 제 링에 들어갔으니까요!"

"여기는 스타트랙의 엔터프라이즈호고, 선생님은 지금 어떤 인간도 가 보지 못한 곳으로 가고 계십니다."

"이쯤 되면 우리는 법적으로 결혼한 거나 진배없어요!"

"개구리가 된 느낌이 이런 것이겠군요!"

이런 농담들은 모두를 웃게 했고, 모두의 혈관에 엔도르핀을 흘려보냈고, 불편한 상황을 이겨 내는 데 도움을 주었다. 의사들을 웃기는데도 성공했다.

어떤 부정적인 일에도 웃을 수 있는 요소는 항상 있다. 인간은 어려운 상황에서도 웃을 수 있다. 웃을 일을 찾기로 선택하면 된다. 유머는 심각한 상황일수록 빛을 발한다.

교통체증으로 차들이 꼼짝하지 않을 때 화를 내는 것은 내 자유다. 하지만 화를 낸다고 막힌 도로가 뚫리는 건 아니다. 내 스트레스 수치만 올라갈 뿐이다. 차라리 차가 밀리는 이유를 차분히 분석하며 음악을 듣는 것이 기분과 건강에 좋다.

유머감각을 방패처럼 지니고 인생의 험한 골짜기에서도 웃음을 놓지 말자. 유머와 웃음이 건강을 증진하고, 스트레스를 해소하고, 대인관계를 진작하고, 성공 수준을 끌어올리는 것으로 입증되었다.

노먼 커즌스의 사례가 일대 사고의 전환을 일으켜 의료 환경과 그 주변에 웃음 클럽, 코미디 스토어, 웃음치료실 같은 신종 현상들을 낳았다. 궁극적으로 웃음은 인간 정신의 열정을 대변하는 동시에 인간 육체의 건강을 유지하고 증진한다.

인간에게는 의식적 마음으로 자신의 물리적 상태를 바꿀 수 있는 힘이 있다. 우리가 의식적으로 유머를 찾고 쓰면 RAS의 작동으로 우리 몸이 그 유머와 웃음에 물리적으로 반응해 건강에 이로운 물질을 생성한다.

자연치료법이 대개 그렇듯 웃음도 절대적 치료법은 아니다. 그러나 이미 많은 연구와 사례에서 강력한 의학적 도구로 밝혀졌고, 통증 경감과 긴장 완화에는 실질적 영향을 미친다. 그러니 다음 감기 때는 죽과 기침약에 기대는 대신 하루 일을 쉬면서 좋아하는 코미디 영화를 보며 웃음치료를 시도해 보라. 너무 무게 잡고 사는 것은 건강에 좋지 않다.

인생에서 어떤 일이 닥쳐도, 특히 부정적인 상황일수록 긍정적 측면을 보겠다는 결심을 하자. 다른 사람들이 내가 속한 업종이나 지역을 비하하는 말을 할 때 발끈하고 말고는 내 선택이다. 발끈한다고 그 말이 없어지는 것은 아니다. 참는다고 그 말을 사실로 인정하는 것도 아니다.

잔칫날 비가 온다고 속상해하는 것도 자유다. 하지만 비는 나의 반응 따위는 상관하지 않는다. 비는 그저 내릴 뿐이다. 앞으로는 죄책감, 민망함, 수치심, 발끈함 같은 감정들은 선택하지 않기로, 그리고 바꿀 수 없는 일에는 분노하지 않기로 결심하자.

내 인생의 과업들을 진지하게 생각하자. 그러나 너무 무게 잡고 살지는 말자. 건강에 나쁘다. 인간관계에도 빨간불이 켜진다. 나를 초대하는 사람이 대폭 줄어든다. 내가 끼어서 자리가 즐거워져야지 지루해지거나 썰렁해지면 안 된다. 인생은 짧다. 치아가 멀쩡할 때 많이많이 웃자.

현실을 직시하라. 그리고 항상 기억하라.
그대의 장례식 규모는 그날의 날씨가 결정한다.

원한을 품는 것은 다른 사람이 내 머릿속을
공짜로 차지하도록 허용하는 것과 같다.

웃을 수 있을 때 항상 웃자. 호시탐탐 웃자.
병원보다 싸게 먹힌다.

12장

두려움과 걱정 극복

| 인생에서 결코 일어나지 않을 일을 걱정하는 존의 걱정 대처법 |

옛날 중국 땅에 살던 기杞라는 사람이 하늘과 땅이 무너질 것을 걱정했다. 그때부터 쓸데없는 걱정을 일컬어 기우杞憂라고 한다.

어느 날, 농부의 당나귀가 우물에 빠졌다. 농부가 어떻게 할지 궁리하는 동안 당나귀는 우물 안에서 몇 시간이나 목이 터져라 울어댔다. 마침내 농부는 마음을 굳혔다. 어차피 늙은 당나귀였고, 어차피 메워 버려야 할 우물이었다. 당나귀를 꺼내는 것은 쓸데없는 노력 낭비였다. 농부는 이웃들을 불러 모았다. 사람들은 각자 삽을 들고 흙을 떠서 우물에 던져 넣었다. 사태를 파악한 당나귀는 공포에 질려 울부짖었다. 그러다 갑자기 우물 안이 조용해졌다.

농부는 몇 번 더 흙을 퍼 넣다가 우물 안을 들여다보았다. 그는 기절초풍했다. 흙이 한 삽씩 등으로 떨어질 때마다 당나귀는 믿지 못할 행동을 했다. 흙을 털어 버리고 조금씩 흙을 밟고 올라서는 게 아닌가. 농부의 이웃들은 계속해서 당나귀 위로 흙을 퍼 넣었고, 당나귀는 계속해서 흙을 털어 버리고 조금씩 올라왔다. 얼마 안 가 당나귀는 우물 벽을 사뿐히 넘어 나왔다. 그리고 모두가 망연히 쳐다보는 가운데 경쾌한 걸음으로 사라졌다.

교훈: 인생은 좋든 싫든 우리 위로 온갖 종류의 흙을 퍼붓는다. 원래 그런 것이다. 수렁에서 빠져나오는 요령은 흙을 털어 버리고 그것을 발판 삼아 조금씩 올라오는 것이다. 시련을 위기 탈출의 디딤돌로 만드는 것이다. 포기만 하지 않으면 아무리 깊은 수렁에서도 벗어날 수 있다. 흙을 털어 버리고 한 발씩 올라가자.

당나귀는 다음날 돌아와 자신을 묻으려 했던 사람들을 흠씬 걷어차 주었다. 언제나 명심하자. 잘못을 덮으려는 안이한 타개책을 쓰다가는 그 잘못이 훗날 반드시 돌아와 내 발목을 잡는다는 것을.

자아실현과 행복과 내적 평안을 얻는 데 가장 큰 장애물을 두 가지 꼽으라면 두려움과 걱정이다. 두려움은 다양한 감정으로 발산되고, 이런 감정들은 몸속 장기들을 해친다. 분노는 간을 약화시키고, 걱정은 위병을 부르고, 스트레스는 심장에 나쁘고, 비탄은 폐에 부담을 주고, 공포심은 콩팥을 약하게 한다.

두려움은 원하지 않는 결과를 골똘히 생각하는 데 따른 신체 반응에 불과하다. 이 반응은 뇌에 전기자극을 일으키고, 이 자극이 몸으로 전달된다. 문제는 두려움이 스트레스를 유발해 면역체계를 고갈시킨다는 것이다. 항상 노심초사하며 사는 사람들이 늘 골골거리며 온몸에 각종 병증을 달고 사는 것은 이런 이유다. 인생에서 성공하는 패를 잡고 싶은가? 성공의 비결은 승리하는 마음자세를 잡는 것이다. 걱정 근심에 휘둘리지 말고 스스로 걱정 근심을 통제해야 한다.

걱정하는 것은 원치 않는 것을 비는 것과 같다.

두려움의 과학

—

두려움과 걱정이라는 감정은 중추신경계에서 만들어져 뇌의 특정 영역에 저장되어 있다가 일상의 여러 자극에 의해 시시때때 촉발되는 일종의 기억이다. 우리는 흔히 기억을 의도적으로 떠올리는 과거의 경험과 인상, 사실관계와 세부사항이라고 생각한다. 하지만 신경과학자들에 따르면 기억에는 여러 종류가 있어서 종류별로 각기 다른 뇌 신경경로를 밟는다.

뉴욕 대학교 인지신경과학연구소 소장 엘리자베스 펠프스Elizabeth Phelps 박사는 인간의 뇌가 기억을 저장하고 불러내는 원리를 밝히는 데 연구 인생을 바쳤다. 박사가 인지신경과학 차원에서 감정과 기억의 관계를 연구한 바에 따르면 기억의 종류는 기본적으로 두 가지다. 외현기억explicit memory와 암묵기억implicit memory. '외현기억'은 사실관계, 세부사항, 인상에 대한 기억이고, 기억하고 있다는 의식이 있는 기억이다. 메뉴를 보면 입에 군침이 도는 것이나 과거에 듣던 음악을 다시 들으면 과거의 감정이 되살아나 심하면 눈물까지 나는 것은 외현기억의 작용이다. 변연계에 속하는 해마가 외현기억의 저장과 검색을 담당한다. 외현기억은 우리가 의식적으로 떠올리는 기억이다.

반면 '암묵기억'은 기억하고 있다는 의식은 없지만 과거의 사건과 경험으로부터 얻어지고 저장된 기억으로, 자동 신체 반응으로 발현한다. 뇌의 변연계에 속하는 편도체가 암묵기억을 잠재의식에 저장해서 뇌의 경보센터 역할을 한다. 두려움은 일종의 암묵기억이다. 필요 시 몸을 전광석화처럼 반응하게 해서 생존을 돕는다.

과학계의 중론에 따르면, 암묵기억은 위험한 상황이 닥쳤을 때 생각할 필요 없이 순식간에 대처하기 위한 수단으로 진화했다. 예를 들어 요란한 소리에 소스라치는 것은 잠재 위험에 신속히 대응하게 한다. 뉴욕 대학교 조제프 르 두Joseph Le Doux 교수는 뇌에서 공포 신호가 짧은 경로와 긴 경로의 두 가지 경로로 흐른다고 밝혔다. 인체의 감각기관들이 정보를 간뇌의 시상으로 보내고, 거기서 신호가 두 갈래로 갈라져 두 가지 경로를 밟아 뇌의 경보센터 편도체로 향한다.

짧은 경로를 탄 신호는 우리가 상황을 미처 인지하기도 전에 공포 경보음을 울린다. 긴 경로를 탄 신호는 이보다 살짝 늦게 뇌의 감각 피질에 도착해서 잠재 위협에 대해 훨씬 분명한 그림을 제공한다. 이 두 번째 신호는 공포 반응을 강화하고, 때로 근거 없는 잘못된 경보를 발동하기도 한다.

예를 들어 보자. 길을 걷다가 별안간 달려든 사람에게 강도를 당한 경험이 있는 사람은 길에서 자기 쪽으로 뛰어오는 사람을 보면 공포를 느낀다. 시각 정보에 따라 공포 반응이 다시 촉발된 것이다. 공포는 일종의 기대감이다. 공포 반응은 편도체가 조정하는 고전적 조건화 classical conditioning라는 과정에 의해 형성된다.

초창기 공포 실험

—

우리 뇌에 이질적인 두 가지 기억이 작동하고 있다고 처음 발표한 사람은 스위스 심리학자 에두아르 클라파레드Édouard Claparède였다. 1911년에 그는 뇌 손상으로 최근 기억을 저장하지 못하는 여성을 대상으로 한 가지 실험을 했다. 최근의 일을 기억하지 못하는 이 환자에게는 클라파레드가 매번 처음 보는 사람일 수밖에 없었다. 두 사람은 면담 때마다 본인을 소개하고 악수했다. 어느 날 클라파레드는 손에

압정을 감추고 악수했다. 환자는 놀라서 손을 뺐다. 다음 면담 때 환자는 여전히 클라파레드를 알아보지 못했지만 그가 악수를 청하자 손을 뒤로 뺐다. 하지만 자신이 왜 손을 뺐는지는 알지 못했다. 클라파레드의 실험은 공포에 따른 회피반응이 의식적 기억 없이도 학습된다는 것을 보여 준다. 암묵기억이 행동에 영향을 미친 것이다. 우리가 가끔씩 이유를 알 수 없는 공포를 느끼는 것은 이 때문이다.

어떤 기억은 외현기억과 암묵기억 모두로 저장되기도 한다. 예를 들어 치과에 가면 내가 의식하기도 전에 암묵기억이 소독약 냄새에 반응한다. 그리고 이 반응이 외현기억을 작동해서 마취바늘의 이미지를 불러온다. 거기에 치과용 드릴 소리까지 들리면 외현기억이 증속 구동하기 시작한다.

> 인생은 롤러코스터와 같다.
> 덜컹거릴 때마다 비명을 지르는 것도 내 자유고,
> 두 팔을 들고 환호하는 것도 내 자유다.
>
> 무명씨

공포 시스템이 분비하는 스트레스 호르몬은 뇌의 기억 경로를 단단히 다진다. 따라서 감정 경험의 기억은 쉽게 떠오른다. 이렇게 감정 자극과 결부된 기억을 섬광기억flashbulb memories이라고 한다. 베이비부머 세대 대부분은 존 F. 케네디 대통령의 암살 소식을 들었을 때 자신이 어디에서 무엇을 하고 있었는지 선명히 기억하고, X세대 대부분은 영국 다이애나 빈의 사망 소식을 접했을 때 자신이 어디에서 무엇을 하고 있었는지 명확히 기억한다. 해당 소식이 준 정신적 충격이 개인의 상황과 결부되어 뇌에 깊이 각인되었기 때문이다. 한편 연구자들에 따르면 정신적 외상을 동반할 만큼 충격적인 감정 사건인 경우는 기억에 부정적 영향을 미치기도 한다. 그 경우 사람들은 생생히 기억난다고 말하지만 기억 내용이 사실과 다를 때가 많다.

두려움의 유용성

─

진화론적 관점에서 볼 때 '두려움을 모르는' 동물은 오히려 생존에 불리하다. 위험한 상황에서 겁먹고 물러나지 않기 때문이다. 인간에게도 공포는 요긴한 반응이다. 하지만 21세기의 인간에게는 공포 반응이 주로 숫기 없음, 자신감 부족, 불안장애, 실패공포, 변화공포로 발현된다.

두려움의 1차 기능은 우리가 물리적 위험과 위협을 모면하도록 돕는 것이다. 그런데 역설적이게도 인간에게는 공포심을 좇는 묘한 욕망이 있다. 인기 오락물 중에는 이 욕망의 충족을 목적으로 하는 것이 많다. 호러 영화, 번지점프, 놀이공원 귀신의 집, 엑스트림 스포츠, 롤러코스터 등이 대표적이다. 저돌적으로 스릴을 추구하는 사람들은 공포심을 유발하는 활동에서 즐거움을 얻는다. 이런 경험을 하면 신경전달물질 도파민이 극적으로 증가하면서 마약 중독자가 마약에서 얻는 것과 비슷한 쾌감과 희열을 선사한다. 우리 뇌는 실제의 공포 상황과 공포 체험을 위해 고안된 가짜 상황을 구분하지 못한다. 그래서 공포 체험 오락거리를 이용할 때 실제로는 전혀 위험하지 않은데도 공포감이 덮치고 등줄기가 오싹한다. 공포 영화를 볼 때도 공포 호르몬이 극적으로 증가해 마약 기운과 비슷한 느낌을 준다.

지금까지 나온 영화 중 가장 무섭게 본 영화 5편을 소개한다.

1. 엑소시스트The Exorcist
2. 샤이닝The Shining
3. 싸이코Psycho
4. 양들의 침묵The Silence of the Lambs
5. 죠스Jaws

좋은 두려움과 나쁜 두려움

합리적 수준의 두려움은 우리를 위험에서 보호하는 기능을 하므로 유익하다. 하지만 정도가 심해지면 외상 후 스트레스 장애, 공황 장애, 사회 불안 장애, 강박 장애 등의 불안장애를 유발한다. 불안장애는 두려움을 관장하는 뇌 영역에서 일어나는 일종의 돌발 반응이다.

불안장애는 정서적·육체적 증상을 수반한다. 그 증상들은 단순히 성가신 수준부터 정상적으로 일상생활을 영위할 능력을 상실할 수준까지 다양하고, 연령대와 성별을 가리지 않고 발생한다. 미국의 경우 성인인구의 18퍼센트에 해당하는 4천만 명 이상이 불안장애를 겪는 것으로 집계된다.

가장 들어가기 무서운 동굴에 가장 귀한 보물이 있다.

브라이언 트레이시

가장 흔한 공포는 사회적 공포다. 뭉뚱그려 말하자면 사회적 공포는 남들이 나를 평가하는 상황에 대한 공포다. 대표적인 예로 2명 중 1명꼴로 대중 연설 공포증을 가지고 있다. 누구나 사람들 앞에서 발언할 때는 속이 울렁거린다. 낯선 이들로 가득한 곳에 들어가는 것만으로도 간이 오그라드는 사람도 많다.

많은 이들의 공포 목록에서 1위를 점하는 것이 연설 공포다.
죽음의 공포는 평균 7위다. 장례식에서 추도사를 하느니
관에 누워 있는 것이 더 속편하다는 뜻일까?

물론 연단에 오르는 공포가 굶주린 사자에게 쫓기는 공포와 같지는 않다. 그러나 우리 몸에서 나타나는 반응은 비슷하다. 과학자들은 인간의 사회적 공포가 생존 의지와 무관하지 않다고 말한다. 인간은

사회적 동물이라서 무리 안에 있어야 생존에 유리하다. 그래서 우리
는 무리에서 배척당하는 불상사를 부를 법한 상황을 두려워한다.

거짓 공포

———

만성적 공포증과 불안증은 정상이 아니다. 문제다. 별로 위험하지 않
은 요인들로 촉발되기 때문이다. 만성 공포와 불안은 내적 에너지를
고갈시킨다. 자기 치유와 자기 보존 메커니즘을 무력화한다. 공포와
불안이 만성화되고 그 정도가 심해지면 몸과 마음의 건강이 전반적
으로 무너진다. 사람의 기억은 뇌를 이루는 수많은 신경세포 사이에
서 복잡다단하게 일어나는 전기적·화학적 상호작용의 결과물이다.
사람들 뇌의 해부학적 구조는 모두 같지만 신경세포간의 접속과 상호
작용은 사람마다 다르다. 실체 없는 공포와 불안을 극복하는 방법은
새로운 기억을 만들어 중추신경계의 반응 조건을 수정하는 것이다.

　나도 모르게 바라지 않는 일을 생각하고 있다면, 그것을 깨닫는 즉
시 머릿속 그림을 바꾸는 것이 해법이다. 내가 원하는 결과만을 생각
한다. 아주 간단하다.

거절의 공포

거절에 대한 이해부터 제대로 하자. 거절당하는 것, 누구에게나 수시로 일어나는 일이다. 특히 계속 전진하는 사람에게 많이 일어난다. 의미 있는 성공을 달성한 사람은 그 과정에서 수없이 거절당하면서 거절에 대처하는 방법을 터득한 사람이다. 우리 모두 수시로 딱지 맞는다. 청혼했다가 거절당하고, 임금인상 요구가 관철되지 않고, 학교나 일자리에 지원했다가 떨어지고, 고객이 구매를 거부하고, 누군가 약속을 멋대로 취소하고, 나의 빛나는 아이디어를 아무도 좋아하지 않는다.

하지만 거절당했다고 상황이 악화된 것은 아니다. 대개는 밑져야 본전이다. 경찰에 지원했는데 특정 요건에 미치지 못해 탈락했다고 치자. 그렇다고 달라진 것은 없다. 지원 전에도 나는 경찰이 아니었고 탈락 후에도 나는 경찰이 아니다. 데이트 신청을 했다가 거절당해도 변한 것은 없다. 이제나 저제나 그 사람과 데이트 못한 것은 같다. 내가 제출한 디자인 시안을 상사가 채택하지 않았다. 내가 손해만 봤을까? 오히려 이득이다. 이번에는 퇴짜 맞았지만 그 덕분에 다음번에 성공률을 높이려면 아이디어나 접근법을 어떻게 손봐야 할지 방향이 잡혔다.

최악의 실패로 보였던 것의 한 걸음 밖에 최대의 성공이 있다.
브라이언 트레이시

거절에 대한 공포 반응은 우리 뇌의 가장 오래된 부분에 깊이 내장된 것이다. 원시시대에는 무리에서 내처진 개인의 생존 가능성이 매우 낮았다. 사람들이 집단이나 애인에게 거부당할 때, 심지어 입학이나 입사 전형에서 배제될 때도 공황과 공포를 겪는 것은 그런 이유 때문이다. 지금은 무리에서 탈락하는 것이 원시시대처럼 심각한 위험을 초래하지 않는다. 얼마든 다른 취직자리, 다른 애인, 다른 사회 집단을 얻을 수 있다. 그런데도 우리 뇌와 몸은 여전히 거절당하는 상황이 목숨을 위협하는 비상사태인 것처럼 반응한다.

과거에 손가락을 데었거나 발목을 삐었을 때 겪은 육체적 고통을 떠올려 보자. 아팠다는 기억은 나지만 그 고통을 실제로 다시 느끼지는 않는다. 하지만 과거에 거절당한 경험을 떠올리면 마치 그 일이 지금 일어나는 것처럼 그때의 고통이 되살아난다. 거절당한 기억은 육체적 고통의 기억보다 강력하다. 우리 뇌에는 이에 대한 내장형 방어기제가 있어서, 거절을 경험하면 오피오이드라는 물질을 분비한다. 육체적 고통을 경험할 때 진통 호르몬을 분비하는 메커니즘과 같다. 오피오이드는 즉효약이다. 아편처럼 기분 '상승' 효과를 내서 거부 경험에 따른 기분 '하락' 현상을 상쇄한다. 다만 이 반응에는 부작용이 따른다. 일시적인 지능 저하로 의사결정능력을 저해하고 공격성향을 높인다. 가정폭력과 총기난사 사건 같은 사회적 문제의 배후에도 오피오이드의 과다 분비 문제가 있다.

거절당했을 때의 간단하고 효과적인 대응책은 다음과 같다.

1. 인신공격으로 받아들이지 말자

내가 상대의 요건과 기준에 부합하지 않거나 상대의 취향이나 기대에 부합하지 않은 것뿐이지 내가 잘못한 것은 아니다.

2. 기분 나쁜 것이 정상이다

거절당했을 때 감정적으로 힘든 것은 당연하다. 거절당하면 기분이 나쁘다. 우리 뇌가 그렇게 설계되어 있다.

3. 제한시간을 두자

날짜와 시간을 정해서 그때 이후로는 더 이상 생각하지 않기로 결심한다. 예를 들어 오늘 밤 8시 또는 내일 정오 이후에는 거기에 대한 생각을 접고 더는 연연하지 않는다. 그 시간 이후에는 일어났으면 하는 것과 내가 할 수 있는 것만 골라서 생각한다. 훌훌 털어 버리고 앞으로 나간다. 시한을 두지 않으면 장기 우울증에 빠져 결국 프로작 신세를 지게 되거나 더 나쁜 결과를 맞게 된다.

거절해야 하는 입장에 있을 때, 상대의 고통을 최소화하면서 효과적으로 거절하는 방법은 다음과 같다.

1. 감사한다

"이 자리에 지원해 주셔서 감사합니다."
"데이트 신청 고마워."

"제안서 제출에 감사드립니다."

2. 거절하는 이유를 밝힌다

"하지만 저희는 이 방면에 경력이 있는/해당 기술이 있는/장거리 출장이 가능한 직원이 필요합니다."

"내가 지금 만나는 남자/여자가 있어서 너의 저녁 초대에 응하기는 어렵겠다."

"일단은 아이디어를 다양하게 검토해야 해서요."

3. 장점을 칭찬한다

"경력이 많으니/외국어 능력이 출중하니/직무 이해도가 높으니 더 적합한 자리가 있을 것으로 믿습니다."

"너 정도면 데이트하고 싶어 할 남자/여자가 한둘이 아닐 거야."

"귀하의 사업안을 기다리고 있을 회사가 많을 겁니다."

두려움을 이기는 세 가지 방법

1. 잠시 휴식을 취한다

겁나고 주눅들 때 가장 먼저 할 일은 잠시 뒤로 물러나 심신을 진정시키는 것이다. 심장이 뛰고 손에서 식은땀이 나고 무력감과 황망함을 느끼는 것은 몸을 흥분상태로 진입시키는 아드레날린의 작용이다. 최소 15분은 일에서 손과 머리를 떼고 산책을 나가거나 샤워를 하거나 차를 한 잔 마신다. 두려움이나 불안으로 가득한 상태에서는 명료한 사고를 할 수 없다.

2. 상식적으로 생각한다

사람들은 미리 혼자서 실패를 예감하고 확신한다. 과거에 다른 것에 실패했으니 이번에도 실패할 것으로 지레 믿는다. 그들은 현실성이 없는 최악의 시나리오를 상상한다. 해변에서 상어를 목격한 적이 있는 사람은 자신이 가는 해변마다 상어가 출몰할 것으로 상상한다. 폭행 사건의 피해자였던 사람은 어두운 거리를 걸을 때마다 다시 공격받을 두려움에 시달린다. 과거의 실패 사례 대신, 과거의 장애 극복 사례를 떠올리자. 전에도 이겨 냈으니 이번에도 이겨 낼 수 있다.

3. 기본으로 돌아간다

사람들은 불안을 떨치려고 마약이나 알코올에 의지한다. 그러면 기분이 좋아질 것으로 기대하지만 마약과 알코올은 공포를 가중하고 사태를 악화시킬 뿐이다. 기분이 비참할수록 잘 먹는 것이 육체적으로나 정신적으로나 좋다. 불안과 긴장에는 숙면, 즐거운 식사, 산책이 3대 치료법이다.

그 밖의 좋은 대안들도 소개한다.

- 잘 먹는다. 몸이 기분 좋아야 정신도 맑아진다.
- 감동과 유머를 주는 것을 읽고, 보고, 듣는다.
- 대화를 잘 이끌어내고 상황 판단력이 좋고 나와 죽이 잘 맞는 친구를 만난다.
- 유튜브에 영감을 주는 자료가 가득하다. 언제나 접속 가능하고 비용은 한 푼도 들지 않는다. 앤서니 로빈스Anthony Robbins, 브라이언 트레이스, 앨런 피즈의 동기부여 강연 동영상을 추천한다.

요약

두려움은 생존을 위한 뇌 작용 중 하나다. 두려움을 느끼지 않거나 걱정을 모르는 것은 정상적인 인간 행동이 아니다. 두려움을 모르는 동물은 종을 막론하고 수명이 짧고, 두려움을 모르는 종은 멸종한다.

그러나 현대인의 걱정과 두려움은 자신을 남과 비교하는 데 따른 자격지심에서 기인하는 경우가 많다. 나를 남과 비교하는 것은 생산적이지 않다. 그것이 생산적일 때는 내가 가고자 하는 길을 앞서 가는 사람을 영감의 원천으로 삼을 때뿐이다.

과거의 실패를 곱씹으며 사는 사람들도 많다. 이혼, 파산, 실직, 중요한 것의 상실. 그들은 당시의 일을 끊임없이 다시 경험한다. 주위에 어두운 기운을 뿌리고 모두의 진을 빼고 주위를 지루하게 한다. 사람들이 행사나 모임에 부르는 일이 점점 줄어도 깨닫지 못한다.

끝난 일은 끝난 것이다. 마음에서도 끝내자. 끝났다고 결정하자. 거기에 대해 말하고 생각하는 것을 중지할 데드라인을 정하자. 쉬운 일은 아니지만 복잡한 일도 아니다. 아주 간단하다. 약물에 기댈 필요가 없다. 긍정적인 생각을 하면 세로토닌과 도파민 같은 행복 호르몬이 충분히 나와서 대체 의약품이 필요 없어진다.

전화위복이 세상 이치다. 때로는 인생의 악재가 우리를 인생 최고의 사건과 직결되는 경로에 올려놓기도 한다.

연구결과에 따르면 걱정거리의 대부분은 영영 일어나지 않는다. 일어나는 소수의 일은 우리가 어찌할 수 없는 것이다. 우리가 걱정하는 것의 실체는 다음과 같다.

- 87퍼센트는 결코 일어나지 않는다.
- 7퍼센트만 실제로 일어난다.
- 6퍼센트는 내가 영향을 미칠 수 있다.

따라서 걱정은 지극히 비생산적인 일이다. 밑지는 장사다. 걱정거리의 대부분은 절대 일어나지 않는다.

이렇게 생각해 보자. 결과가 나빠 봐야 얼마나 나쁘겠어?

걱정스러운 일이 있을 때 과연 그것이 하늘이 무너질 일인지 생각하자. 발표나 면담이나 관계 하나를 완전히 망쳐도 내일은 내일의 태양이 뜬다. 생이 지속되는 데 아무 지장 없다. 나의 두려움을 거리를 두고 볼 필요가 있다. 어려움에 처한 사람이나 나보다 불우한 사람을 돕는 일에 동참하는 것도 좋은 방법이다. 그러면 내가 얼마나 운이 좋은 사람인지 깨닫게 되고, 내 문제가 상대적으로 덜 힘들어 보인다.

용기는 두려움을 정복하는 것이지 회피하는 것이 아니다.
두려움을 느끼면서도 하는 것이 용기다.

두려움FEAR은 '진짜처럼 보이는 가짜 증거'False Evidence Appearing Real의 약자다.

과거에 사는 사람은 우울하고, 미래에 사는 사람은 불안하고,
현재에 사는 사람은 평화롭다.

노자老子

두려움에는 두 가지 뜻이 있다.

모든 것을 잊고 내빼기. 모든 것에 맞서 싸우기.

선택은 각자의 몫이다.

두려움은 죽음을 막지 않는다. 삶을 막는다.

13장

포기 금지, 좌절 금지

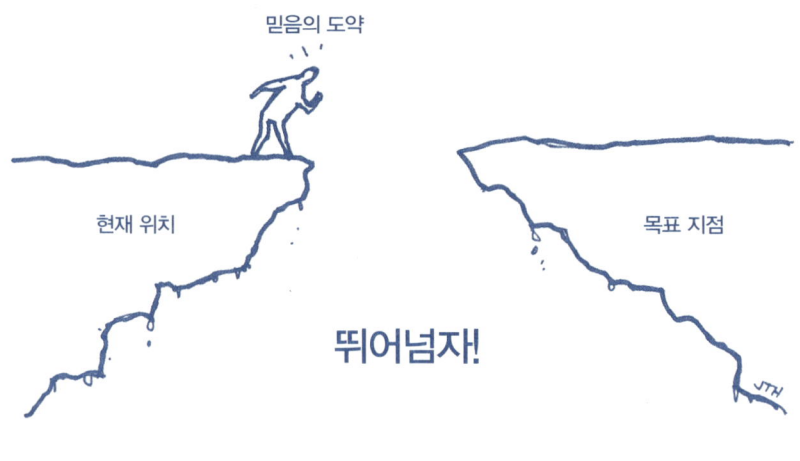

승자는 한 번도 지지 않은 사람이 아니다.
한 번도 포기하지 않은 사람이다.

성공해 본 사람은 수없이 거절당해 본 사람이다. 무위로 끝난 노력, 금전적 손해, 승진 누락, 고통, 비판, 낮은 평가, 불행, 무시된 의견과 항의, 외로움 등등. 앞서 말했듯 거절당하는 것이 지는 것만은 아니다. 개선방향과 개선점을 알려주는 결정적 신호다. 더 많은 칭찬, 행복, 돈, 승진, 성과를 얻으려면 무엇이 더 필요한지 금쪽같은 힌트를 준다. 또는 앞으로 피해야 할 것을 귀띔하는 부정적 피드백에 불과하다. 사실 실패 경험에서 얻는 부정적 피드백은 매우 중요하기 때문에 오히려 반겨야 한다. 성공으로 가는 길을 지시하기 때문이다. 역사는 자신의 비전을 포기하지 않고 부정적 피드백을 진전의 발판으로 삼은 위인들의 사례로 가득하다.

월트 디즈니는 '상상력이 부족하고 생각이 독창성이지 않다'는 이유로 신문사에서 해고당한 적이 있다. 디즈니의 테마파크 콘셉트는 은행, 심의회, 자본가, 지방 당국들로부터 300번 넘게 퇴짜 맞았다. 하지만 그는 반대에 굴하지 않고 결국 디즈니랜드를 실현했다. 스티브 잡스는 30세 때 이사회와의 충돌 끝에 자신이 창립한 회사에서 쫓겨났다. 오프라 윈프리는 '텔레비전에 맞지 않다'는 이유로 뉴스 앵커 자리에서 좌천된 적이 있다. 비틀즈는 신인 시절 데카 레코드사의 오디션에서 떨어졌다. '사운드가 별로고, 쇼 비즈니스 면에서 미래가 없다'는 것이 불합격 사유였다. 심지어 알베르트 아인슈타인도 학창 시절 '무엇을 해도 성공하기 힘들 것'이라는 성적표를 받았다.

이들과 나머지 대다수의 차이는 이들은 다른 사람들의 말과 생각과 반응에 굴하지 않고 자신의 목표를 고수했다는 것이다.

일찌감치 포기하면 내 잠재력을 확인할 기회를 영영 놓치게 된다. 좋다고 생각하고 옳다고 믿는 생각이나 개념이 있다면 꾸준히 밀고 나가자. 서둘러 포기하지 말자. 목표를 향해 나아갈 때 내게 돌을 던지는 사람들이 있게 마련이다. 그 돌들로 벽을 쌓을지 다리를 놓을지는 각자의 선택이다.

**너무 일찍 포기한 97퍼센트는
결코 포기하지 않은 3퍼센트의 직원이 된다.**

선배에게 물어라

—

내가 달성하려는 것을 이미 달성한 사람들에게 조언을 구하자. 암 극복, 에베레스트 등반, 승마, 외국어 배우기, 재테크, 체중 감량, 유기농 텃밭 재배 등 어떤 분야든 선배들이 있게 마련이다. 자신의 경험과 성과를 책이나 강의로 전하는 사람들도 많다. 수많은 자료들이 유튜브에서 나의 클릭을 기다린다. 인터넷으로 검색하면 해당 분야의 전문가들이 누구며 그들을 어디서 어떻게 접할 수 있는지 주르르 뜬다. 경험자를 초대해 식사나 차를 대접하며 조언과 도움을 구한다. 첫 만남에 거절하면 다음에 다시 부탁한다. 그래도 거절하면 다시 부탁한다. 애초에 그들이 성공한 비결도 바로 그거였다. 끈질김. 전문가들도 한때는 모두 길잡이를 구하던 초보자였다.

전문가는 목표지점으로 가는 길에 있는 지름길과 함정을 안다. 있는 길을 또 내느라 시간과 노력을 낭비하지 말자. 전문가에게 방법을 묻자. 내가 이루려는 것을 한 번도 이루어 본 적 없는 사람들에게는 조언이나 의견을 구하지 말자. 그들이 아는 것은 그 일이 불가능한 이유뿐이다.

아이는 원하는 것이 있으면 계속 조른다. 누군가 원하는 것을 내놓을 때까지 조르고 또 조른다. 첫 번째 사람이 주지 않으면 다음 사람이 줄지 모른다. 아니면 그다음 사람이. 아이는 부모의 진을 빼서 기어코 원하는 것을 얻어 내는 데 선수다. 바라는 것을 혼자 비밀로 간직하는 것은 도움이 안 된다. 다른 사람이 알아서 떠먹여 주기를 기다리지 말자. 그런 일은 일어나지 않는다.

바라는 것이 있다면 구하고, 구하고, 구하자. 사람들의 생각은 늘 변한다. 오늘 만난 사람도 다른 날은 다른 생각을 한다. 그 사람의 생각이 긍정적으로 변할 가능성은 얼마든지 있다. 추진하는 일이 있을 때 가만히 있지 말고 주위에 생각을 타진하자. 밑져야 본전이다. 부탁이나 해 보자. 부탁은 지극히 간단한 일이면서 종종 엄청난 결과를 가져온다. 하지만 사람들이 가장 어려워하는 것이 운을 떼는 것이다. 급여 인상, 기부금, 데이트, 더 나은 자리, 비행기 좌석 승급을 원하지만 부정적인 대답이 돌아올까 봐 차마 입을 떼지 못한다.

부탁의 비결은 끈기다. 포기하지 말자. 내가 바라는 바를 계속 각인시키자. 다른 사람들을 귀찮게 괴롭히라는 뜻이 아니다. 의사결정자들이 내 제안을 긍정적으로 고려하고 검토할 기회를 계속 제공하라는 뜻이다. 통계적으로 볼 때, 상대의 대답이 'no'일 때가 'yes'일 때보다 10:1의 비율로 더 많다. 나쁘지 않은 확률이다. 열 번 찍어 안 넘어가는 나무 없다. 결국에는 원하는 대답을 얻을 수 있다는 뜻이다. 시간문제일 뿐이다. 이번 대답이 'no'인가? 'yes'가 나올 때가 멀지 않았다.

**운을 뗐다가 설사 'no'라는 대답이 돌아와도
상황이 나빠질 것은 없다. 밑져야 본전이다.**

원하는 것을 말할 때는 돌려 말하지 말고 명확하게 말하자. 데이트 신청을 할 때 이렇게 말하는 건 금물이다. "그냥 언제 한번 밥이나…." 대신 이렇게 말하자. "토요일에 같이 저녁 먹고 영화 볼래요? 몇 시에 만날까요? 7시? 8시?"

가정 사실처럼, 이미 성사된 일처럼 접근하자. 내 제안을 수용하는 것이 논리적이고 합리적이라는 인상을 주자. "월급 600달러 인상을 원합니다"라고 말하는 것이 "월급 좀 올려 주세요"라고 말하는 것보다 'yes'를 얻어 낼 가능성이 높다.

'집착'은 게으른 사람이 열심인 사람에게 주로 쓰는 표현이다.

목표 실현을 원한다면 이제부터는 혼자 끙끙대지 말고 다른 사람들의 도움을 구하자. 추천, 소개, 자금, 정보, 조언 등 목표 접근에 필

요한 것들을 구하고 다니자. 부탁하는 것을 포기하지 말자. 누군가는 내 아이디어를 좋아한다. 누군가 어딘가에서 내게 'yes' 하려고 기다리는 사람이 있다. 그 전에 10명, 20명, 심지어 100명 이상에게 물어봐야 할 수도 있다. 하지만 누군가가 분명 나를 기다리고 있다. 앞서 말했듯 통계상의 문제다. 한 사람이 또는 몇 사람이 거절했다고 낙담하거나 좌절하지 말자. 다음 사람으로 이동하면 된다.

실화: 보디랭귀지

나는 1978년 《보디랭귀지》의 원고를 완성하고 호주의 상위 10개 출판사에 연락했다. 하지만 출판을 원하거나 관심을 보이는 곳은 없었다. 그들은 그런 주제는 들어 본 적 없고, 내 이름 역시 들어 본 적도 없고, 내 원고가 '너무 미국적'이라며 이구동성으로 무시했다. 그래서 나는 직접 출판하기로 했다.

방법은 몰랐지만 어쨌든 밀고 나가기로 결심했다. 그것이 가장 중요한 단계였다. 36번째 출판사로부터 거절당했을 때 한 친구가 자가출판에 대한 책을 건넸다.

출판 비용으로 7천 달러가 필요했다. 나는 6개월 동안 대상을 가리지 않고 보디랭귀지에 관한 강의를 했다. 그리고 청중에게 앞으로 나올 책을 미리 10달러에 팔았다. 책이 나오면 사인해서 보내 주겠다고 했다. 6개월 만에 예약 판매로 7천 달러가 모였고, 나는 《보디랭귀지》를 출판했다. 그다음에는 판매수수료를 받고 내 책을 서점들에 납품할 서적배급업자를 구했다. 그리고 보도자료를 써서 (친구들의 이름으로) 주요 언론매체들에 뿌렸다.

저자가 유머와 재기 넘치며 아이디어로 똘똘 뭉친 사람이라는 말을 강조했다. 이틀 후 호주 최대의 TV 토크쇼 〈마이크 월시 쇼〉The Mike Walsh Show 제작진에게 전화가 왔다. 게스트 한 명이 갑자기 출연을 취소했는데 대타로 지금 당장 와 줄 수 있겠느냐는 연락이었다. 나는 샤워하고 면도하고 옷을 입고 기록적인 시간 안에 채널9 방송국에 도착했다! 나는 18분 동안 방송을 탔고,《보디랭귀지》는 2주 만에 호주에서 베스트셀러가 됐다.

물은 바위를 뚫는다. 힘이 아니라 고집으로.

《보디랭귀지》의 성공에 자신감을 얻은 나는 며칠 동안 미국과 영국의 출판사 주소를 모았다.《보디랭귀지》판권을 팔기 위해서였다. 나는 상위 53개 출판사에 편지를 보냈다. 통계적으로 볼 때 그중 한 곳에서는 출판 제의가 올 법했다.

담당자 귀하

호주 시드니에서 출판된 앨런 피즈의《보디랭귀지: 몸짓으로 상대의 마음 읽기》를 동봉합니다. 본서는 호주에서 1981년 12월 15일에 출간된 후 단기간에 놀라운 판매실적을 내며 현재 4쇄를 찍었습니다. 현재까지 2만 7천 부가 팔렸으며 이는 인구 대비로 볼 때 놀라운 실적입니다.

저자 피즈 씨는 매니지먼트 컨설턴트로, [본서에서] 독특하고 주목할 만한 [대인관계] 해법을 제시합니다. 그는 호주의 모든 신문과 잡지에 소개된 것은 물론 전국 단위 방송에도 빠짐없이 출연했습니다(동봉한 신문기사들을 참고하시기 바랍니다).

피즈 씨는 올해 저서 홍보를 위해 미국을 방문할 계획이며, 본서의 미국 출판을 위한 출판사를 찾는 중입니다. 귀사에서 관심이 있다면 가급적 빨리 연락 주시면 감사하겠습니다.

23개 출판사가 내게 다음과 같은 답신을 보냈다.

"보내 주신 책은 본사의 출판 목록/방침과 맞지 않습니다."
"재미있는 책이긴 하나 미국 시장에서는 전망이 어둡습니다."
"비슷한 책이 많습니다. 이 책만의 독창성을 전혀 모르겠습니다."
"감사합니다만 됐습니다."
"다른 곳에서 기회를 잡으시기 바랍니다."

가장 기억에 남는 반응은 런던 콜린스 출판사에서 왔다. "호주의 보디랭귀지가 영국에서도 통할까요?"

15개 출판사가 "필요시 연락하겠습니다"라는 상투적 문구가 인쇄된 반송용 엽서를 보냈다. 나머지는 아예 답도 없었다. 실망스러웠다. 솔직히 기가 죽었다. 하지만 남들의 말과 생각과 반응에 굴하지 않고 내 목표를 고수하기로 했다. 나는 뉴욕행 비행기에 올랐다. 직접 출판사의 문을 두드리며 《보디랭귀지》를 사라고 설득할 생각이었다. 사흘간 전화를 돌리고 문을 두드리고 다녔지만 아무 소득이 없었다. 대개는 방문 기회도 주지 않았고, 시간을 내준 몇 군데도 반응은 시큰둥했다. 나는 막다른 골목에 봉착했다. 13군데서 문전박대당했고, 6군데와 약속을 잡았지만 실제로 편집자가 나타난 곳은 3군데뿐이었다. 29번째 출판사와 통화하던 중 나를 안쓰럽게 여긴 상대가 출판대리인을 쓰라는 조언을 던졌다. 그는 미국에서 출판 계약을 따려면 출판대리인을 통해야 한다며 내게 출판대리인 5명을 알려주었다. 다시 용기가 났다. 나는 확률게임에 돌입했다. 그저 빠른 결과를 바랄 뿐이었다.

대리인 2명은 거절했다. 다른 2명은 약속을 지키지 않았다. 마지막 5번째 대리인, 애론 프리스트Aaron Priest가 나와 내 책과 내 열정을 마음에 들어 했다. 그리고 한번 알아보겠다고 했다. 그는 7번의 시도 만에 세계적 출판사 중 하나인 반탐 출판사Bantam Books와 계약을 성사시켰다!

계획에 차질이 생겼다고 목표를 포기하는 것은 자동차 타이어에 펑크가 났다고 나머지 바퀴 3개에도 구멍을 내는 것과 같다.

《보디랭귀지》는 세계적으로 700만 부 넘게 팔렸고, 51개국 언어로 번역되었다. 책의 내용이 영국 BBC 사이언스 프로그램에 소개됐고, 채널4에서 (바바라와 나를 진행자로 삼아) 9부작 TV 시리즈로 만들었다. 또한 내셔널 지오그래픽 채널과 디스커버리 채널의 TV 특집 방송으로 제작됐고, 여러 대학과 기업체에서 영업과 경영관리 강의 내용으로 쓰였다. 《보디랭귀지》를 바탕으로 내가 직접 대본을 쓰고 호스트로 출연한 TV 시리즈가 높은 시청률을 기록하기도 했다. 그러다 마침내 러시아에서 자국 고위 정치인 300명 앞에서 강연해 달라는 초청이 왔다. 나는 33세까지 《보디랭귀지》로 35개국의 TV에 출연했고, 영국과 유럽대륙과 미국 26개 주를 돌았다. 이후 20년 동안 트럭 1대 분량의 상과 표창을 모았고, 3개 대학에서 명예박사학위를 받았다. 요점은, 만약 내가 1번째 또는 5번째 또는 15번째 퇴짜 만에 포기했다면 《보디랭귀지》와 이후의 결과물들은 결코 세상에 나오지 못했을 것이라는 거다. 나는 통계적으로 따졌고, 성공할 것으로 믿었다. 다만 '언제'가 문제였다. '그때'가 오기 전까지 포기하지 말자. 생각을 너무 일찍 접지 말자.

> **실패자들은 자신이 성공에 얼마나 근접했는지 알지 못한 채 포기하고 만다.**
> 토머스 에디슨

성공은 운이다?

내 책이 베스트셀러가 된 것은 무작위와 행운의 공동 작품이라고 말하는 사람도 있다. 그렇지 않다. 나는 남들의 말과 생각과 반응에 굴하지 않고 《보디랭귀지》를 자가 출판하기로 결심했고, 그 결심에 따라 RAS가 끌어당김의 법칙을 작동했다. 내 결심은 이 상황이 아닌 다른 상황으로라도 실현됐을 것이다. 어떻게든 성공했을 일이었다. 내가 **무엇을** 할지부터 정했기 때문이다. **어떻게** 할지에 노심초사하다가 포기하지 않았기 때문이다. 나는 데드라인이 있는 계획서를 작성했고, 그 첫발을 내디뎠다. 사람들은 내게 부질없는 짓이라고 했고, 내가 저술과 출판에 대해 아무것도 모른다는 사실만 지적했다. 출판 시장이 그렇게 녹록하지 않다고 말렸고, 7천 달러가 있으면 차라리 근사한 휴가나 아이들 교육이나 차를 바꾸는 데 쓰라고 충고했고, 내가 아는 것에만 충실하라고 했다. 만약 내가 이런 말들에 귀를 기울였다면《보디랭귀지》는 결코 빛을 보지 못했을 것이다. 하지만 내 RAS는 성공한 작가와 유능한 출판인들로 나를 이끌었고, 나는 그들에게 방법과 요령과 내가 할 일을 물었다. 반대하는 친구들과 친척들의 걱정에는 고마움을 표한 후 내 계획을 밀고 나갔다.

25년 후 바바라와 나는《당신은 이미 읽혔다》*The Definitive Book of Body Language*를 공동 집필했다. 그리고 보디랭귀지 주제는 이제 '구식'이고 '한물갔다'고 말하는 '전문가들'의 우려와 달리 세계적 베스트셀러 반열에 올랐고, 지금도 꾸준히 팔린다.

해 보지 않은 자는 불가능을 논할 자격이 없다.

중국 속담

요약

성공을 바라는 사람은 많아도 적극적으로 아이디어를 개진하고, 도움을 구하고, 끈질기게 밀고 나가는 사람은 드물다. 아이디어가 성공할 것으로 믿는다면 더 이상 방법이 없을 때까지 포기하지 말자. 다른 일을 구상하는 것은 그다음에 해도 늦지 않다. 내 생각과 계획을 알리고 도움을 구하자.

해 볼 만큼 해 보기 전에는 포기하지 말자. 천 리를 가도 첫 걸음을 떼는 것이 가장 어렵다. 접고 싶은 마음이 들 때마다 목표 목록을 다시 읽으며 심기일전하자. 내가 원하는 것만 생각하자. 다른 결과에 대해서는 생각하지 말자. 부정적 가능성에 밀려 내가 진정으로 펴고 싶은 뜻을 접는 일은 없어야 한다.

일단 보이는 곳까지 최대한 간다. 거기 도달하면 시작점에서 보였던 것보다 멀리까지 보인다. 그것에 차근차근 가면 된다. 복잡할 것 없다. 복잡하게 생각하지 말자. 인생에서 어떤 길을 가기로 결심했든, 같은 길을 간 사람들의 조언만이 유효하다. 내 형편이 되어 본 사람, 내가 있고 싶은 곳에 이미 있는 사람, 내가 관심 있는 분야에 전문지식이 있는 사람에게 조언을 구한다. 내가 하려는 것을 하고 있거나 이미 이룩한 사람의 조언만 듣자. 남의 의견은 그저 남의 의견일 뿐이다. 도움이 되지 않을 때가 많다. 심지어 해로운 의견도 많다.

- 원하는 것이 있다면 구하자. 구하지 않으면 영영 내 차지가 되지 않는다.
- 한 번만 구하지 말고 계속 구하자. 아니면 내가 듣는 대답은 항상 'no'다.
- 앞으로 나가지 않으면 항상 제자리다.
- 넘어졌다고 실패하는 것은 아니다. 넘어진 후 일어나지 않아서 실패한다.

일부는 운명적으로 성공한다.
하지만 대부분은 의지로 성공한다.

절대 포기하지 마라. 절대, 절대, 절대 포기하지 마라.
명예와 분별의 소신에 따른 것이 아니라면, 대단한 일이든 작은 일이든
큰일이든 하찮은 일이든 어느 것에도 포기하지 마라.
결코 힘에 굴복하지 마라.
적들이 명백히 압도적인 힘으로 덤벼도 결코 굴복하지 마라.

윈스턴 처칠

14장

파산자에서 갑부로

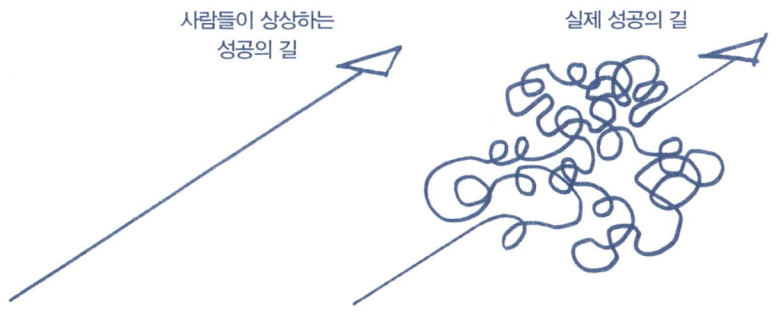

사람들이 상상하는
성공의 길

실제 성공의 길

14, 15장은 바바라와 나의 자전적이고 개인적인 이야기다. 우리는 이두 장을 책에 포함할지를 놓고 논쟁을 벌였다. 그러다 결국 포함하기로 했다. 이 책에서 말하는 원칙들을 우리가 어떻게 우리 인생에 적용했는지 보여 주고 싶었기 때문이다.

《보디랭귀지》의 후속 저서들과 TV 시리즈와 다큐멘터리의 세계적 성공으로 우리는 15년간 윤택한 삶을 누렸다. 고급 차, 호화유람선 여행, 운치 있는 수상 가옥, 조용한 시골 별장, 이국적 관광지 여행,

명성과 영광.

그러다 1994년 우리 부부는 잘못된 판단을 함으로써 그 대가를 톡톡히 치렀다. 자업자득이었다. 우리가 오래 믿어 왔던 사업 파트너가 말썽이 돼 우리는 모든 것을 잃고 말았다. 집, 투자금, 재산, 자존심까지 모두 잃었다. 수년간 성공가도를 달리며 쌓은 모든 것이 하루아침에 사라지고 수백만 달러의 빚만 남았다. 우리는 변호사와 회계사들과 씨름하고 비참함과 우울증과 싸우며 빚을 갚았고, 나는 스트레스로 암에 걸렸다. 그렇게 2년간 악몽 같은 시간을 보내고 우리는 다시 시작하기로 결정했다. 사실 상황이 좋지 않았다. 보디랭귀지 관련 책과 제품 시장은 이미 고갈됐고, 나와 바바라는 각각 45세와 34세의 나이에 무일푼이었다. 상황은 부정적이었지만 우리는 지금까지 이룬 성공보다 더 크게 성공하기로 마음먹었다. 불가역적 결정이었다. 방법은 알지 못했다. 하지만 중요한 건 할 것을 정했다는 거였다. 우리에게는 다른 선택지가 없었다. 우리 앞에는 전진밖에 다른 길이 없었다.

**좋은 판단은 나쁜 경험에서 나오고,
나쁜 경험의 대부분은 나쁜 판단에서 나온다.**

수개월간의 자기 탐구 끝에 우리는 새로 책을 쓴다는 계획을 세웠다. 이번에는 과거처럼 수만 부 수십만 부 팔리는 책이 아니라 수백만 부씩 팔리는 책을 여러 권 쓰기로 했다. 한마디로 초베스트셀러가 될 책만 골라 쓰기로 했다. 일단 목표 자체는 분명했다. 목표를 이루고 거대하게 도약하기 위해서는 책 기획과 집필에 대한 사고의 전환이 필요했다. 우리는 설명 없이도 팔릴 대중적인 책, 우리를 모르는 사람들도 사서 읽을 책을 쓰기로 했다. 우리는 전과 다른 방식으로 생각해야 했다.

1970년대와 1980년대에 《보디랭귀지》로 성공을 거둔 이후 우리는 《성과를 내는 편지와 이메일 쓰기》How to Write Letters and Emails that get Results 나 《이름과 얼굴 기억법》How to Remember Names & Faces 같은 실용서들을 썼다. 이런 책들도 수십만 부씩 팔려서 톱10 베스트셀러에 올랐다. 하지만 재정적 재기를 위해서는 한계가 있는 접근법이었다. 이름과 얼굴을 잘 기억하는 것이 사회생활에 유리하다는 점에는 모두 동의하지만 그렇다고 기억력 향상 비법서까지 사서 읽지는 않는다. 글을 통한 의사전달력이 비즈니스의 핵심이라는 것은 모두 알지만 그 능력을 위해 책을 사 볼 생각까지는 하지 않는다. 그 경우 책만 파는 게 아니라 책을 사야 하는 당위까지 팔아야 한다. 그러나 사람들이 그냥 사는 책이 있다. 돈, 사랑, 힘, 섹스를 더 많이 얻는 방법에 관한 책. 이것이 우리가 찾던 답이었다.

우리는 그동안 사람들이 정말로 원하는 것이 아니라
사람들에게 필요하다고 생각한 책을 써 왔다.
거기에 우리의 약점과 기회가 있었다.

독자들이 기꺼이 지갑을 열 주제들, 우리는 앞으로 그런 주제의 책들만 쓰기로 결정했다. 우리는 우선권을 독자들에게 넘겼다. 우리에게 맞는 주제가 아니라 독자들이 좋아할 주제를 다루기로 했다. 우리는 새로운 목표를 글로 썼고, 우리의 RAS가 검색 모드에 돌입했다. 그러자 전에는 생각하지 못했던 주제와 제목과 글쓰기 방법들이 눈에 들어오기 시작했다.

오직 톱10 베스트셀러만 쓰겠다는 결심은 매우 오만한 목표였다. 주제넘은 생각이었다. 우리는 RAS에 극적이고 무모한 프로그램을 걸었다. 하지만 우리로선 다른 대안이 없었다. 나는 45세였고, 70세까지 집값을 갚아 나가며 살고 싶지는 않았다. 우리가 그렇게 암울한 형편에 처하지 않았다면 이렇게 극적인 목표를 설정하는 일도 아마 없었을 것이다. 그럴 필요가 없었으니까. 이후 우리에게 일어난 일은 제대로 활용했을 때 RAS의 작용이 얼마나 강력한지를 여실히 보여 준다.

작가들은 대개 사업적 결정에 서툴다. 그러나 우리는 모든 결정을 비즈니스 견지에서, 재정적 차원 차원에서 내렸다. 대개의 작가들은 자신의 전문 분야나 열정 분야를 소재로 삼는다. 반면 우리는 먼저 사업가가 되기로 결정했다. 나머지 모든 것은 이차적 문제였다.

수렁 속에서

—

모든 것을 잃고 무일푼이 되면 사람은 원치 않아도 자기 탐색의 시간을 갖게 된다. 내가 정말 원하는 인생은 무엇인가? 3년여에 걸쳐 재정적 수렁에서 발버둥치는 과정에서 바바라와 나의 관계는 심각한 위기에 처했다. 결혼생활에서 흔히 말하는 '같이 살자니 미쳐 버리겠고 그렇다고 헤어질 수도 없는' 상황이었다.

우리 부부의 문제도 대개의 부부들이 겪는 문제와 다르지 않았다. 삶을 바라보는 남녀 간 시각 차이. 우리는 별거나 이혼에 이르지 않고 상황을 개선하기 위한 방법으로 상대의 못 견디게 싫은 점을 적어 보기로 했다. 그렇게 해서 나온 문제들을 해결하거나 타협점을 찾으면 행복을 찾을 수 있을 것으로 생각했다. 남자들은 아내에 대한 불만을 적으라고 하면 보통 6~8가지 적는다. 나는 6가지를 적었다. 하지만 바바라의 경우는 세 페이지를 꽉꽉 채우고 다음 페이지로 넘어가는 것을 내가 겨우 말렸다. 내 불만은 바바라가 도로 지도를 볼 줄 모르는 것, 핵심을 찔러 말하지 않는 것, 조용히 있고 싶을 때 잔소리하는 것, 장황하게 말하는 것, 잠자리 요구에 원하는 만큼 응해 주지 않는 것 등이었다. 남자들이 흔히 하는 불평이었다. 바바라의 불만은 내가 길을 묻지 않는 것, 경청을 원할 뿐인데 '문제'의 해결책을 제시하려 드는 것, 남의 생각에 감 놔라 배 놔라 하는 점, 섹스를 너무 밝히는 점, 볼 일 보고 변기 시트를 세워 둔 채 나오는 것 등이었다. 이때의 불만사항 목록이 훗날 우리가 쓴 베스트셀러 중 하나의 바탕이 되었다. 물론 당시에는 알지 못했다. 우리가 그 책에 잠정적으로 붙였던 제목은 '관계 구출'Relationship Rescue이었다.

바바라와 나는 새로운 목표와 계획을 종이 위에 글로 못박았다. 그러자 목표를 이루기에는 호주 시장이 너무 좁다는 판단이 섰다. 대박을 내려면 더 넓은 시장으로 나가야 했다. 책을 많이 팔고 강연에 청중을 많이 모으려면 일단 인구 규모가 큰 나라로 가야 했다. 다음으로 우리는 우리의 야심찬 계획 중에서도 가장 겁나는 관문을 넘었다. 바로 데드라인을 정하는 일이었다. 우리는 12개월 내에 유럽에 자리 잡고 일을 시작하기로 결심했다.

세상을 발아래 놓고

우리는 15달러를 주고 커다란 세계지도를 사서 거실 바닥에 펼쳐 놓고 굽어보았다. 우리가 접근할 수 있는 대형 시장은 크게 두 군데였다. 미국과 유럽. 둘 중에서는 미국보다 인구가 많은 유럽이 나아 보였다. 동유럽과 러시아를 합치면 유럽 인구는 10억에 육박했다. 미국 인구는 '고작' 3억이었다. 거기다 유럽은 미국보다 여기저기 여행하기 쉽고, 미국보다 신비롭고 흥미진진했다. 당시는 베를린 장벽이 무너지고 유럽에서 공산주의가 종식되던 때였다. 우리는 새로운 시장을 찾아 미지의 세계로 뛰어들기로, 거기서 유명인사가 되기로 결정했다.

근거지를 영국으로 삼는 것이 여러 모로 합리적이었다. 일단 언어 장벽이 없었다. 고속도로와 국제공항에서 가까운 교통의 중심지에 자리잡으면 이동하기에도 좋았다. 우리는 영국 지도 한가운데에 핀을 꽂았다. 핀이 가리킨 곳은 워릭셔에 있는 헨리인아덴Henley-in-Arden 이라는 작은 마을이었다. 우리는 남은 돈 2천 호주달러를 탈탈 털어 영국으로 가는 최저가 항공권 2장을 샀고, 히스로 공항에 내려 소형 렌터카를 빌렸다. 그리고 2시간을 달려 헨리인아덴에 도착했다.

가장 어두운 곳에 가장 귀한 보물이 있기 마련이다.

우리는 헨리인아덴에 대해 들어 본 적조차 없었다. 헨리인아덴은 아는 것 하나, 아는 사람 한 명 없는 곳이었다. 우리 앞에 무슨 일이 어떻게 펼쳐질지 전혀 알 수 없었다. 아는 것이라고는 우리가 하려는 일과 헨리인아덴이 영국의 한가운데에 있다는 것뿐이었다. 우리는 '무엇을'을 결정해서 RAS에 입력했다. '어떻게'는 곧 모습을 드러낼 것으로 믿었다.

미지에 들어서다

———

우리는 목표와 결의만 들고 우주의 기운만 믿고 영국행 비행기에 올랐다. 겁나기도 하고 짜릿하기도 했다. 일단 내가 수입 창출의 객체, 바바라가 주체가 되어 바바라가 대기업들에 전화를 돌려 나를 사내 연수 프로그램의 강사로 팔기로 했다. 지금 생각하면 그야말로 맨땅에 박치기였다. 하지만 우리에게는 선택의 여지가 없었다. 등 뒤는 벽이고 손에는 칼이 들려 있을 때 할 수 있는 건 앞으로 나가는 것뿐이다. 우리는 성공이 아닌 다른 것은 고려하지 않았다. 우리는 과거 어느 때보다 성공할 작정이었다. 다른 말이 필요 없었다. 우리는 누가 뭐라고 하든 정한 계획을 끝까지 밀고 나가기로 했다.

눈앞에 길이 나타나다

———

우리는 2년 전 홍콩의 어느 컨퍼런스에서 존 펜튼John Fenton이라는 연사를 만났다. 그때 그는 워릭셔에 산다면서 "언제 워릭셔에 오게 되면 한번 놀러 오세요!"라고 했다. 우연히 만나 마음이 통한 상대에게 인사치레로 던지는 말일 뿐 정말 올 걸로 기대하는 말은 아니었다. 그런데 마침 그가 사는 곳이 헨리인아덴 근처였다. 우리는 그의 '초대'를 받아들이기로 했다. 미리 연락을 하는 것이 예의니만큼 나는 존에게 전화를 걸었다. "오랜만이에요, 존! 우리 기억나요? 전에 놀러 오라고 하셨죠? 찻주전자 올려놓고 기다리세요. 우리 다음 주에 갑니다!"

전화 건너편에서 정적이 흘렀다. 이윽고 존이 말했다. "그래요… 와요!" 목표를 명확히 설정하고 도움을 구하면 도와주는 사람들이 반드시 생긴다. 우리는 원하는 것을 분명히 말했고, 존에게 거절할 여지를 많이 주지 않았다. 그리고 'yes'를 얻어 냈다. 역시 단도직입이 정도正道였다. 우리는 묵을 곳이 필요했다. 만약 존이 거절했다면 플랜 B로 갔을 것이다. 그게 무엇이었든!

목표를 분명히 세웠다면 행동으로 옮긴다.
원하는 것과 하려는 것을 긍정적이고 직접적으로 말한다.

헨리인아덴에 도착하다

우리는 마지막 남은 2천 달러로 최저가 영국행 항공권 2장을 샀고, 일주일 후인 1997년 5월 10일 시드니 공항에서 비행기에 올랐고, 오전 5시에 런던 히드로 공항에 도착했다. 우리는 소형차를 빌려서 2시간을 달려 잉글랜드 워릭셔의 셰익스피어풍 작은 마을 헨리인아덴에 도착했다. 바야흐로 우리에게 제2의 고향이 될 곳이었다.

존 펜튼은 사교적이고 활달한 사람이었다. 성공한 부동산 개발자였고, 영업 관련 책을 여러 권 썼고, 동기부여 세미나를 운영했다. 1시간만 함께 보내도 쉽게 잊히지 않는 인물이었다. 동시에 인정 많고 인심 후한 사람이기도 했다. 우리는 워릭셔에 있는 존의 집에 도착해 저녁을 먹으며 그간 우리에게 일어난 일과 영국에 온 이유를 설명했다. 존은 경악을 금치 못했다.

"그래서 아는 사람 하나 없는 만리타국으로 무작정 왔다고요? 지금은 빈털터리지만 베스트셀러를 써서 다시 돈을 벌겠다는 일념 하나로? 내가 맞게 들은 건가요?" 존이 황당한 표정으로 물었다.

"정확한 요약이에요, 존!" 내가 말했다.

존은 눈을 내리깔며 두 손으로 얼굴을 감쌌다. 그는 고개를 절레절레 젓다가 웃음을 터뜨렸다. "그럼 축하의 술을 들어야죠!"

존은 샴페인 병을 땄다. 얼마 안 가 우리 모두 거나하게 취해 돈키호테도 울고 갈 이 상황을 맘껏 즐겼다.

다음날 아침 헨리인아덴에 아침 해가 뜨는 것을 보면서 바바라와 나는 비로소 현실의 무게와 이제부터 우리가 하려는 일의 막막함과 마주했다.

"그럼… 어떤 책을 쓸 거죠? 그리고 어떻게 팔 거예요?"

아침을 먹을 때 존이 물었다.

"그런 기술적인 세부사항에 대해서도 차차 방법을 마련할 겁니다. 그리고 다른 누구보다 멋지게 해낼 겁니다! 할 일을 정했다는 게 어딥니까! 가장 중요한 결정이죠."

내가 말했다. 우리는 다시 웃음을 얹어 볼랑저 와인을 들이켰다.

"어디서 살 건데요?" 존이 계속 물었다.

"그것도 기술적인 세부사항인데요," 나는 웃었다.

"어디 추천할 만한 곳이라도?"

목표를 세우고 그것을 여기저기 알리면 이래서 좋다. 나를 돕겠다는 사람들이 반드시 나온다. 잠재 은인들에게 기회를 주자. 존 펜튼은 우리의 무모한 꿈에 동참하고 싶어 했다. 먼저 우리에게는 살 곳이 필요했다. 존이 헨리인아덴의 부동산 중개인 토니 얼Tony Earl을 찾아가 보라고 했다. 토니는 60세의 보수적인 영국 남자였다. 트위드 재킷 차림에 백발은 왼쪽 가르마를 타서 곱게 넘겼다. 그는 부친이 1920년에 헨리인아덴에 개업한 부동산 중개소를 가업으로 물려받았다. 우리는 토니에게 우리 사정을 설명하고 어떻게 찾아오게 됐는지 말했다. 그는 동물원 침팬지를 구경하는 사람처럼 우리를 쳐다보았다.

"그러니까… 지도 한복판에 핀을 꽂았더니… 거기가 내 사무소였고… 앞으로 여기 살면서 사업을 하시겠다?" 그가 반신반의하는 투로 물었다. "…그런데 돈은 전혀 없고, 지낼 곳도 없고, 직업도 없고…?"

"정확합니다!" 내가 말했다. "하지만 곧 해결할 겁니다. 해결하려고 오늘 토니 씨를 찾아온 거고요. 방법이 있겠습니까?"

토니는 웃음을 터트렸다. 중개소 사무실에 있던 사람들도 다 웃었다. 토니는 우리에게 점심을 사 주며 그것이 우리의 '최후의 만찬'이 되지 않길 바란다고 했다.

하지만 어이없어 하는 와중에도 다들 우리의 배짱과 각오에 감명

받은 눈치였다. 인생의 바닥에서 당찮을 정도로 야심만만하기는 쉽지 않다. 사람들은 그런 것에 감동한다. 다음 이틀 동안 우리는 토니와 붙어 지냈다. 그는 우리에게 헨리인아덴에 매물로 나온 집들과 셋집들을 보여 주었다. 그나마 싼 임대주택도 월세가 800파운드(2천 호주달러)였다. 거기다 가구, 사무장비, 전화도 따로 마련해야 했고, 자동차도 한 대 구해야 했다. 우리는 그중 어느 것 하나 감당할 돈이 없었다. 하지만 목표의식이 확고하고 RAS를 잘 활용하면 답이 나타난다. 답 없는 날이 사흘째로 접어들었을 때 토니가 우리 어깨에 손을 얹고 걱정스런 얼굴로 물었다. "이게 정말 방법이라고 생각해요? 이게 정말 원하는 길 맞나요?"

"물론이죠! 하고 싶은 건 이미 결정했어요. 아직 어떻게 할지만 모를 뿐이에요."

우리는 낙관을 잃지 않았다. 하지만 지낼 곳도 찾지 못한 채 다시 존의 집으로 향하는 걸음은 무겁기 짝이 없었다. "어떻게든 방법이 생길 거야, 여보." 나는 바바라에게 다짐했다. "언제나 그랬잖아."

별은 어둠 없이 빛날 수 없다

—

바바라는 해결법을 찾고야 말겠다는 내 의지에 전폭적인 믿음과 지지를 보였다. 그렇다 해도 마음 한편에 내가 무리수를 두고 있다는 걱정이 없었을 리 없다. 바바라 입장에서는 나를 만나 금전적으로 모든 것을 잃었을 뿐 아니라, 이제는 살 곳도 없는 낯선 땅에서 수중에 돈 한 푼 없고 꿈만 가득한 남자를 데리고 새로 살 길을 뚫어야 했다. 하지만 나는 아내의 지지와 서로의 사랑만 있으면 우리에게 성공은 방법의 문제일 뿐 당연한 일이라 믿었다. 여기서 더 나빠질 게 뭐란 말인가? 우리는 헛간에서 가축과 함께 자는 일도 마다하지 않을 각오였다. 우리에게 서로가 있는 한 그것만으로도 삶은 의미가 있었다. 거기다 나는 목표설정 기법을 평생 성공적으로 활용해 온 전문가였고, 미지의 세계에 뛰어드는 것도 늘 내가 하던 일이었다. 이번에도 다를 게 없었다. 다만 규모와 정도의 차이였다. 어떤 이들은 이것을 끌어당김의 법칙, 우주의 힘 또는 신의 섭리라 부른다. 우리는 RAS의 작용으로 부른다.

다음날 아침 토니에게 전화가 와서 급히 보자고 했다. 존처럼 그도 어느새 초특급 피즈 어드벤처의 열혈 팬이 되어 있었다.

토니는 헨리인아덴 근처에 자기 소유의 17세기 제분소 건물이 있는데 지금은 비어 있다고 했다. 그는 건물이 살림에 필요한 설비와 세간을 갖추고 있고, 지하층은 정리만 좀 하면 사무실로 쓸 수 있다면서 명목상의 월세는 500파운드로 하되, 돈은 나중에 우리가 자립하고 수입이 생기면 내라고 했다. 우리는 심장이 터질 것 같았다. 시작의 발판이 마련되었다!

구하고, 구하고, 구하자!

존과 토니 덕분에 마을 사람 모두가 무일푼으로 헨리인아덴에 나타나 지금은 토니의 제분소에서 사는 정신 나간 호주인 부부에 대해 알게 되었다. 존은 참가자가 2천 명이 넘는 콘퍼런스를 앞두고 있었다. 그는 나를 거기 강연 프로그램에 올리고 차도 한 대 빌려 주었다. 일주일 전 시드니에서 런던행 비행기에 오를 때만 해도 우리는 영국에 아는 사람 하나 없었다. 재기하겠다는 목표와 작은 렌터카 한 대, 그리고 우리 둘뿐이었다. 하지만 지금은 살림이 완비된 집과 사무실 공간이 생겼고 두 명의 친구가 생겼다. 거기다 차와 일거리까지 얻었다! RAS의 힘이었다.

우리가 존과 토니를 만난 것을 순전히 행운이라고 생각할 수도 있다. 하지만 그렇지 않다. 우리는 명확하게 정의된 목표가 있었고, 성공 외에 다른 생각은 하지 않았다. 우리가 존과 토니를 만나지 않았다면 다른 마을에서 다른 존과 토니를 만났을 것이고 다른 '행운'이 따랐을 것이다. 행운은 뚜렷한 목표가 없고 아무것도 기대하지 않았는데 생기는 것이다. 행운은 우리의 계획에 없었다.

> 함부로 소원하지 마라. 그것이 무엇이든 결국 이루어지리니.
>
> 율리우스 카이사르Julius Caesar

유럽에서 비즈니스가 시작되다

토니의 17세기 제분소 건물은 헨리인아덴과 인접한 인구 186명의 작은 마을 우턴 와웬Wootton Wawen의 마을묘지 옆에 있었다. 건물 뒤에 물레방아를 돌려 곡물을 빻는 데 쓰던 수로가 있었다. 토니는 우리에게 3층 침실을 주었고, 우리는 지하실을 사무실로 꾸몄다. 지하실은 19세기 이래 사용한 적이 없는 사방 5미터의 춥고 곰팡이 핀 공간이었다. 하지만 우리 눈에는 아름답기만 했다. 습기와 썰렁함과 곰팡이는 아무 상관없었다. 우리에게 집이라고 부를 곳과 비즈니스 거점이 생겼다. 냄새 따위는 문제되지 않았다.

우리는 마지막 남은 800달러를 들고 시골 창고에서 열리는 파업정리 점포에 가서 책상 2개, 의자 3개, 서류장 1개를 샀다. 점포 주인에게도 우리 사정을 말하고 도움을 구했다. 주인은 자기도 망했다가 일어난 적이 있다며 우리의 극복 의지를 응원했다. 그는 우리의 재기를 돕는 의미에서 탁상용 달력과 바닥 깔개와 여러 사무용품을 덤으로 얹어 주고 배달료도 받지 않았다. 누누이 말했지만 목표를 뚜렷이 정하고 주위에 도움을 구하면 거기에 동조하는 사람들이 나타난다. 생면부지의 사람들이라도.

우리에게는 호주에서 가져온 노트북 컴퓨터가 있었고, 말했듯이 차는 존이 빌려 주었다. 이제 전화 2대와 전화번호부도 생겼다. 출동 준비 완료! 열흘 전만 해도 우턴 와웬은 들어 본 적조차 없는 동네였다. 우리의 목표 목록은 바바라의 핸드백 안에 있었다. 그리고 우리에겐 남들의 말과 생각과 반응에 굴하지 않고 그것들을 실행에 옮길 의지가 있었다. 그날 밤 우리는 곰팡이 핀 지하실에서 슈퍼마켓 포도주로 피즈 인터내셔널Pease International 영국 지사의 창립을 축하했다. 참으로 묘한 기분이었다. 가족친지 중에 우리가 어디에 있는지, 무엇을 하고 있는지 아는 사람은 아무도 없었다. 우리가 세상 반대편에 있다는 것을 아무도 몰랐다. 다른 행성에 있는 기분이었다. 다음 날 아침 9시, 바바라는 중고 책상에 앉아 전화번호부의 보험회사 명단 시작 페이지를 펼치고 전화기를 들었다. 그리고 번호를 누르기 시작했다.

끝까지 고수하다

처음 2달 동안 바바라는 불굴의 정신으로 대형 보험회사의 영업교육 책임자에게 전화해서 나를 사내 연수회의 기조 연설자로 팔고, 나는 부단히 다음 책을 구상하고 자료를 모았다.

외국에서 자리잡고 개업하는 것은 애초의 생각보다 훨씬 어려웠다. 호주가 영국 문화를 이어받은 나라이긴 하지만 영국인은 우리와 사고방식이 달랐고, 비즈니스 방식도 우리가 알던 것과 달랐다. 영국에서는 '아는 것'보다 '아는 사람'이 중요하다. 우리가 아는 사람이라고는 존과 토니와 가구 가게 주인밖에 없었다. 그야말로 준비운동도 없는 '맨땅에 헤딩'이었다.

영국과 유럽은 우리의 최대 잠재 시장이었고, 시장을 개척하려면 새로운 언어를 배우거나 외국어 능력자를 고용해야 했다. 우리는 독일어 학습반에 등록했고, 나는 프랑스 청중 앞에서 강연이 가능할 정도의 프랑스어 실력을 쌓겠다는 목표를 세웠다.

3개월 만에 바바라는 내가 영국에서 강연할 기회를 2건 잡았고, 우리는 호주로 돌아가 미처 수습 못했던 일들을 마무리했다. 우리는 호주에서 고객사 중 한 곳이 계약금을 송금하기를 기다렸다. 그래야 우턴 와웬으로 돌아가는 항공권을 살 수 있었다.

화살은 시위를 뒤로 당겨야 쏠 수 있다.
인생이 나를 난관이라는 시위에 걸어 뒤로 당기는가?
그건 엄청난 힘으로 나를 발사하기 직전이라는 뜻이다.

처음 1년 동안 우리는 영국과 호주를 네 차례 오갔다. 그리고 천천히 그리고 조금씩 영국에서 팬과 고객 수를 늘려 갔다. 우리의 유럽 비즈니스가 기반을 잡아 갔다. 처음에는 주로 보험회사Assurance companies와 은행Banks과 컴퓨터회사Computer firms에서 강연했다. 업종

별 전화번호부가 ABC순이었기 때문이다. 우리는 계속해서 주위에 우리의 계획을 말하고 도움을 구했다. 그러자 입소문으로 우리의 사연이 들불처럼 퍼졌다. 사방에서 사람들이 나타났다. 우리의 롤러코스터에 동승을 원하는 사람도 있었고, 롤러코스터의 추락을 구경하려는 사람도 있었다.

잘 나가던 1980년대 후반 나는 영국 TV 쇼에 여러 번 출연했다. 그때 출연진 중에 자기공명영상MRI 기술을 동원해 남녀의 뇌구조 차이를 주장하는 과학자들이 여럿 있었다. 당시에는 내 강연 내용 중에도 아이디어를 개진할 때 상대의 성별에 따라 접근법을 달리해야 한다는 내용이 있었다. 세미나에서 반응이 좋은 주제였지만 동시에 논란이 따르는 주제였다. 분야를 막론하고 남녀의 능력 차이를 말하는 것은 남녀 차별을 조장하는 것으로 간주되기 쉬웠다. 하지만 바바라는 논란이 따르는 점에서도, 모두의 관심을 끄는 점에서도 이 주제가 우리의 다음번 책에 아주 적합하다고 했다. 우리는 논의 끝에 남녀관계에 대한 책을 쓰기로 최종 결정했다. 힘들었던 시기에 우리 부부가 서로에게 쓴 불만사항 리스트가 결국 새 책의 토대가 되었다.

우리 모두는 곤경으로 감쪽같이 위장한 기회들과 만난다.
찰스 스윈돌Charles Swindoll, 《삶의 통찰》Insight for Living의 저자

새 책의 제목은 이탈리아에서 떠올랐다. 비행기 시간에 쫓겨 급히

밀라노 공항으로 향할 때였다. 내가 렌터카를 운전하고 바바라가 도로지도를 읽고 있었다. 사실 읽는다는 건 너무 점잖은 표현이다. 바바라는 그림을 주변 모습에 맞추려 지도를 연신 좌우상하로 돌려대는 동시에 내게 차를 세우고 길을 물어 보라고 재촉했다. 결과는 주행 중 부부싸움이었다. 나는 바바라가 지도만 제대로 볼 줄 알아도 우리가 계속 길을 잃는 일은 없을 거라고 했고, 바바라는 내가 남의 흠을 잡을 시간에 시키는 대로 차를 세우고 길을 물어 봤으면 애초에 길을 잃는 일은 없었을 거라고 받아쳤다. 언쟁은 점점 격해졌고, 결국 바바라는 차에서 내려 밀라노 공항으로 가는 택시를 잡아탔다. 나는 소형 피아트 렌터카로 부지런히 택시를 따라갔다. 바바라는 택시 뒷유리 너머로 내게 가운데손가락을 흔들었다. 이 일을 계기로 우리는 새 책의 제목을《말을 듣지 않는 남자, 지도를 읽지 못하는 여자》*Why Men Don't Listen & Women Can't Read Maps*로 정했다. 과학 증거와 실증 사례를 바탕으로 남녀 간의 차이를 재미있게 풀어 낼 작정이었다. 일찍이 아무도 그런 책을 쓴 사람은 없었다. 우리는 그렇게 믿었다.

바바라는 계속해서 전화번호부와 씨름하며 나를 강연자로 선전하며 일감을 찾았고, 나는 낮에는 세미나에서 강연하고 밤에는 점점 모습을 갖춰 가는 원고를 바바라와 읽고 또 읽었다. 그렇게 2년이 흐른 1998년에 원고가 완성되었다.

우리는 원고를 가지고 잉글랜드 M40번 도로를 달렸다. 나는 바바라에게 말했다. "이거야, 여보! 이게 우리의 재기작이야! 이제 정상에 오르는 일만 남았어!" 우리는 대박을 직감했다.

우리의 행동계획

—

우리는 우리 몫의 판매수익을 극대화하기 위해 이번에도 자가출판을 결심했다. 아울러 《말을 듣지 않는 남자, 지도를 읽지 못하는 여자》를 일단 호주에서 출간하기로 했다. 호주 출판시장은 비록 작지만 그만큼 빠르게 베스트셀러 명단에 진입할 수 있고, 그 이력을 이용하면 국제 시장에 책을 파는 데 도움이 된다. 우리에게 필요한 건 다량의 미디어 노출이었다. 우리의 언론 노출 전략은 기자들을 공략하는 거였다. 정확히 말해 기자들의 일을 대신하는 거였다. 작가라면 누가 나를 발견해 주기만을 기다려서는 안 된다. 기사를 써서 매체에 뿌려야 한다. 우리는 직접 헤드라인을 뽑고 주제를 잡고 저자 소개와 책 소개를 써서 적당한 언론인들에게 보냈다. 우리 책은 논란의 소지가 많았고, 그런 면에서 도발적이었다. 우리 책은 남녀 차이에 대한 이분법적 논리를 배격하는 현재의 분위기에 역행했다. 남자와 여자가 뇌 구조나 사고방식에 있어 차이가 없으며, 차이는 모두 개인의 차이라고 말하는 것이 현재의 대세고 과학이었다. 우리는 호주로 돌아가서 보도자료를 쓰고 《말을 듣지 않는 남자, 지도를 읽지 못하는 여자》를 출간했다. 우리가 뿌린 보도자료의 헤드라인은 다음과 같다.

여자는 왜 방향감각이 없을까
호주 남자는 왜 사랑에 젬병일까
여자는 왜 후진 주차를 못할까

남자는 왜 한 번에 한 가지밖에 못할까

여자가 말을 멈추지 않는 이유

남자가 페미니스트와 결혼하지 않는 이유

어떤 면에서는 대세를 거스르는 것이 언론의 주목을 끄는 방법이었다. 논란의 주인공이 되는 것도 유명해지는 비결이었다. 작가, 음악가, 아티스트, 배우 중에는 가만히 앉아서 연락이 오기만을 기다리는 사람이 많다. 그러나 결정적 기회가 앉은 자리에 감 떨어지듯 문득 날아드는 일은 매우 드물다. 우리는 감이 떨어지기를 기다리는 대신 배를 직접 몰고 바람이 어느 방향으로 불든 우리가 원하는 곳으로 가기로 했다.

스스로 나서자. 발견되기를 기다리지 말자.

당장 호주 페미니스트들이 들고 일어날 기세였다. 내가 입만 벙긋해도 맹비난이 따랐다. 야구방망이를 들고 따라오지 않으면 다행이었다. 그런데 같은 말도 바바라가 하면 괜찮았다. 같은 말을 해도 바바라가 하면 페미니스트들도 대체로 납득했고, 심지어 감명을 받았다. 우리는 양면전술을 쓰기로 했다. 내가 약을 올리고 도발하는 악역을 맡고, 바바라가 진정시키고 중재하는 역을 맡았다. 전술은 성공적이었다. 우리는 페미니즘의 반발을 방해로 여기지 않고 오히려 우리 책

The Hit List TOP 10 BOOKS

	PREVIOUS WEEK'S POSITION AFTER TITLE		WEEKS IN RELEASE*
1	Why Men Don't Listen ... (1)	Allan & Barbara Pease	3
2	The Sound of One Hand ... (3)	Richard Flannagan	3
3	The Color of Water (7)	James McBride	57
4	Angela's Ashes (6)	Frank McCourt	102
5	Rainbow Six (2)	Tom Clancy	6
6	Memoirs of a Geisha (10)	Arthur Golden	7
7	Believe and Achieve (4)	Paul Hanna	4
8	A Monk Swimming (5)	Malachy McCourt	12
9	Point of Origin (–)	Patricia Cornwell	12
10	Deja Dead (–)	Kathy Reichs	3

WEEK ENDING SEPT. 20. *IN CURRENT FORMAT.
SOURCE: DYMOCKS BOOKSELLERS

을 모두의 가시권으로 추진하는 데 이용했다. 대중은 우리 책을 좋아했다.《말을 듣지 않는 남자, 지도를 읽지 못하는 여자》는 발간 한 달만에 호주 베스트셀러 명단의 맨 위에 올라 3개월간 1위 자리를 지켰고, 5만 부 넘게 팔렸다. 우리의 귀환을 알리는 신호탄이었다.

장애물과 방어벽을 넘는 법

—

호주에서 성공을 거둔 뒤 우리는 출판용 원고를 들고 영국의 여러 출판사와 접촉했다. 하지만 성과가 없었다. 귀에 익은 대답이 돌아왔다. 저자가 유명하지 않고 내용이 뜬금없다. 그런 책은 팔기 어렵다. 호주에서는 먹혀도 영국에서는 어림없다는 말까지 후렴처럼 같았다. 우리는 영국에서는 서적 유통까지 직접 하기로 했다. 우리 시장은 우리 손으로 개척하겠다는 각오였다. 남들의 말과 생각과 반응에 굴하지 않고 우리 계획을 끝까지 밀고 나가겠다는 의지의 표명이었다. 얼마 안 가 우리는 영국 서적 유통업의 현실도 출판업과 다르지 않다는 것을 깨달았다. 인맥으로 이어진 폐쇄적인 시장이었다. 영국에 우리를 알아주는 사람이 없다는 현실도 변함없었다. 게다가 자가출판 저자들은 대놓고 찬밥이었다.

바바라는 영국의 3대 서적 유통업자와 친구가 되겠다는 목표를 세웠다. 바바라는 그들에게 매주 전화하고, 편지를 보내고, 아이디어를 제공하고, 그들 앞에 '진을 쳤다.' 결국 세 사람 모두 바바라와 스스럼없이 지내게 되었다. 바바라는 영국에서 이름이 알려진 언론인 모두에게 전화를 걸었고, 결국《데일리메일》Daily Mail지 기자 한 명과 친해졌다. 그는 우리 책이 마음에 든다며 우리 원고를 3일간 연재하는 데 동의했다. 중요한 돌파구였다. 바바라가 다른 일간지와 잡지들로부터 18번이나 퇴짜를 맞은 후 얻어 낸 쾌거였다. 바바라의 확률게임이 가져온 결과였다.

바바라와 나의 또 다른 작전은 영국의 대형 서점들에 매일 전화해서 피즈 부부의 신간을 문의하는 것이었다. 당연히 그런 책은 서점에 없었다. 서점 입장에서는 처음 들어 보는 책이었다. 우리는 서점이 유통업체에 연락해 그런 책이 있는지 문의하게 하는 방식으로 수요 창출을 꾀했다. 서점들이 하나둘 주문을 넣기 시작했다. 어떤 곳은 10권, 다른 곳은 20권, 가끔은 50권. 바바라는 책을 주문 수량대로 포장해서 매일 우체국으로 날랐다. 마침내 서적 유통업체 한군데서 반응이 왔다. 짐이라는 유통업자가 기회 제공자로 나섰다. 짐은 바바라가 6개월 전부터 줄기차게 전화를 돌린 사람 중 한 명이었다. 그러던 차에 그는 《데일리메일》의 연재기사를 읽었고, 몇몇 서점들에서 우리 책에 대한 문의를 받았다. 짐은 일단 시험 삼아 500권을 위탁 판매하기로 했다. 하지만 팔리지 않을 경우에는 모두 반품하겠다고 경고했다. 바바라는 충격을 받았다. 그동안 바바라는 혼자서도 직판 형태로 그보다 많이 팔았다.

짐의 초도매입 수량 500권은 하루 만에 다 나갔다. 짐은 다시 2천 권을 매입했다. 이번에는 일주일도 되기 전에 다 나갔다. 3개월 만에 우리는 영국에서 베스트셀러 작가가 되었다.

우리의 새로운 집
—

우리는 헨리인아덴 근교에서 40만 호주달러에 매물로 나온 아름다운 아파트를 보았다. 위풍당당한 17세기 맨션을 개조한 다세대주택의 꼭대기 층이었다. 아파트 소유주는 메이시와 에릭이라는 노부부였다. 우리는 그들에게 5퍼센트의 계약금을 걸었고(당시 우리 수중에 있는 전부였다), 잔금은 책 판매 수입으로 12개월 후에 지불하겠다고 했다. 노부부는 이미 부동산 중개인 토니에게 우리 사연을 들었고 신문에서도 우리 기사를 보았다. 우리가 1년의 지불유예기간을 요청했을 때 그들의 대답은 'yes'였다. 두 사람도 우리의 계획에 기꺼이 동조했다.

12개월 후 드디어 영국에 우리 집이 생겼다! 우리는 이 집에서 5년을 살았고, 나중에는 엄버슬레이드 홀Umberslade Hall이라고 불리는 이 웅장한 17세기 건물의 최대 소유주가 되었다. 3년 전 지도에 무작정 핀을 꽂았던 바로 그곳에 우리 소유의 건물이 생긴 것이다.

절대 포기하지 않기

살다 보면 사방이 벽으로 막힌 것 같은 때에 부딪힌다. 그럴 때일수록 목표를 뚜렷하게 설정하자. 명료한 목표는 눈앞의 벽을 넘어 멀리 최종 결과를 바라볼 동기를 부여한다. 목표가 없는 사람은 당장 앞에 보이는 장애물이나 바로 다음에 일어날 일에 자극을 받는다. 통계적으로 볼 때 대부분의 '바로 다음 일'은 성과를 내지 않는다. 첫술에 배부른 사람은 없다. 새로운 목표를 향해 출발할 때도 80/20 법칙이 성립한다. 초반 80퍼센트는 성과가 미미하다는 뜻이다.

우리는 유명 TV 방송과 라디오 방송에 끈질기게 전화해서 쇼에 흥미와 자극이 될 아이디어를 제공했고, 곧 영국 TV의 단골 게스트가되었다. 영국 방송에서 얻은 유명세에 힘입어 우리는 9개의 TV 다큐멘터리와 10부작 시리즈물을 제작했다. 우리는 이제 대세였다! 바바라는 대형 영국 출판사의 유통망을 이용해 우리 책을 배급하겠다는 목표를 세워 실행했다. 6개월간의 성공적 제휴에 고무된 영국 출판사는 우리에게 《말을 듣지 않는 남자, 지도를 읽지 못하는 여자》의 판권으로 100만 호주달러를 제안했다.

바바라와 나는 펄쩍 뛰게 기뻤다. 하지만 우리는 생각했다. 우리 책
이 그들에게 100만 달러의 가치가 있다는 건, 우리가 직접 나서면 그
열 배를 벌 수 있다는 뜻이었다. 애초 우리의 최상위 목표는 재정적
재기였다. 우리 목표가 그게 아니었다면 출판사의 제안을 받아들였
을 것이다. 그러나 우리는 영국의 독립 출판사가 되기로 했다.

우물 안 개구리가 되지 말고,
우물 밖으로 나오려 하지 말고,
우물 벽을 허물어라.

《데일리메일》의 기자는 우리의 롤러코스터에 제대로 동승하고 싶
어 했다. 6개월 후 그녀는 우리를 도리 시몬즈Dorie Simmonds라는 저작
권 대리인에게 소개했다. 우리 책을 외국 출판사들에 팔아 줄 사람이
었다. 이렇게 피즈/시몬즈 파트너십이 출범했다. 이 파트너십은 이후
10년 동안 우리 책을 2천만 부 이상 판매했고, 전 세계 54개 언어로
번역 출판했고, 7종의 베스트셀러를 배출했다. 우리는 다음 10년 동
안 록스타처럼 세계를 누볐다. 매년 20~30개국을 여행하며 수천만
명의 팬을 모았다. 우리가 시드니의 좁은 집 바닥에 세계지도를 펼치
고 새로운 목표를 세우며 마음에 그렸던 인생이 고스란히 현실로 이
루어졌다.

이 격동의 기간에 우리 책을 바탕으로 한 영화 〈말을 듣지 않는 남자, 지도를 읽지 못하는 여자〉가 유럽에서 박스오피스 1위에 오르기도 했다. 이 영화는 유럽 전역에서 TV로 방영됐고, 연극으로도 만들어져 파리, 리용, 로마, 프라하, 암스테르담에서 상연되었다.

우리는 전 세계의 유명 잡지에 매월 남녀관계에 대한 칼럼을 제공했다. 절정기에는 칼럼 구독자가 2천만 명이 넘었다. 2005년에는 유럽 베스트셀러 명단에 우리 책이 5권이나 올랐고, 우리는 판매부수로 따져 논픽션 분야에서 세계 1위, 전체적으로는 J. K. 롤링에 이어 세계 2위의 저자가 되었다. 시드니의 바퀴벌레 출몰하는 좁은 집에서 생계를 걱정하던 파산자가 세계에서 가장 성공한 저술가가 된 것이다.

《말을 듣지 않는 남자, 지도를 읽지 못하는 여자》는 54개 언어로 번역되어 1,200만 부 넘게 팔렸다. 후속편 《답이 없는 남자, 구두를 또 사는 여자》 *Why Men Don't Have a Clue & Women Need More Shoes*도 300만 부 이상 팔렸고, 《당신은 이미 읽혔다》는 200만 부 이상, 《질문이 답이다》도 200만 부 넘게 나갔다. 러시아, 중국, 인도, 인도네시아 등지에서 간행된 해적판까지 포함하면 현재 세계적으로 유통되는 우리 책은 6천만 부에 달할 것으로 추정된다.

중요하게 짚고 넘어갈 것이 있다. 이 글만 보면 우리가 파죽지세로 승승장구한 것처럼 보이지만, 사실은 1보 전진마다 종종 3보 후퇴가 있었다. 우리가 여기에 쓴 내용은 우리가 시도한 것의 20퍼센트에 불과하다. 우리 시도의 80퍼센트는 아무런 성과도 내지 못했다. 우리는 목표를 명확히 정의했고, 데드라인을 갖춘 계획을 짰고, 중도에 포기하지 않고 확률게임에 임했다. 원하는 결과를 줄기차게 시각화하고 매일 확언으로 긍정적 자기 암시를 도모했다. 명심하자. 이렇게 하면서 지속적으로 주위에 도움을 구하는 한편, 남들의 부정적 말과 생각과 반응에 굴하지 않고 계획을 고수하면 반드시 결실이 따른다.

러시아에 입성하다

1990년 우리는 세계에서 가장 특이하고 가장 잠재력이 큰 시장, 러시아를 뚫겠다는 목표를 세웠다. 러시아에 가서 고위층과 친분을 트고 유명인사가 되겠다는 것이 우리 계획이었다. 처음에는 이 목표를 데드라인도 없이 목표 목록의 C칸에 적었다. 러시아 비자를 받는 것조차 어렵던 때였기 때문이다. 우리가 목표를 세웠던 1990년은 소련이 붕괴하기 전이었고 철의 장막이 아직 시퍼렇게 살아 있을 때였다. 러시아에서 책을 내거나 강연을 하는 것은 물론이고 여행하는 것조차 불가능에 가까웠다. 하지만 서방의 어떤 강연자도 해 본 적 없는 일이었기에 더욱 매력적인 일로 비쳤다. 거기다 국제첩보전과 KGB의 이미지까지 더해져 제임스 본드 영화 같은 짜릿한 흥미를 자아냈다. 그래서 우리는 러시아 진출이라는 꿈같은 목표를 C칸에 추가했다.

러시아 진출 포부를 말하면 사람들은 그것의 비현실성을 지적하며 한결같이 괜한 데 에너지를 낭비하지 말라는 '충고'를 보냈다. 사람들은 냉전과 철의 장막을 언급하고, 서방 사람이 공산권에서 쥐도 새도 모르게 사라진 이야기를 하고, 마피아와 KGB를 경고했다. 거기 갔다가는 강도당하고 살해당하고 콩팥을 도둑맞기 십상이라고 했다. 우리는 그들의 정보와 염려에 감사를 표하고, 그들의 의견을 말할 권리를 인정했다. 그리고 우리의 RAS가 계속 답을 찾도록 했다.

러시아 진출 목표를 적은 순간부터 러시아 관련 정보가 사방에서 눈에 들어오고, 러시아 억양이 귀에 들어오기 시작했다. 이 목표를 RAS에 입력하지 않았으면 보지도 듣지도 못했을 것들이었다. 2001년 12월 25일 고르바초프Gorbacherv 대통령의 사임으로 소련이 공식 해체되면서 C칸에 있던 우리의 꿈이 갑자기 현실로 부상했다. 우리는 이 목표를 B칸으로 옮기고 2년 내에 러시아에 자리잡는다는 데드라인을 정했다.

항구에 정박해 있는 배는 안전하다.
하지만 그것이 배의 존재 이유는 아니다.

1992년 1월 우리는 상공회의소 행사에 참여했다. 우리 뒤쪽 어딘가에서 러시아 억양으로 말하는 목소리가 들렸다. 행사장에는 200여 명이 웅성대고 있었지만 우리의 러시아 목표 덕분에 바바라의 귀가 소음 속에서 용케 러시아 사람을 집어냈다. 이것이 RAS의 힘이다. 우리는 목소리의 주인공, 사업차 호주에 머물고 있던 알렉산드리와

인사를 나눴다. 바바라와 나는 그에게 《보디랭귀지》의 러시아어판 출간에 대한 포부를 피력하면서 우리가 러시아에서 세미나를 열고 미디어 투어를 할 수 있도록 도와 달라고 했다. 영업은 어렵지 않았다. 우리가 2년 넘게 마음속으로 연습에 연습을 거듭한 내용이었고 순간 이었다.

우리는 알렉산드리와 2주에 걸친 논의와 협상 끝에 합의에 이르렀다. 우리가 그에게 출판과 홍보 일을 가르쳐 주고, 그가 프로젝트 비용을 댈 후원자를 섭외하고, 수익은 반씩 나누기로 했다. 알렉산드리는 상트페테르부르크에서 로드쇼를 시작해 고르키와 모스크바로 이동하자고 했다. 단 1루블의 수익도 보지 못하고 끝날 수 있다는 경고를 받았지만 너무나 하고 싶었던 일이었기에 그대로 추진했다. 당시 러시아 화폐는 환전도 송금도 불가능했다. 알렉산드리는 우리 몫의 수익을 보드카와 캐비아로 주었고 우리는 물건을 트럭에 싣고 영국으로 건너가 거기서 팔았다.

KGB와 추억을 쌓다

우리가 모스크바에 도착했을 때 KGB는 이미 해체된 후였고 전직 KGB 요원들은 일당 10달러에 개인 경호원으로 뛰었다. 우리는 3명을 고용했다. 이들의 임무는 우리와 동행하며 우리 신변을 보호하고 각 도시에서 지역 마피아와 협상하는 것이었다. 우리 일행은 경호원,

TV 촬영 팀, PR 담당, 알렉산드리, 바바라, 장인어른 빌, 나, 이렇게 모두 11명이었다. 러시아 사람들은 하나같이 담배를 피우고, 보드카를 마시고, 총을 소지했다. 모스크바에서 내가 알렉산드리에게 총 없는 사람은 바바라와 나뿐이라고 농담 했더니 알렉산드리는 다음 도시에서 한 자루 구해 주겠다고 했다. 그는 모스크바에서 우리를 인기 TV 토크쇼 등 여러 매체에 출연시켰다. 일정을 마치면 우리는 다시 기차에 몸을 싣고 또 다른 미지의 도시를 향해 모험을 이어갔다.

1992년 3월 동안 우리는 밴드처럼 러시아 전역을 돌며 군중 앞에서 세미나를 열고, TV에 출연하고, 이런저런 매체에 얼굴을 내밀었다. 이때 녹화한 세미나는 나중에 TV 시리즈로 만들어져 1년 동안 매주 전파를 탔고, 7천만 명에 달하는 러시아권 시청자를 모았다. 《보디랭귀지》 러시아어판 초판 100만 부는 발행 4주 만에 매진되었다. 알렉산드리는 지체 없이 다시 100만 부를 찍었다. 우리는 곧바로 러시아에서 유명 작가 반열에 올랐다.

크렘린을 향하여

—

공산주의 붕괴 이후 우리는 방송에 등장하는 러시아 정치인들의 행동을 유심히 관찰했다. 러시아에서 벌어지는 전대미문의 정치적 지각 변동 덕분에 러시아 정치인들은 미디어의 총아로 떠올라 카메라를 몰고 다녔다. 하지만 미디어 트레이닝이 부족해 바깥 세계에 과격

하고 공격적이고 미숙한 인상을 주었다. 우리 계획은 그들에게 서방 지도자들과 사람들에게 호감을 줄 필요성을 주지시키고, 우리가 해결사로 나서는 것이었다. 알렉산드리는 신임 러시아 대통령 보리스 옐친Boris Yeltsin을 접견할 기회를 노렸다. 우리는 옐친을 우리의 첫 번째 학생으로 점찍었다. 하지만 알렉산드리는 옐친이 변덕스럽고 신뢰하기 어렵다는 판단을 내렸다. 우리는 작전을 바꿔 보다 협조적인 고위직 정치인들을 대상으로 집단 미디어 트레이닝을 시행하기로 했다. 적당한 정치인 물색에 들어갔지만 쉽지 않았다. 여러 번의 실패 끝에 알렉산드리가 상트페테르부르크 초대 민선 시장 아나톨리 소브차크Anatoly Sobchak에게 줄을 댔다. 이번에는 가능성이 보였다. 알렉산드리가 소브차크에게 접촉해 우리 생각을 타진했고, 소브차크는 이를 받아들였다. 다시 말하지만 처음 사람에게 도움을 받지 못했다면 다음 사람에게 부탁하자. 그 사람도 거절하면 다음 사람에게. 우리는 소브차크의 주선으로 크렘린에서 러시아 정치인 300명이 참석하는 세미나를 개최했다. 세미나 제목은 '언론 상대하기, 신뢰 구축하기'였고, 고위 정치인과 관료만 참석할 수 있었다. 참석자 중에는 KGB 요원 출신 상트페테르부르크의 부시장 블라디미르 푸틴Vladimir Putin도 있었다.

불과 2년 전에는 '불가능한' 꿈이었던 목표가 이렇게 현실이 되었다. 우리는 KGB 요원을 대동하고 러시아를 누볐고, TV 유명인사로 등극했고, 크렘린에서 블라디미르 푸틴을 만났다. 제임스 본드 영화 뺨치는 기막힌 여정이었다.

우리는 크렘린 궁에 도착해 세미나가 열리는 으리으리한 황금색 강당으로 갔다. 딱딱한 표정에 마른 체격의 푸틴은 기대만큼 압도적이지는 않았지만 상당한 존재감을 발했다.

이날의 세미나는 대성공이었다. 러시아 정치인들은 TV 카메라를 매개로 자국 국민과 해외 언론에 긍정적 이미지를 전달하는 방법에 높은 관심을 보였다. 당시에는 실감하지 못했지만 우리는 러시아의 역사적 전환점을 누구보다 먼저 맨눈으로 목격하고 있었다. 현재 우리는 1년에 3개월을 러시아에서 보낸다. 러시아는 우리의 최대 세미나 시장이다.

요약

RAS는 이처럼 강력한 도구다. 내가 가고 싶은 곳이 어디든 나를 그곳으로 인도한다. 우선 목표를 명확하게 정의해 종이에 적는다. 중요도와 실행 가능성을 고려해 목표들을 A, B, C, 세 부류로 나누고, A칸으로 분류된 목표들에 데드라인을 정한다. '어떻게'가 사방에서 보이기 시작하면 정보를 수집해 하나의 계획으로 구성하고, 계획을 세운 다음에는 남들의 말과 생각과 반응에 굴하지 않고 꿋꿋하게 밀고 나간다. 목표로 가는 여정에 도움이 되는 새로운 습관들을 익히고, 긍정형 확언과 시각화를 활용한다. 무슨 일이 닥치든 낙관과 유머를 놓지 않는다. 바바라와 나는 딱 이렇게 했다. 이 방법의 막강한 효과를 알기 때문이다. 당신에게도 똑같은 효력을 발휘한다. 당신이 결심만 한다면.

15장

몸에게 지령을 내려라

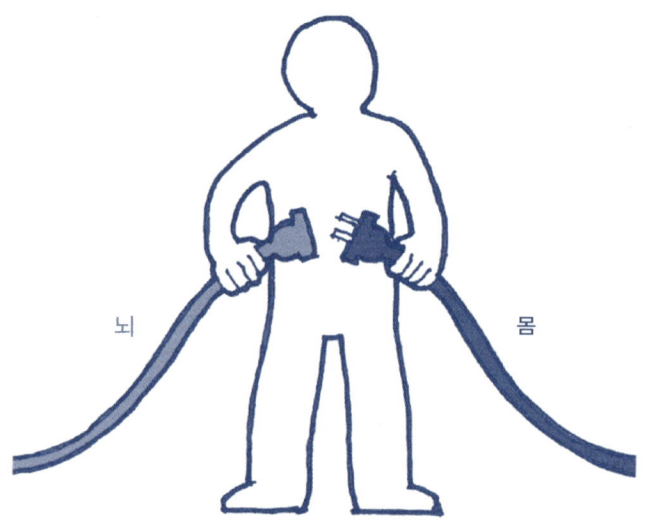

뇌   몸

뇌에서 몸으로 이어지는 기막힌 소원 성취 메커니즘은 여러 연구와
저술을 통해 이미 널리 알려졌고 이 책에서도 자세히 기술했다. 이
장에서 소개하는 이야기는 RAS의 위력을 재확인하고 이 책의 교훈
을 압축한다. 이 이야기는 바바라와 내게 정말로 일어난 사건이고,

지금까지 우리가 경험했던 어떤 것보다 놀라운 경험이었다.

내가 전립선암을 진단받고 치료받은 지 2년이 지났을 때 바바라와 나는 중대 결정을 내렸다. 불가능에 가까운 조건에 맞서 아이를 갖기로 한 것이다. 친척들은 우리 결정에 크게 놀랐다. 몇몇은 대놓고 어이없어 했다. 우리의 상황과 나이에 아이를 바라는 것조차 가당치 않다는 반응이었다. 나는 52세였고, 전립선암 방사선 치료 때문에 건강한 가용 정자가 없었다. 바바라는 41세였고, 임신과 분만의 견지에서 고령에 해당했다. 그리고 우리에게는 앞선 결혼에서 얻은 2남 2녀가 있었다. 이것은 우리의 인생행로를 극적으로 바꾸는 중대한 결정이었다. 우리는 지난 15년 동안 베스트셀러 작가로 세계를 여행하면서 누구보다 극적이고 활기차게 살았다. 다시금 재정적 성공을 거두었고 앞으로도 못할 일이 없었다. 하지만 모든 것에는 끝이 있다. 우리가 누리는 모든 것은 언젠가 끝날 것들이었다. 이대로는 우리가 부부로서 존재했다는 가시적인 증거가 없었다. 자동차와 현금과 부동산이 진정한 유산은 아니었다. 삶의 목적이 오직 돈을 벌고 사업을 넓히는 데 그친다면 뒤에 남는 것은 많지 않다. 우리는 우리가 존재했다는 증거를 원했다. 그렇다고 우리 이름을 병원이나 도서관에 새기는 것은 우리가 원하는 것이 아니었다. 우리 부부의 아이를 갖겠다는 생각만큼 우리의 마음을 움직이는 것은 없었다. 생각을 넘어 소원이었다. 우리는 그 소원을 다음번 목표로 정했다. 우리는 이 목표가 가족 구성원의 관계에 어떤 변화를 가져올지, 결과적으로 어떤 일들이 일어나고 어떤 일들을 감당하게 될지에 대해 많은 대화를 나눴다.

가족 구성원 중 일부는 결사적으로 반대했고, 친구들 중 일부는 놀라서 말을 잃었다. 하지만 우리 부부에게는 너무도 소중한 꿈이었다. 우리는 다른 누구보다 다른 어느 것보다 우리 자신을 맨 앞에 놓기로 결심했다. 남들의 말과 생각과 반응에 굴하지 않고 밀고 나가기로 했다. 다만 통계적으로 볼 때 실현 가능성이 제로에 가깝다는 것이 문제였다. 그것이 첫 번째 난관이었다. 하지만 어쨌든 우리는 '무엇'을 원하는지 결정했다. '어떻게'는 조만간 정체를 드러내리라 믿었다.

1라운드

—

우리는 명료하게 정의한 목표를 손으로 또박또박 적었다. 아이 2명을 건강하게 낳기. 우리는 수정과 착상에 대한 모든 것을 찾아 인터넷을 뒤지고, 난임 치료 전문의와 부인과 전문의와 비뇨기과 전문의와 상담하며 목표 달성 방법을 찾았다. 하지만 보이고 들리는 것은 우리보다 건강하고 젊은 부부들조차 노력이 무색하게 임신에 실패했다는 사례들뿐이었다. 다음으로 우리는 체외수정 전문의와 상담했다. 의사들은 한결같이 비관적이었다. "성공률이 극도로 낮습니다. 남편분이 가용 정자를 생산하지 못하면 그걸로 끝입니다." 어떤 비뇨기과 의사는 심지어 이렇게 말했다. "어차피 암으로 죽을 건데 아이는 더 낳아서 뭐하시게요?" 전립선암 진단과 치료 때 우리 부부가 의료계 전반에 품었던 불신과 의구심에 쐐기를 박는 말이었다.

일부 친척과 친구들은 우리 나이에 특히 나처럼 암 병력이 있는 사람이 아이를 가질 생각을 하는 것 자체가 무책임한 행동이라고 했다. 설사 아이를 낳는다 해도 아이가 21세면 나는 76세, 바바라는 65세라며 말렸다. 우리는 의사와 친구를 포함해 부정적인 말을 하는 모든 사람을 열외로 놓았다. 그리고 우리 결정을 지지하는 새로운 친구들을 만들었다. 진정한 친구는 내 선택을 비판하기보다 응원하는 사람이다. 우리는 우리가 부모가 되기에 너무 늦었다고 생각한 적이 없었다. 그런 생각은 머릿속에 스친 적도 없었다. 우리는 남들의 말과 생각과 반응에 굴하지 않고 계획을 밀고 나가기로 했다. 우리 계획은 정신적·육체적으로 젊음과 긍정을 유지하는 것이었다. 기억하자. 내가 가고자 하는 길을 가 본 적이 없는 사람은 내 앞길에 훈수를 둘 자격이 없다. 그런 사람은 본인의 태도와 한계를 내게도 똑같이 적용할 뿐이다.

통계에 맞서다

체외수정에 따른 임신 성공률은 고작 31퍼센트였다. 그나마도 여성의 나이가 35세 이하일 때에 해당했다. 42세 여성의 경우 확률이 4퍼센트로 곤두박질친다. 고령 여성의 난자는 수정 능력이 상대적으로 떨어진다. 거기에 정자 생산이 어려운 내 상황이 겹쳐 우리의 수정 가능성은 2퍼센트 미만이라는 것이 전문가의 소견이었다.

둘째로, 바바라 나이의 여성이 산달까지 무사히 아기를 배고 있을 가능성도 상대적으로 낮았다. 부모의 나이가 많아지면 사산, 유전적 기형, 다운증후군의 가능성도 함께 늘어난다. 우리 목표에 호의적인 의견이나 수치는 없었다. 온 세상이 쌍수를 들어 반대하는 목표가 있다면 그것은 바로 우리의 목표였다. 하지만 최악의 경우에도 우리에게는 강력한 패가 있었다. 입양이었다. 우리 뒤에는 든든한 플랜 B가 버티고 있었다.

다음에는 내가 몇 차례의 고환 검사를 받았다. 내게 가용 정자가 있는지 여부를 확인하는 과정이었다. 검사 결과는 부정적이었다. 암세포를 죽일 때 썼던 방사선이 내 정자까지 모두 파괴했다. "잊어버리세요. 그냥 개나 한 마리 기르세요." 비뇨기과 의사가 말했다. 우리는 그 의사를 해고하고 컨디션 회복을 위해 휴식을 취하며 다시 인터넷 검색에 들어갔다. 우리는 이제부터 스스로 프로젝트의 주도자이자 전문가가 되어 진로를 직접 결정하기로 했다. '전문가들'이나 주변 사람들이 이구동성으로 불가를 외친다면? 그렇다면 나를 믿어 주고 내 목표를 지지하는 새로운 전문가들과 친구들을 찾는 게 낫다. 앞장에 썼다시피 내가 암 진단을 받았을 때 거기 '전문가들의 조언'을 들었다면 나는 지금쯤 관에 누운 지 오래일 것이다.

내가 하고자 하는 것을 해 본 적이 없는 사람들의 조언은 무시해도 좋다.

2라운드

사실 정자는 남자의 DNA를 운반하는 배달원에 불과하다. 따라서 활동성이 없는 정자라도 채취해서 체외수정을 통해 바바라의 난자에 주입하고 결과를 기다려 보는 방법이 있었다. 정자에 DNA가 남아 있다면 수정 가능성이 있었다. 나는 내 고환을 다시 수술대 위에 올리기로 하고 정자를 채취할 날짜를 잡았다. 바바라는 바바라대로 난자 여럿을 인위적으로 성숙시키는 26일간의 호르몬 주사 프로그램에 들어갔다. 바바라 쪽에서는 확률게임이 가능할 만큼 충분한 수의 난자가 배란되느냐가 관건이었다.

바바라의 난자에 내 DNA를 주입할 날짜와 수정 성공 시 배아를 자궁에 이식할 날짜도 정했다. 난자를 채취하는 날 의사들은 놀라움을 금치 못했다. 바바라는 '상당히 질 좋은' 난자를 27개나 생산했다. 이 난자들 모두에 내 정자에서 추출한 DNA를 주입했다. 모두 수정이 이루어졌다! 잘하면 우리 아이들만으로 어린이집 하나를 세울 판이었다. 물론 여기서 끝이 아니었다. 배아를 5일간 배양하면서 이중 몇 개가 살아남아 이식에 적합한 상태가 될지 지켜봐야 했다.

엿새째 날 의사는 기대에 부푼 바바라와 나를 소환했다. 의사는 배아가 모두 죽었다는 소식을 전했다. 단 1개도 세포분열에 성공하지 못했다.

우리는 마음이 무너졌다. 바바라는 며칠간 말도 잃었다. 믿었던 시술이 완벽한 실패로 돌아갔다는 게 믿기지 않았다. 충격과 분노는 상상 이상이었다. 몇 주가 지나 마음이 좀 가라앉고 나서야 의논을 재개할 수 있었다. 우리는 6개월간 심신 회복기를 갖고 다시 시도하기로 했다. 나는 이미 너덜너덜한 고환을 다시 한 번 수술대에 올리고,

바바라는 다시 한 번 호르몬 주사 프로그램을 거쳐야 한다는 뜻이었다.

의사는 두 번째 시도는 첫 번째보다 고달픈 데다 우리는 한 살씩 더 나이든 부모 후보가 될 뿐이라며 재도전에 반대했다. 우리는 여기서 우리를 돕지 않겠다면 다른 곳을 알아보겠다고 답했다. 그리고 다시 인터넷 검색에 돌입했다.

**내가 목표를 이룰 것으로 믿지 않는 '조언자'는 버리고
새로운 조언자를 구하라. 내 목표이지 그들의 목표가 아니다.
그들은 다만 의견을 가진 조언자일 뿐이다.**

3라운드

우리는 현재의 실패가 아니라 최종 목표에 마음을 집중하면서 동기부여의 끈을 놓지 않았다. 그러다 베이징의 어느 의사가 돼지를 대상으로 새로운 인공수정 기술을 개발했다는 기사를 접했다. 이 의사는 마침 시드니 IVF 센터의 초청으로 새로운 인공수정 기술을 사람에게 시험하기 위해 호주에 와 있었다. 해당 기술은 정자가 아닌 정소(고환)에서 정원세포를 추출하고 정원세포에서 DNA를 채취해 여자의 난세포에 직접 주입하는 방식이었다. 돼지 대상 실험에서는 가능성이 입증됐고, 사람에게 같은 방식으로 시험한다고 했다. 우리는 귀가 솔

깃해서 한달음에 달려갔다.

시드니 IVF 센터는 우리를 임상시험 대상으로 받아주었다. 하지만 바바라의 나이와 나의 방사선치료 이력 때문에 가능성이 매우 낮다는 경고를 붙였다. 나는 정원세포 추출을 위해 또 한 번의 수술을 치러야 했다. 수술 내용은 모르는 편이 마음 편했다. 설명을 들으면 아무리 용감한 남자라도 간담이 서늘해지고 속이 불편해진다. 의사는 일단 내 오른쪽 고환을 몸에서 발라내 접시에 올려놓고 오렌지를 까듯 대충 잡아 찢고 나서, 일종의 망치로 두들겨 피자처럼 평평하게 편 다음 머리에 쓴 특수 현미경의 힘을 빌려 정원세포를 찾는다.

**수술대 위에 의식 없이 누워 있는 나.
한 손에는 내 고환을, 다른 한 손에는 망치를 들고 서 있는 의사.
모든 남자의 악몽이다.**

원하는 것을 얻으면 의사는 내 고환의 잔해를 그러모아 점토 반죽하듯 공처럼 뭉쳐서 의료용 테이프로 둘둘 감은 다음 다시 내 몸에 넣고 꿰매 붙인다. 이 수술의 후유증은 출혈이 따를 수 있다는 것(실제로 일어났다)과 6개월 동안 존 웨인John Wayne처럼 걷게 된다는 거였다. 긍정적 측면도 있었다. 목소리가 한 옥타브 높아져서 비치보이스Beach Boys 노래를 소화하게 된다.

난자에 내 DNA를 주입하는 시술을 앞두고 6주 동안 바바라는 난자 성숙을 유도하는 호르몬 주사를 매일 맞아야 했다. 암 치료 때문에 주사에 선수가 된 내가 바바라에게 주사 놓는 일을 자청했다. 주사를 맞기 위해 매일 병원에 가는 건 둘 다 원치 않았다. 우리 모두에게 육체적으로 힘든 시간이었다. 하지만 가치 있는 목표 추구에는 그만한 노고가 따르는 법이다. 비록 달성 가능성은 땅을 파고 들어갈 만큼 낮았지만 우리는 우리 목표의 가치를 믿었다. 우리는 포기할 마음이 없었다.

바바라는 바바라대로 반드시 해낸다는 강한 의지를 불태웠다. 바바라는 뱃속의 난자들에게 말을 걸고 지시를 내렸다. 난자들에게 해야 할 일과 나아갈 바를 주지시키고, 자신의 일거수일투족을 일일이 알려주었다. 시각화가 목표 달성에 지대한 영향을 미치는 것은 사실이다. 하지만 바바라의 정신건강을 염려하지 않을 수 없었다. 이번에도 결과가 나쁘면 쓰러지지 않을까 걱정되었다. 그러나 바바라는 오히려 먼젓번보다도 성공을 확신했고, 매일 자신의 난소와 행복하고 심도 깊은 대화를 나눴다. 그녀는 임신 의지의 표명으로 병원에 갈 때도 집에 있을 때도 아기 옷을 목에 걸고 다녔다. 정신 나간 짓으로 보는 사람들도 있었지만 바바라는 온전히 자기 자신을 믿었다. 그녀는 자신이 원하는 결과 이외의 것은 생각하지 않겠다는 원칙을 뚝심 있게 고수했다. 간절히 원하는 것이 있는가? 뇌세포를 총동원해서 몸에 할 일을 지시하자. 내가 암을 이길 때도 써먹은 방법이다. 바바라라고 하지 못할 이유가 없었다. 바바라는 쉬지 않고 자기 몸에 할 일과 나아갈 바를 말했다.

나는 세 번째 고환 수술에 임했다. 도마 위에 오른 오른쪽 고환과 망치를 든 의사. 다시 내 DNA가 추출됐고, 내 목소리 톤도 다시 올라갔다. 알다시피 테스토스테론(고환에서 분비되는 남성호르몬) 수치가 높아지면 목소리가 굵어진다. 그래서 사춘기에 고환이 발달하면 변성기가 오는 거다. 옛날 유럽에 있었던 카스트라토(거세된 남성 소프라노)를 생각하면 이해가 쉽다. 수술의 여파로 나는 더 이상 레오나르도 코헨 Leonard Cohen의 노래는 부르기 어렵게 됐다.

위기일발 공중 작전

목표로 가는 길이 고달프고 험해도 매사 긍정과 유머로 임하는 정신 자세가 중요하다. 어차피 내 목표고 내 선택이다. 누가 등 떠밀어서 하는 일이 아니다. 바바라도 나도 이 점을 잊지 않았다. 나는 26일 동안 매일 기다란 주사바늘로 바바라의 허벅지를 찔렀다. 마지막 주사는 '난포주사'다. 병원에서 난자를 채취하기 직전 난소에 배란을 명령하는 신호탄이므로 반드시 정해진 시간에 주사해야 한다. 난포주사

날 우리는 시드니로 출발했다. 시드니는 비행기로 1시간 거리였다. 시드니 공항에 도착해 30분 이내에 주사를 놔야 했다.

불행히도 항공 교통 정체로 비행기 출발이 20분 늦어졌다. 우리는 난포주사가 든 아이스박스를 발밑에 놓고 초조하게 시계만 보았다. 이제는 시드니에 내리자마자 바바라에게 주사부터 놔야 했다. 두 시간 후 우리 비행기가 시드니 공항에 접근할 때 기장의 방송이 흘러나왔다. 공항 활주로가 혼잡해서 30분간 착륙대기 선회비행을 하겠다는 내용이었다. 청천벽력이었다. 이제는 난기류를 뚫고 하강하는 비행기 안에서 바바라에게 난포주사를 놔야 할 판이었다. 그러지 않으면 이번 IVF 사이클이 몽땅 수포로 돌아갈 운명이었다.

나는 승무원에게 다급히 우리 사정을 설명했다. 하지만 주사 투약을 위해 좌석벨트를 풀거나 화장실에 가는 것은 허락할 수 없다는 답이 돌아왔다. 나는 화장실을 이용할 수 없다면 자리에 앉은 채로 아내에게 주사를 놔야 하는데, 그러면 착륙대기 때문에 가뜩이나 불안한 승객들을 더욱 겁먹게 하는 일이 될 거라고 했다. 승무원은 계속 주사는 불가능하다고 했고, 나는 계속 누가 뭐래도 주사는 놔야겠다고 우겼다. 나는 주사바늘을 꺼내 들었다.

나는 생각했다. 여기서 더 나빠질 게 뭐지? 승무원 지시에 불복종한 죄로 착륙 즉시 체포될 수 있었다. 하지만 그래서 뭐? 감옥에 가기밖에 더하겠어?

승무원들이 기장에게 보고했고, 기장이 상황을 보러 왔다. 그는 주사기와 내 결의와 바바라의 눈물을 보더니 커튼으로 막아 놓은 주방을 이용해도 좋다고 허락했다. 우리가 급히 좌석벨트를 풀고 나갈 때 비행기가 난기류로 흔들리기 시작했다. 비행기 주방에서 바바라는 치마를 걷어 올리고 속바지를 내렸다. 비행기가 공중의 풍선처럼 요동쳤다. 나는 몸의 중심을 유지하려 안간힘을 쓰며 주사기를 들었다. 그리고 주사바늘을 목표지점에 단호하게 그리고 끝까지 찔러 넣었다. 바바라가 비명을 내지르며 울음을 터뜨렸다. 나는 기쁨의 환호성을 질렀다. 미션 완료!

**남들의 말과 생각과 반응에 굴하지 않고
나의 행동계획을 밀고 나간다.**

처음에 나는 IVF 시술 과정을 하나의 과학 프로젝트로 여기며 논리적이고 이성적으로 임할 수 있을 거라 생각했다. 하지만 막상 겪어 보니 전혀 그렇지 못했다. IVF는 말로만 듣던 감정의 롤러코스터 그 자체였다. 겪어 보기 전에는 아무도 예상할 수 없는 감정적·육체적 고생길이었다. 하지만 목표를 반드시 이루고 싶다면, 필요하면 한다는 결의가 필요하다. 그리고 상황이 어려워도 밀리지 않는 대응력을 키워야 한다. 거저 되는 것은 없다.

이틀 후 바바라는 25개의 난자를 생산했고, 나는 난자에 주입할 신선한 DNA 확보를 위해 한 차례 더 고환 수술을 받았다. 이번에는 보람이 있어서 우리는 3개의 건강한 배아를 얻었다. 2개는 아들 배아고,

1개는 딸 배아였다. 아들 배아 둘을 자궁에 이식하고, 딸 배아는 나중을 위해 초저온 냉동 보관했다.

나는 살아 있는 배아가 자궁에 이식되는 과정을 TV 모니터로 지켜보았고, 전 과정을 녹화했다. 참으로 강력한 정신적 체험이었다. 1시간 뒤 병원을 걸어 나갈 때 바바라는 나를 보며 조용히 말했다. "우리 임신했어요." 나는 아내를 치하하고 격려했다. 다만 지레 흥분하지 않으려 애썼다. 통계적으로 봤을 때 우리가 여기까지 온 것만도 엄청난 일이었다. 불가능에 가까운 일을 해낸 셈이었다. 바바라가 무사히 출산할 가능성은 사실 희박했다. 결국 실패로 돌아갔을 때 바바라가 정신적 외상을 겪는 일은 원치 않았다.

의사는 호르몬 주사와 고환 수술과 그간의 시술 실패는 사실상 쉬운 부분에 속한다고 했다. 이제 바바라가 배아를 적어도 12주 동안 무사히 길러야 했다. 그다음에야 임신 가능성을 논할 수 있었다. 의사는 바바라의 나이(43세) 때문에 가능성이 높지 않다고 반복해 경고했다. 그날 밤 나는 인터넷으로 아동 입양기관과 반려견에 대해 검색했다. 내가 믿음을 잃었다는 뜻은 아니다. 목표가 무엇이든 통계적 확률을 고려해 대안을 찾는 것은 항상 하는 일이었고 또 바람직한 일이다.

바바라는 출산까지의 성공적 임신기간을 머릿속에 반복 재생하며 자신의 체세포들에게 끝없이 할 일을 지시했다. 놀라운 자기 암시였다. 그런 강도의 자기 암시는 본 적이 없었다. 자기 암시를 넘어 거의 자기 최면 같았다. 하지만 지금 생각하면 바바라의 방법은 내가 암을 이겨 낸 방법과 다르지 않았다. 암과 싸우던 당시 내게는 승리에 대한 확신이 있었다. 바바라도 아기를 만들기 위해 같은 과정을 밟았다. 바바라는 내가 암을 죽인 방법과 같은 방법으로 생명을 잉태했다.

바바라가 임신 과정에서 보여 준 노력은 보는 사람으로 하여금 경외심을 갖게 했다. 최초로 1마일 달리기 4분 벽을 깨는 로저 배니스터를 보는 듯했다. 나는 바바라에게 부정적인 말을 하지 않았다. 첫째, 바바라가 성공하기를 바랐기 때문이고 둘째, 바바라와 비슷한 방법을 쓴 난임 여성들의 사례를 읽었기 때문이다. 내가 속으로 불안감을 삭이고 있을 때 바바라는 강철 같은 결연함과 으스스할 정도의 차분함을 유지했다. 그녀는 두 배아 중 적어도 하나는 무사히 아기로 낳겠노라 다짐했다. 그녀는 매일 뱃속의 두 배아에게 말을 걸고, 노래를 불러 주고, 자기가 지금 무슨 일을 하고 있는지 설명하고, 이야기 책을 읽어 주고, 집에서 아기 옷을 목에 걸고 다니고, 계속 아기 방을 꾸몄다.

그리고 2005년 3월 8일, 바바라는 무통주사도 없이 진통 12시간만에 브랜든을 낳았다.

바바라의 관점에서

—

브랜든은 내가 43세 때 태어났다. 임신과 출산에 이르는 길은 험하기 그지없었고 희박한 가능성만 있었다. 하지만 나는 의료진과 친지들의 부정적인 말들을 무시하기로 결정했다. 내 결정은 목표를 긍정적으로 밀고나가고, 임신에 성공하고, 무통주사 없이 자연분만하는 것이었다. 실패는 내 상상의 영역 밖이었다. 나는 오직 내가 원하는 결과만 상상했다.

친구들 대부분은 내가 모험과 여행의 삶을 뒤로하고 기저귀를 갈고 젖을 먹이는 생활로 돌아갈 수 있다고 믿지 않았다. 하지만 나는 다시 학부형이 되어 학교 행사에 따라다니고 아이들 도시락을 싸는 꿈에 부풀었다. 그것이 이루어지지 않는다는 생각은 할 수 없었다. 브랜든이 태어나자 내 꿈이 상상 그대로 현실이 되었다. IVF 시술로 내 몸에서 채취한 난자는 모두 합해 57개였다. 그 최종 결과를 품에 안았을 때의 기분은 내가 죽어서도 잊지 못할 것이다.

브랜든이 태어나고 더 없이 놀랍고 행복한 2년이 흘렀다. 나는 앨런에게 딸도 낳고 싶다고 말했다. 우리 딸은 유전적으로 완벽한 상태로 초저온 냉동 보관 중이었다. 딸 생각이 한시도 마음을 떠나지 않았다. 딸을 갖는 건 내 평생의 소원이었다. 앨런은 처음엔 불안해했다. 우리에게는 이제 자식이 다섯이었고, 내가 다시 임신할 가능성은 첫 번째보다도 낮았다. 나는 46세였다. 의사들은 태아의 건강은 물론 내 목숨마저 위험한 일이라고 했다. 하지만 나는 긍정적으로, 단호하게, 절대적으로, 의심의 여지없이 딸을 원했다. 가능성이 낮다고는 하지만 한 번 한 일을 두 번 못하리란 법은 없었다.

나는 밤마다 침대에 누워 소원이 이루어지는 상상을 했다. 얼마 안 가 나는 성공을 확신했다. 자신감이 생겼다. 내 몸이 '그래, 할 수 있어'라고 말하고 있었다. 너무 위험한 일이라는 의사들의 의견에도 한

치의 변함이 없었다. 배아를 해동하는 데 성공한다 해도 먼젓번보다 더 크고 많은 위험이 따른다고 했다. 친구들과 친척들이 반대와 설득에 나섰다. 이번에도 나는 불리한 통계와 확률에 연연하지 않고 실행에 옮기겠다는 굳건하고 구체적인 결정으로 맞섰다. 지극히 적은 수의 여성만이 여기에 성공한다 해도 내가 그중 1명이 되면 그만이었다. 나는 이 일을 가능한 일로 믿어 주고 내 결정을 지지해 줄 사람들과만 어울리기로 했다.

내가 벨라로 이름 붙인 우리의 딸 배아가 성공적으로 해동되어 마침내 내 자궁에 이식됐다. 나는 딸에게 끊임없이 말을 걸고, 내 자궁에 꼭 붙어 있으라고 다독이고, 우리가 곧 만나게 될 거라는 긍정적 암시를 주었다. 나는 내 몸의 세포 하나하나를 머리에 그리며 그들 모두에게 명확한 지시를 내렸다. 모두의 놀람 속에서 벨라는 내 자궁에 무사히 붙어 있었고, 나는 고령 산모가 임신 초기에 받는 온갖 테스트를 거쳤다. 그렇게 열 달 후 벨라가 태어났다. 브랜든보다 3년 늦게 태어난 이란성 쌍둥이 딸이었다. 나는 벨라도 자연분만으로 낳았다. '고령' 여자치곤 나쁘지 않은 전적이었다. 나는 유방염 등 수유에 따른 여러 문제를 겪었지만 브랜든에게 2년, 벨라에게 3년 모유를 먹였다.

사람들은 종종 내게 나이 들어 다시 아이를 갖는 것이 어떤 느낌인지 묻는다. 그것을 어떻게 말로 표현할 수 있겠는가? 나는 두 번 모두 의붓딸들과 함께 임신기간을 지냈다. 내가 임신했을 때 내 의붓딸 멜리사와 재스민도 임신 중이었다. 내 아들 아담은 20대 후반에 남동생과 여동생이 차례로 태어나는 것을 보았다. 갓난 동생들을 팔에 안은 아담을 보는 것도 감동적인 경험이었다. 이제 나는 54세고 앨런은 65세다. 하지만 꼬맹이 자식들 때문에 우리는 항상 젊게 산다. 우리 나이의 다른 사람들이 빈둥지증후군을 겪으며 대부분의 시간을 먹고, 마시고, 골프 치고, 여행하는 데 보낼 때, 앨런과 나는 아이들을 따라 집안을 뛰어다니고, 매일 학교에 가고, 스포츠 경기를 찾아다니고, 테니스와 무술을 하고, 브랜든과 벨라를 데리고 운동한다. 우리와 주로 교류하는 사람들은 20~30대다.

앨런과 나는 현재 아이들에 둘러싸여 살고, 그것이 너무 좋다. 우리는 8명의 손주를 두었다. 브랜든과 벨라에게는 자기 또래의 조카들이다. 다시 선택한다고 해도 나는 현재 상황에서 어느 것 하나 바꿀 마음이 없다. 당신의 목표 달성 가능성을 부인하는 사람이 있다면 이 점을 명심하자. 그것은 그들의 경험에 근거한 그들의 의견일 뿐이다. 또는 그들 자신의 무능을 일반화하는 의견일 뿐이다. 중요한 것은 남의 의견보다 나 자신을 믿는 것이다. 성공한 소수에 들겠다고 결심하고, 긍정적 태도로 부단히 노력하는 것이 중요하다. 나는 그렇게 했다. 나는 성공한 소수 그룹의 일원이 되기로 결심했다. 누군가는 반드시 성공한다. 내가 그중 1명이 되지 말란 법은 없다.

그리고 개를 한 마리 더 키우는 것은 내가 진정으로 원하는 것이 아니었다.

무너지지 않는 공든 탑

—

필요한 모든 과정을 거치고도 아무 성과가 없다면? 모두 수포로 돌아간다면? 통계적으로 볼 때 바바라와 나의 성공 가능성은 매우 낮았다. 하지만 어려운 조건에서도 성공하는 사람들이 분명 있었고 앞으로도 분명히 있다. 우리는 그 점을 생각하며 의지를 다졌다. 우리는 누가 뭐래도 아이를 가질 작정이었다. 바바라가 임신하는 것이 최선책이었고, 차선책은 입양이었다. 어느 경우나 엄청난 경사였다. 손해 볼 게 없었다. 우리 길이 끝내 어디로 이어지든 우리를 기다리는 것은 행복이었다. 비록 처음 계획대로 풀리지 않아도 우리가 목표를 달성하는 것은 기정사실이었다.

사람들이 선뜻 긍정의 경로로 나서지 못하는 것은 시작하기도 전에 부정적 확률에 압도되는 탓이다. 확률이 내 편이 아니라고 해서 시도하지 말란 법은 없다. 진심으로 원하는 목표가 있고 그 목표로 향하는 길에 나서면 새로운 문들이 열린다. 길에 나서지 않았다면 영영 몰랐거나 고려하지 않았을 선택사항과 가능성들이 대두한다.

목표를 명확히 정의해서 RAS에 입력하라.
RAS가 당신이 원하는 곳으로 가는 길을 찾아 준다.

16장

종합장

이제까지의 내용을 정리해 보자.

인생의 성공, 원하는 것을 얻는 것, 되고 싶은 사람이 되는 것. 그것은 재능의 문제라기보다 계획과 실행의 문제다. 재능을 타고나도 빛을 발하지 못하는 사람이 있는가 하면, 불리한 조건에서도 별처럼 빛나는 사람도 있다. 사람들이 성취하는 삶을 살지 못하는 것은 '무엇을'보다 '어떻게'에만 골몰하기 때문이다. 성공으로 가는 길에서 가장 결정적인 단계는 '무엇을'을 결정하는 단계다. 나는 무엇을 원하는 사람인지, 내가 원하는 것은 무엇인지부터 알아야 한다. 목표를 정하면 방법이 사방에서 나타난다. 그 방법들을 반영해 행동계획을 세우고, 현실성 있는 데드라인을 잡자.

이 책은 어쩌면 당신이 이미 알고 있던 것들—시각화, 긍정의 확언, 목표 설정, 데드라인, 끌어당김의 법칙 등등—이 실제로 어떻게 작용하는지에 대해 설명했다. 그 작용 원리는 과학적 연구결과로 증명되었다. 원리는 간단하다. 자기 대화와 자기 암시를 통해 RAS를 내게 유리한 방향으로 설정하면 된다.

이 책이 제시하는 가장 큰 돌파구는 내가 내 의도대로 RAS를 설정할 수 있다는 점이다. 원하는 바를 명확한 메시지로 의식화해서 RAS에 보내야 한다. 긍정형 기대사항은 RAS가 긍정적 행동 정보를 찾고 부정적 행동 정보는 차단하게 하는 자동 명령어가 된다. 내가 내 현실을 능동적으로 만들 수 있다는 뜻이다. 이 책의 어느 부분도 의지력을 강조하지 않는다. 모든 것은 우리의 뇌간을 가로질러 뻗어 있는 작은 신경섬유 다발, 바로 RAS(망상활성계)에서 일어난다.

손으로 적는다

성공한 인생을 사는 사람들에게는 생각을 쓰고 아이디어에 우선순위를 매기는 버릇이 있다. 생각이 종이에 글로 구체화되는 순간, RAS가 원하는 것을 현실로 만들기 위한 답들을 찾기 시작한다. 내 흥미를 끌거나 내 가슴을 뛰게 하는 것들을 무엇이든 종이에 써서 목록화하는 습관을 들이자. 평가하지 말자. 재단하지 말자. 그저 종이에 쓰자. 쓰는 행동은 내게 정말로 중요한 것들을 되새기고 거기에 주의를 집중하게 하고, 그래서 RAS에 발동을 걸어 내게 유리하게 작용하게 한다. RAS는 포석을 놓듯 내가 원하는 곳으로 나를 한 걸음 한 걸음 인도한다.

한번 목록을 만들었다고 끝이 아니다. 계속해서 항목을 더해 가자. 남들이 내게 기대하는 것이 아닌 내가 정말 원하는 것을 목표로 설정하자. 목록을 고치고 또 고치자. 내 열정이 있는 곳을 발견하는 데 힘쓰고, 금전적인 문제는 일단 등식에서 빼자. 금전적 비용과 이득부터 걱정하면 명료하게 생각하기 어렵다. 80/20 라이프 스타일 실현을 위한 장기 로드맵을 만들고 중단기 행동계획을 세우자.

목표를 쪼개고 데드라인을 잡는다

목표를 '한입 크기'로 잘게 분리해서 한 번에 한 조각씩 먹자. 중요한 데드라인을 지키지 못할 상황이라고 판단되면 데드라인을 재조정한다. 성공하는 사람들과 나머지의 차이는 성공하는 사람들은 행동 지향적이라는 것이다. 누구나 시작은 미미하다. 다만 그들은 계속 전진한다. 그리고 자기 궤도를 고수한다. 궤도에서 이탈시키려는 남들의 시도에도 굴하지 않는다. 어느 것이든 거기에 데드라인을 정하면 끝낼 수 있다. 부정적인 생각도 예외는 아니다.

주도권을 잡는다

내가 인생에서 무엇을 얻게 될지는 오늘의 내 선택에 달렸다. 부모도, 지나간 인연도, 내 직업도, 경제 상황도, 날씨도, 내 나이나 성별이나 인종도 아니다. 오늘의 내 선택이 내 미래를 만든다. 지금의 내 상황에 대한 책임은 오직 나 자신에게 있다. 모두 내 결정과 선택의 결과다. 여기에 근사한 반전이 있다. 선택의 주도권은 전적으로 우리 손에 있다. 이제부터 그렇게 된다. 이 책이 이미 당신에게 '어쩔 수 없는' have to 인생이 아닌 '원하는 대로' want to 인생을 사는 방법을 제시했다. 오늘부터 내가 내 인생의 모든 것에 100퍼센트 주도권을 행사하겠다고 작심하자. 작심의 힘은 크다. 나도 모르게 불평과 원망을 하고 있다면 그것을 인식하는 즉시 멈춘다. 지금 이 순간부터 인생사에 반응하는 방식을 바꾼다. 내가 할 수 있는 일, 내가 할 일을 대해 긍정적으로 언급하자. 말이 씨가 된다.

확언과 시각화를 활용한다

확언을 통해 바라는 결과에 마음을 집중하고, 시각화를 통해 성공을 미리 마음에 그린다. 이 방법으로 목표를 달성한 사례는 수없이 많다. 목표를 물리적으로 실현하기에 앞서 심리적으로 실현해야 한다. 이것은 매우 중요하다. 중요한 정도가 아니다. 반드시 그래야 한다. 마음속으로 장벽을 쌓지 말자. 자기가 스스로 만든 한계를 뛰어넘을 수 있는 사람은 없다. 오늘부터 입에서 부정형 문장이 나올 때마다 긍정형으로 고쳐 말하자. 시각화는 특정 자질과 능력의 발현에 필요한 뇌 신경회로를 강화한다. 이것이 시각화가 목표 달성에 효과적이고 또 어느 목표에나 유용한 이유다. 오늘부터 내가 원하는 것들만 마음에 그리자. 원하지 않는 것을 자꾸 상상하는 것은 그것의 발생을 조장하는 것과 같다. 시각화와 확언은 내 성공을 막는 장벽을 부순다. 내 창의성을 죄는 굴레를 풀고, 사용하지 않았던 잠재력을 터뜨린다. 시각화와 확언을 활용해 열정 수위를 유지하고, 시간을 투자해 성공에 유리한 습관을 기르자.

성공적인 운동선수들은 누구나 물리적 훈련과 정신적 훈련을 병행한다. 언제나 승리하는 상상을 하자. 마음에 그려지지 않는 승리는 현실에서도 달성되기 어렵다. 내가 나에게 말하는 대로 이루어진다.

긍정적 행동을 끊임없이 연습하자. 그 행동이 '할 수 있다'can do 습관
으로 굳어질 때까지.

내 인생은 내가 과거에 했던 확언들의 총합이다. 확언으로 끊임없
이 자기 암시를 하면 강화의 법칙Law of Reinforcement이 내 뜻대로 작용
해서, 나는 내가 되기로 결심한 사람처럼 행동하고 생각하게 된다. 그
리고 결국은 확언의 내용이 내 현실이 된다.

일어나지 말았으면 하는 일은 절대 생각하지 말자. 원하는 것만 생
각하자. 내가 생각하는 것, 내가 단언하는 것이 현실이 된다.

새로운 습관을 들인다

성공한 사람들의 버릇을 의도적으로 배우자. 그것이 내가 원하는 성
공으로 나를 이끈다. 비생산적인 버릇을 고수하는 것은 목에 맷돌을
걸고 있는 것과 같다. 그래서는 앞으로 나갈 수가 없다. 어떤 시도가
됐든 결과적으로 성공하느냐 실패하느냐는 후천적으로 학습되고 습
관화한 생각과 태도가 결정한다. 매사 메모하고, 매일 사업일지를 쓰
고, 수첩을 항상 지니고 다닌다. 사람들의 이름과 얼굴을 잘 기억하는
요령을 찾아 익힌다. 담배와 술과 마약은 지금 당장 필요한 단계를
밟아 끊도록 한다.

누가 뭐라고 하든 밀고 나간다

친구나 가족이나 남들이 내가 목표를 향해 나아가는 것을 막으려 할
지도 모른다. 나를 사랑해서 그럴 수도 있고, 미워해서 그럴 수도 있고,

내가 성공하면 자신이 초라해질까 봐 그럴 수도 있다. 목표를 세우고 데드라인을 갖춘 계획을 짰다면, 남들이 어떻게 생각하고 말하고 행동하든 주저 없이 첫걸음을 떼자. 비판을 두려워하지 말자. 비판을 피하는 유일한 방법은 아무 일도 하지 않고, 아무 말도 하지 않고, 아무것도 되지 않는 것이다.

낌새가 좋지 않은 모든 것으로부터 벗어나자. 내겐 그럴 권한이 있다. 누구에게도 해명할 필요 없다. 내면의 소리만 믿고 가자. 지금 내 주위에 있는 것들과 사람들은 모두 내가 내 인생에 끌어들인 존재들이다. 이 점을 인정하자. 모든 책임은 내게 있다. 오늘 인정하자.

가장 친한 친구 5명을 꼽아 보라. 그들의 라이프 스타일과 삶의 성과가 내게 어떤 영감과 설렘도 주지 않는다면 새로운 친구들을 찾는 게 낫다. 지금의 친구들과만 계속 어울리면 내가 기대할 수 있는 달성치는 언제까지나 그 무리의 평균치에 불과하다. 친구들의 평균이 되고 싶지 않다면 새로운 친구들을 사귀자. 그렇다고 사람들을 배척할 필요는 없다. 상대가 어떤 의견을 말하든 좋은 낯으로 기분 좋게 넘기자. 그들에게도 그들의 의견을 가질 권리가 있으니까. 나는 내가 옳다고 믿는 것을 확실하게 말해 주면 된다.

두려움과 걱정을 정상으로 받아들인다

스트레스를 받고, 자포자기에 빠지고, 좌절감이 들 때, 그리고 부정적 생각이 습관이 되었을 때, 그런 상태를 끝낼 데드라인을 정한다. 날짜와 시간을 정해 놓고 이후로는 내게 이미 일어난 일들에 대한 부정적 생각을 멈추기로 작정한다. 누구에게나 불행이 닥친다. 불행도 인생의 일부다. 하지만 고꾸라졌다고 해서 게임이 끝난 것도 게임에서 배제되는 것도 아니다. 진짜 패배는 넘어진 자리에 계속 넘어져 있을 때다. 미리 결심하자. 불행이 닥쳐도 그 수렁에서 또는 슬럼프에서 빠져나오겠다고. 새로운 기회가 찾아오거나 예상치 못한 상황이 닥치면 누구나 겁이 나고 주눅 든다. 그러나 두려움에 발목이 잡혀 목표를 향한 노력을 포기하는 일은 없어야 한다.

숫자놀음을 한다

사람이 시도하는 일 중 절대로 일어나지 않는 일과 항상 일어나는 일은 거의 없다. 무슨 일이든 의도하는 결과가 일정한 빈도로 일어나게 되어 있다. 사람이 하는 모든 시도는 평균 성공비율을 수반한다. 이 성공비율은 사람마다 다르다. 나의 성공비율을 내가 알아내야 한다. 모든 일은 결국 확률게임이다. 한두 번에 포기하면 끝이지만 계속 시도하면 이 비율에 따라 결국 성공한다. 매일 활동일지를 쓰자. 일종의 모니터링이다. 오늘 한 일을 적고, 그 일을 몇 번이나 시도했는지, 그중 성공한 것은 몇 번이고 실패한 것은 몇 번인지, 어떻게 했을 때 성공하고 어떻게 했을 때 실패했는지 기록한다. 한마디로 통계를 낸다. 얼마 안 가 나의 성공비율이 드러난다.

인생의 주도권을 잡는다

다른 사람이 밀어붙이는 길로는 가지 않는다. 그 사람의 의도가 아무리 호의적이라고 해도 마찬가지다. 내 인생은 내가 주도한다. 나 자신을 찾자. 내가 되고 싶은 사람이 되기로 결정하자. 매일 하는 일이 짜릿함도 보람도 주지 않는다면 거기서 탈출할 계획을 세운다. 사람들 대부분은 자신이 밥벌이로 하는 일을 좋아하지 않는다. 마지못해 한다. 많은 사람들이 당장 먹고 사는 일이 급해서 자신이 정말 원하는 것을 할 여유가 없다고 말한다. 그런 사람들 중 1명이 되지 말자.

포기하지 않는다

항상 시작이 가장 어렵다. 그만두고 싶을 때는 내가 쓴 목표 목록을 다시 읽고 원하는 결과만 생각한다. 일단 보이는 데까지 가자. 거기 도착하면 더 멀리까지 볼 수 있다. 출발점에서는 보이지 않았던 것들이 보인다. 남들이 뭐라고 하든 어떻게 생각하든 목표를 고수하자. 인생에서 원하는 것이 무엇이든 이제는 그것을 이룰 수 있다. 원하는 것을 마음에 그리고, 우선순위를 매겨 목표 목록에 추가하고, 이 책에서 말한 성공의 법칙과 원칙들을 따르면 이루지 못할 것이 없다.

마지막으로

RAS는 강력한 성공 엔진이다. 나를 원하는 곳 어디라도 데려갈 수 있다. RAS는 내 전용 GPS다. 내가 할 일은 이루고 싶은 목표들을 찾아서 목록에 적고, A급 항목들에 데드라인을 정하는 것뿐이다. **어떻게**가 사방에서 보이기 시작하면, 그것들을 모아 행동계획을 수립한다. 이후에는 남들의 생각과 말과 반응에 개의치 않고 밀고 나간다. 성공을 향한 여정에 유리한 습관들을 새로 들이고, 긍정적 확언을 개발하고, 시각화를 활용한다. 도중에 어떤 상황을 만나도 유머를 잃지 않는다. 이것이 바바라와 내가 항상 하는 것이다. 그 효과를 누구보다 잘 알기 때문이다. 당장 실천하자. 당신에게도 동일한 효과를 낼 것이다.

자신이 하는 일을 귀중하고 진지하게 생각하되, 무겁고 진지한 사람은 되지 말자. 자기 자신과 협정을 체결하자. 삶의 어느 순간에서도 웃음과 기지를 잃지 말자. 어떤 일에도 유머러스한 면은 존재한다. 그것을 찾자. 인생 최고의 날은 내 인생은 내 것이라고 결심하는 날이다. 이날부터 핑계도 원망도 끊는다. 의존 심리도 책임전가 습관도 버린다. 이날이 진짜로 내 인생이 시작되는 날이다.

이 책의 처음을 장식했던 인용문을 다시 인용하면서 글을 맺는다.

마음이 무엇을 품고 무엇을 믿든 몸이 그것을 현실로 이룬다.
나폴레온 힐, 1937

참고문헌

1장 망상활성계RAS의 비밀

Burlet, S., Tyler, C. J. & Leonard, C. S. (2002). 'Direct and indirect excitation of laterodorsal tegmental neurons by hypocretin/orexin peptides: Implications for wakefulness and narcolepsy'. *Journal of Neuroscience* 22 (7): 2862−2872. PMID 11923451.

Evans, B. M. (2003). 'Sleep, consciousness and the spontaneous and evoked electrical activity of the brain. Is there a cortical integrating mechanism?'. Neuophysiologie clinique 33: 1−10. "https://en.wikipedia.org/wiki/ Digital_object_identifier" "https:// dx.doi.org/10.1016%2Fs0987−7053% 2803%2900002−9" 10.1016/s0987−7053(03)00002−9.

Garcia−Rill, E. (1997). 'Disorders of the reticular activating system'. *Medical Hypotheses* 49 (5): 379−387. doi:10.1016/ S0306−9877(97) 90083−9. PMID 9421802.

Garcia−Rill, E. (2008). 'Long−term deficits of preterm birth: Evidence for arousal and attentional disturbances'. *Clinical Neurophysiology* 119 (6): 1281− 1291. doi:10.1016/j.clinph.2007.12.021. PMC 2670248. PMID 18372212.

Garcia−Rill, E., Buchanan, R., McKeon, K., Skinner, R. R. & Wallace, T. (2007). 'Smoking during pregnancy: Postnatal effects on arousal and attentional brain systems'. *NeuroToxicology* 28 (5): 915−923. doi:10.1016/j.neuro. 2007.01.007. PMC 3320145. PMID 17368773.

Garcia−Rill, E., Heister, D. S., Ye, M., Charlesworth, A. & Hayar, A. (2007). 'Electrical coupling: novel mechanism for sleep−wake control'. *Sleep* 30

(11): 1405—1414. PMC 2082101. PMID 18041475.

Kinomura, S., Larsson, J., Gulyas, B. & Roland, P. E. (1996). 'Activation by attention of the human reticular formation and thalamic intralaminar nuclei'. *Science* 271 (5248): 512—515. doi:10.1126/science.271.5248.512. PMID 8560267.

Kumar, V. M., Mallick, B. N., Chhina, G. S. & Singh, B. (1984). 'Influence of ascending reticular activating system on preoptic neuronal-activity'. *Experimental Neurology* 86 (1): 40—52. doi:10.1016/0014—4886(84) 90065-7. PMID 6479280.

Magoun, H. W. (1952). 'An ascending reticular activating system in the brain stem'. *Ama Archives of Neurology and Psychiatry* 67 (2): 145—154. doi: 10.1001/archneurpsyc.1952.02320140013002. PMID 14893989.

Reiner, P. B. (1995). 'Are mesopontine cholinergic neurons either necessary or sufficient components of the ascending reticular activating system?'. *Seminars in the Neurosciences* 7 (5): 355—359. doi:10.1006/smns.1995. 0038.

Robinson, D. (1999). 'The technical, neurological and psychological significance of "alpha", "delta" and "theta" waves confounded in EEG evoked potentials: a study of peak latencies'. *Clinical Neurophysiology* 110 (8): 1427—1434. doi:10.1016/ S1388-2457(99)00078-4. PMID 10454278.

Rothballer, A. B. (1956). 'Studies on the adrenalinesensitive component of the reticular activating system'. *Electroencephalography and Clinical Neurophysiology* 8 (4): 603—621. doi:10.1016/0013-4694(56)90084-0. PMID 13375499.

Ruth, R. E. & Rosenfeld, J. P. (1977). 'Tonic reticular activating system? relationship to aversive brain-stimulation effects'. *Experimental Neurology* 57 (1): 41—56. doi:10.1016/0014-4886(77)90043-7. PMID 196879.

Shute, C. C. D. & Lewis, P. R. (1967). 'The ascending cholinergic reticular system: neocortical, olfactory and subcortical projections'. *Brain* 90 (3): 497—520. doi:10.1093/brain/90.3.497. PMID 6058140.

Steriade, M. (1995). 'Neuromodulatory systems of thalamus and neocortex'. *Seminars in the Neurosciences* 7 (5): 361—370. doi:10.1006/smns.1995. 0039.

Steriade, M. (1996). 'Arousal: Revisiting the reticular activating system'.

Science 272 (5259): 225—226. doi:10.1126/ science.272.5259.225. PMID 8602506.248

Svorad, D. (1957). 'Reticular activating system of brain stem and animal hypnosis'. Science 125 (3239): 156—156. doi:10.1126/science.125.3239.156. PMID 13390978.

Vincent, S. R. (2000). 'The ascending reticular activating system—from aminergic neurons to nitric oxide'. Journal of Chemical Neuroanatomy 18 (1—2): 23—30. doi:10.1016/S0891-0618(99)00048-4. PMID 10708916.

http://sleepdisorders.sleepfoundation.org/chapter-1-normal-sleep/neurobiology-of-sleep/

http://www.ncbi.nlm.nih.gov/pmc/articles/PMC2701283/

2장 무엇을 원할지 결정하라

http://www.dominican.edu/academics/ahss/undergraduate-programs/psych/faculty/assets-gail-matthews/researchsummary2.pdf

https://www.washingtonpost.com/news/on-leadership/wp/2013/10/10/only-13-percent-of-people-worldwide-actuallylike-going-to-work/

3장 목표를 명확하게 정의하라

Hill, P. L. & Turiano, N. A. (2014). 'Purpose in life as a predictor of mortality across adulthood'. Psychological Science. doi:10.1177/0956797614531799.

Shackell, Erin M. & Standing, Lionel G. 'Mind over matter: Mental training increases physical strength'. North American Journal of Psychology 9: 189—200.

http://www.medicalnewstoday.com/articles/276893.php

6장 내 인생의 최고 결정자

Brayand, F. & Moller, B. (2006). 'Predicting the future burden of cancer'. Nature Reviews Cancer 6: 63—74. doi:10.1038/nrc1781.

Calle, E. E., Rodriguez, C., Walker-Thurmond, K. & Thun, M. J. (2003). 'Overweight, obesity, and mortality from cancer in a prospectively studied cohort of U.S. adults'. *New England Journal of Medicine* 348: 1625—1638. doi: 10.1056/ NEJMoa021423.

Doll, R. & Peto, R. (1981). 'The causes of cancer: quantitative estimates of avoidable risks of cancer in the United States today'. *Journal of the National Cancer Institute* 66: 191—308.

Kolonel, L. N., Altshuler, D. & Henderson, B. E. (2004). 'The multiethnic cohort study: exploring genes, lifestyle and cancer risk'. *Nature Reviews Cancer* 4: 519—27. doi:10.1038/nrc1389.

http://www.who.int/mediacentre/news/releases/2003/pr27/en/

https://www.apf.asn.au/Members/Information/A-Skydiver-s-Guideto-Mental-Training/default.aspx

https://students.education.unimelb.edu.au/LiteracyResearch/pub/ Projects/ AKurzman.pdf

http://www.psych.nyu.edu/oettingen/Barry%20Kappes,%20H.,%20&%20 Oettingen,%20G.%20(2011).%20JESP.pdf

7장 시각화 기법

Ahsen, A. (1984). 'ISM: The triple code model for imagery and psychophysiology'. *Journal of Mental Imagery* 8 (4): 15—42.

Behncke, L. (2004). 'Mental skills training for sports: A brief review'. *Athletic Insight. The Online Journal of Sport Psychology*. [www.athleticInsight. com/html]. Retrieved 22 April 2010.

Bell, R., Skinner, C. & Fisher, L. (2009). 'Decreasing putting yips in accomplished golfers via solution-focused guided imagery: A single-subject research design'. *Journal of Applied Sport Psychology* 21 (1): 1—14.

Boyd, J. & Munroe, K. (2003). 'The use of imagery in climbing'. Athletic Insight. *The Online Journal of Sport Psychology*. [www.athleticInsight.com/html]. Retrieved 21 March 2010.

Callow, N. & Hardy, L. (2001). 'Types of imagery associated with sport confidence in netball players of varying skills'. *Journal of Applied Sport Psychology* 13: 1—17.

Callow, N., Roberts, R. & Fawkes, J. (2006). 'Effects of dynamic and static imagery on vividness of imagery skiing performance, and confidence'.

Journal of Imagery Research in Sport and Physical Activity 1: 1−15.

Calmels, C., Holmes, P., Berthoumieux, C. & Singer, R. (2004). 'The development of movement imagery vividness through a structured intervention in softball'. *Journal of Sport Behavior* 27: 307−322.

Cumming, J., Nordin, S., Horton, R. & Reynolds, S. (2006). 'Examining the direction of imagery and self-talk on dartthrowing performance and self-efficacy'. *The Sport Psychologist* 20: 257−274.

Driskell, J., Cooper, C. & Moran, A. (1994). 'Does mental practice enhance performance?' *Journal of Applied Sport Psychology* 79: 481−492.

Evans, L., Jones, L. & Mullen, R. (2004). 'An imagery intervention during the competitive season with an elite rugby union player'. *The Sport Psychologist* 18: 252−271.

Feltz, D. & Landers, D. (1983). 'The effects of mental practice on motor skill learning and performance: A meta-analysis'. *Journal of Sport Psychology* 5: 25−57.

Fischman, M. & Oxendine, J. (1993). 'Motor skill learning for effective coaching and performance'. In J. W. Williams (ed.), *Applied Sport Psychology* (Palo Alto, Calif.: Mayfield), pp. 11−23.

Glisky, M., Williams, J. & Kihlstrom, J. (1996). 'Internal and external imagery perspectives and performance on two tasks'. *Journal of Sport Behavior* 19 (1): 3−18.

Gould, D., Damarjian, N. & Greenleaf, C. (2002). 'Imagery training for peak performance'. In J. Van Raalte and B. Brewer (eds), *Exploring Sport and Exercise Psychology* (Washington, DC: American Psychological Association), 2nd edn, pp. 49−74.

Gray, S. (1990). 'Effect of visuo-motor rehearsal with videotaped modeling on racquet ball performance of beginning players'. *Perceptual and Motor Skills* 70: 379−385.

Green, L. (1993). 'The use of imagery in the rehabilitation of injured athletes'. In D. Pargman (ed.), *Psychological Bases of Sport Injuries* (Morgantown, WV: Fitness Information Technology), pp. 199−218.

Guillot, A. & Collet, C. (2008). 'Construction of the motor imagery integrative model in sport: A review and theoretical investigations of motor imagery use'. *International Review of Sport and Exercise Psychology* 2 1 (1): 31−44.

Guillot, A., Nadrowska, E. & Collet, C. (2009). 'Using motor imagery to learn tactical movements in basketball'. *Journal of Sport Behavior* 32 (2): 189–206.

Haanen, H., Hoenderdos, H., Van Romunde, L., Hop, W., Malle, C., Terwiel, J. & Hekster, G. B. (1991). 'Controlled trial of hypnotherapy in the treatment of refractory fibromyalgia'. *Journal of Rheumatology* 18: 72–75.

Hale, B. (1998). *Imagery Training: A Guide for Sports Coaches and Performers* (Leeds, UK: National Coaching Foundation).

Halgren, E., Dale, M., Sereno, R. & Tootell, R. (1999). 'Location of human face-selective cortex with respect to retinotopic areas'. *Human Brain Mapping* 7: 29–37.

Hall, C., Mack, D., Paivio, A. & Hausenblas, H. (1998). 'Imagery use by athletes: development of the Sport Imagery Questionnaire'. *International Journal of Sport Psychology* 29: 73–89.

Hall, C. & Pongrac, J. (1983). *Movement Imagery Questionnaire* (London, Ontario: University of Western Ontario).

Hall, E. & Erffemeyer, E. (1983). 'The effect of visuomotor behavior rehearsal with videotaped modeling on free throw accuracy of intercollegiate female basketball players'. *Journal of Sport Psychology* 5: 343–346.

Harris, D. & Robinson, W. (1986). 'The effect of skill level on EMG activity during internal and external imagery'. *Journal of Sport Psychology* 8: 105–111.

Hecker, J. & Kaczor, L. (1988). 'Application of imagery theory to sport psychology: Some preliminary findings'. *Journal of Sport and Exercise Psychology* 10: 363–373.

Holmes, P. & Collins, D. (2001). 'The PETTLEP approach to motor imagery. A functional equivalence model for sport psychologists.' *Journal of Applied Sport Psychology* 13: 60–83.

Isaac, A., Marks, D. & Russell, D. (1986). 'An instrument for assessing imagery of movement: The Vividness of Movement Imagery Questionnaire (VMIQ)'. *Journal of Mental Imagery* 10: 23–30.

Janssen, J. & Sheikh, A. (1994). 'Enhancing athletic performance through imagery: An overview'. In A. A. Sheikh & E. R. Korn (eds), *Imagery and Sport Physical Performance* (Amityville, NY: Bayood Publishing), pp. 1–22.

Jones, G. (1995). 'More than just a game: Research developments and issues in competitive anxiety in sport'. *British Journal of Psychology* 86: 449—478.

Klein, I., Paradis, A., Poline, J., Kosslyn, S. & LeBihan, D. (2000). 'Transient activity in human calcarine cortex during visual imagery'. *Journal of Cognitive Neuroscience* 12: 15—23.

Kosslyn, S., Ganis, G. & Thompson, W. (2001). 'Neural foundations of imagery'. *Nature Reviews Neuroscience* 2: 635—642.

Kosslyn, S., Thompson, W., Kim, I. & Alpert, N. (1995). 'Topographical representations of mental images in primary visual cortex'. *Nature* 3: 496 —498.

Lambert, S. (1996). 'The effects of hypnosis/guided imagery on the postoperative course of children'. *Journal of Developmental and Behavioral Pediatrics* 17: 307—310.

Lang, P. (1979). 'A bioinformational theory of emotional imagery'. *Psychophysiology* 16: 495—512.

Lang, P., Kozak, M., Miller, G., Levin, D. & McLean, A. (1980). 'Emotional imagery: Conceptual structure and pattern of somatovisceral response'. *Psychophysiology* 17: 179—192.

Lang, P., Levin, D., Miller, G. & Kozak, M. (1983). 'Fear behavior, fear imagery, and the psychophysiology of emotion: The problem of affective response integration'. *Journal of Abnormal Psychology* 92: 276—306.

Lohr, B. & Scogin, F. (1998). 'Effects of self-administered visuomotor behavioural rehearsal on sport performance of collegiate athletes'. *Journal of Sport Behaviour* 21 (2): 206—218.

MacKay, D. (1981). 'The problem of rehearsal or mental practice'. *Journal of Motor Behavior* 13: 274—285.

Mahoney, M., & Avener, M. (1977). Psychology of the elite athlete: an exploratory study. *Cognitive Therapy and Research* 1: 135—141.

Malone, M. & Strube, M. (1988). 'Meta-analysis of non-medical treatment for chronic pain'. Pain 34: 231—234.

Malouff, J., McGee, J., Halford, H. & Rooke, S. (2008). 'Effects of pre-competition positive imagery and self-instructions on accuracy of serving in tennis'. *Journal of Sport Behavior* 31 (3): 264—275.

Mamassis, G. & Doganis, G. (2004). 'Effects of a mental training program on juniors pre-competitive anxiety, self-confidence, and tennis performance'. *Journal of Applied Sport Psychology* 16: 118–137.

Marks, D. (1983). 'Mental imagery and consciousness: A theoretical review'. In A. Sheikh (ed.), *Imagery: Current Theory, Research, and Application* (New York: Wiley), pp. 96–130.

Martin, K. & Hall, C. (1995). 'Using mental imagery to enhance intrinsic motivation'. *Journal of Sport and Exercise Psychology* 17: 54–69.

Martin, K., Moritz, S. & Hall, C. (1999). 'Imagery use in sport: A literature review and applied model'. *The Sport Psychologist* 13: 245–268.

Mauer, M., Burnett, K., Oulette, E., Ironson, G. & Dandes, H. (1999). 'Medical hypnosis and orthopedic hand surgery: Pain perception, postoperative recovery, and therapeutic comfort'. *International Journal of Clinical and Experimental Hypnosis* 47: 144–161.

Moritz, S., Hall, C., Martin, K. & Vadocz, E. (1996). 'What are confident athletes imagining: An examination of image content'. *The Sport Psychologist* 10: 171–179.

Munroe, K., Giacobbi, P., Hall, C. & Weinberg, R. (2000). 'The four W's of imagery use: where, when, why, and what'. *The Sport Psychologist* 14: 119–137.

Munroe-Chandler, K. & Hall, C. (2007). 'Psychological interventions in sport'. In P. Crocker (ed.), *Introduction to Sport Psychology: A Canadian Perspective* (Toronto, ON: Pearson).

Murphy, S. & Jowdy, D. (1992). 'Imagery and mental practice'. In T. S. Horn (ed.), *Advances in Sport Psychology* (Champaign, IL: Human Kinetics), 2nd edn, pp. 221–250.

Murphy, S. & Martin, K. (2002). 'The use of imagery in sport'. In T. Horn (ed.), *Advances in Sport Psychology* (Champaign, IL: Human Kinetics), 2nd edn, pp. 405–439.

Nideffer, R. (1994). *Psyched to Win* (Champaign, IL: Human Kinetics).

Nideffer, R. & Sagal, M. (2006). 'Concentration and attention control training'. In J. M. Williams (ed.), *Applied Sport Psychology: Personal Growth to Peak Performance* (Boston, MA: McGraw-Hill), 4th edn, pp. 312–332.

Noel, R. (1980). 'The effect of visuo-motor behaviour rehearsal on tennis performance'. *Journal of Sport Psychology* 2: 221–226.

Onestak, D. (1997). 'The effect of visuo-motor behaviour rehearsal (VMBR) and videotaped modeling (VM) on the freethrow performance of intercollegiate athletes'. *Journal of Sport Behaviour* 20 (2): 185—198.

Paivio, A. (1985). 'Cognitive and motivational functions of imagery in human performance'. *Canadian Journal of Applied Sport Science* 10: 22—28.

Richardson, Alan. (1984). *The Experiential Dimension of Psychology* (Queensland, Australia: University of Queensland Press).

Rizzolatti, G., Fogassi, L. & Gallese, V. (2001). 'Neurophysiological mechanisms underlying the understanding and imitation of action'. *Nature Neuroscience Reviews* 2: 661—670.

Robin, N., Dominique, L., Toussaint, L., Blandin, Y., Guillot, A. & Le Her, M. (2007). 'Effects of motor imagery training on service return accuracy in tennis: the role of imagery ability'. *International Journal of Sport and Exercise Psychology* 5 (2): 1752: 661188.

Rogerson, L. & Hrycaiko, D. (2002). 'Enhancing competitive performance in ice hockey goaltenders using centering and selftalk'. *Journal of Applied Sport Psychology* 14: 14—26.

Roos, H., Ornell, M., Gardsell, P., Lohmander, L. & Lindstrand, A. (1995). 'Soccer after anterior cruciate ligament injury—an incompatible combination? A national survey of incidence and risk factors and a 7-year follow-up of 310 players.' *Scandinavian Journal of Medicine and Science in Sports* 5: 107—112.

Rotella, R., Gansneder, B., Ojala, D. & Billing, J. (1980). 'Cognitions and coping strategies of elite skiers. An exploratory study of young developing athletes.' *Journal of Sport Psychology* 2: 350—354.

Rushall, B. & Lippman, L. (1998). 'The role of imagery in physical performance'. *International Journal of Sport Psychology* 29: 57—72.

Ryan, D. & Simons, J. (1982). 'Efficacy of mental imagery in enhancing mental rehearsal of motor skills'. *Journal of Sport Psychology* 4: 41—51.

Ryan, D. & Simons, J. (1983). 'What is learned in mental practice of motor skills'. *Journal of Sport Psychology* 5: 219—426.

Sackett, R. (1934). 'The influences of symbolic rehearsal upon the retention of a maze habit'. *Journal of General Psychology* 13: 113—128.

Sheikh, A. & Korn, E. (1994). *Imagery in Sports and Physical Performance*

(Amityville, NY: Baywood).

Short, S., Bruggeman, J., Engel, S., Marback, T., Wang, L., Willadsen, A. & Short, M. (2002). 'The effect of imagery function and imagery direction on self-efficacy and performance on a golf-putting task'. *The Sport Psychologist* 16: 48—67.

Smith, D., Collins, D. & Holmes, P. (2003). 'Impact and mechanism of mental practice effects on strength'. *International Journal of Sport and Exercise Psychology* 1: 293—306.

Suinn, R. (1982). 'Imagery in sports'. In A. Sheikh (ed.), *Imagery, Current Theory, Research, and Application* (New York: Wiley), pp. 507—534.

Surburg, P., Porretta, D. & Sutlive, V. (1995). 'Use of imagery practice for improving a motor skill'. *Adapted Physical Activity Quarterly* 12 (3): 217—227.

Taylor, J. & Taylor, S. (1997). *Psychological Approaches to Sports Injury Rehabilitation* (Gaithersburg, MD: Aspen).

Taylor, J. & Wilson, G. (2005). *Applying Sport Psychology: Four Perspectives* (Champaign, IL: Human Kinetics).

Vadocz, E., Hall, C. & Moritz, S. (1997). 'The relationship between competitive anxiety and imagery use'. *Journal of Applied Sport Psychology* 9 (2): 241—253.

Vealey, R. & Greenleaf, C. (1998). 'Seeing is believing: Understanding and using imagery in sport'. In J. M. Williams (ed.), *Applied Sport Psychology: Personal Growth to Peak Performance* (Boston, MA: McGraw-Hill), pp. 220—224.

Weinberg, R. & Gould, D. (2006). *Foundations of Sport and Exercise Psychology* (Champaign, IL: Human Kinetics), 4th edn.

Weinberg, R., Seabourne, T. & Jackson, A. (1981). 'Effect of visuomotor behavior rehearsal, relaxation, and imagery on karate performance'. *Journal of Sport Psychology* 10: 71—78.

White, A. & Hardy, L. (1995). 'Use of different imagery perspectives on the learning and performance of different motor skills'. *British Journal of Psychology* 86: 191—216.

Wrisberg, C. & Ragsdale, M. (1979). 'Cognitive demand and practice level: Factors in the mental rehearsal of motor skills'. *Journal of Human*

Movement Studies 5: 201—208.

Zittman, F., Dyck, R., Spinhoven, P., Linssen, A. & Corrie, G. (1992). 'Hypnosis and autogenic training in the treatment of tension headaches: A two-phase constructive design study with follow-up'. *Journal of Psychosomatic Research* 36: 219—228.

http://scholar.lib.vt.edu/ejournals/JITE/v32n4/whetstone.html

https://www.psychologytoday.com/blog/flourish/200912/seeing-isbelieving-the-power-visualization

10장 확률게임

Barnes, G. M., Welte, J. W., Tidwell, M. C. & Hoffman, J. H. (2011). 'Gambling on the Lottery: Sociodemographic Correlates Across the Lifespan'. *Journal of Gambling Studies* 27 (4): 575—86. doi: 10.1007/s10899-010-9228-7.

http://fortune.com/2016/01/15/powerball-lottery-winners/

http://www.theghostcoders.com/799/you-just-won-a-lottery—10shocking-factsabout-the-lottery

http://journalistsresource.org/studies/economics/personal-finance/research-review-lotteries-demographics#sthash.ojrlp1te.dpuf

11장 웃음이 만병통치약

Artherholt, S. B. & Fann, J. R. (2012). 'Psychosocial care in cancer'. *Current Psychiatry Reports* 14 (1): 23—29.

Bachorowski, J.-A., Smoski, M. J. & Owren, M. J. (2001). 'The acoustic features of human laughter'. *Journal of the Acoustical Society of America* 110: 1581.

Bakhtin, Mikhail (1941). *Rabelais and His World* (Bloomington: Indiana University Press).

Bogard, M. (2008). *Laughter and its Effects on Groups* (New York: Bullish Press).

Chapman, Antony J., Foot, Hugh C. & Derks, Peter (eds) (1996). *Humor and Laughter: Theory, Research, and Applications* (NJ. Transaction Publishers).

Cousins, Norman (1979). *Anatomy of an Illness as Perceived by the Patient* (New

York. WW Norton).

Cousins, Norman (1983). *Anatomy of an Illness* (New York: Bantam Doubleday Dell).

Davila-Ross, M., Allcock, B., Thomas, C. & Bard, K. A. (2011). 'Aping expressions? Chimpanzees produce distinct laugh types when responding to laughter of others.' *Emotion*. Oct;11(5):1013- 20. doi:10.1037/a0022594.

Fashoyin-Aje, L. A., Martinez, K. A. & Dy, S. M. (2012). 'New patient-centered care standards from the Commission on Cancer: opportunities and challenges'. *Journal of Supportive Oncology*: e-pub ahead of print 20 March 2012. http://www.ncbi.nlm.nih.gov/pubmed/22440532

Fried, I., Wilson, C. L., MacDonald, K. A. & Behnke, E. J. (1998). 'Electric current stimulates laughter'. *Nature* 391:650.

Goel, V. & Dolan, R. J. (2001). 'The functional anatomy of humor: segregating cognitive and affective components'. *Nature Neuroscience* 3: 237—238.

Greig, John Young Thomson (1923). *The Psychology of Comedy and Laughter* (New York: Dodd, Mead and Co.).

Holmes, T. H. & Rahe, R. H. (1967). 'The social readjustment rating scale'. *Journal of Psychosomatic Research* 11: 213.

Jenkins, Ron (1994). *Subversive Laughter* (New York: Free Press), pp. 13ff.

Johnson, S. (2003). 'Emotions and the Brain'. *Discover* 24 (4).

discover.com Kawakami, K., et al. (2006). 'Origins of smile and laughter: A preliminary study'. *Early Human Development* 82: 61—66. kyoto-u.ac.jp

Klein, A. (1998). *The Courage to Laugh: Humor, Hope and Healing in the Face of Death and Dying* (Los Angeles, CA: Tarcher/Putman).

Krichtafovitch, Igor (2006). *Humor Theory: The Formulae of Laughter* (Colorado: Outskitspress).

Lutgendorf, S. K., DeGeest, K., Dahmoush, L. et al. (2011). 'Social isolation is associated with elevated tumor norepinephrine in ovarian carcinoma patients'. *Brain, Behavior, and Immunity* 25 (2): 250—255.

Lutgendorf, S. K., Sood, A. K., Anderson, B. et al. (2005). 'Social support, psychological distress, and natural killer cell activity in ovarian cancer'. *Journal of Clinical Oncology* 23 (28):7105—7113. http://www.ncbi.nlm.nih.gov/pubmed/16192594

Lutgendorf, S. K., Sood, A. K. & Antoni, M. H. (2010). 'Host factors and cancer progression: biobehavioral signaling pathways and interventions'. *Journal of Clinical Oncology* 28 (26): 4094−4099. http://www.ncbi.nlm.nih.gov/pubmed/20644093

MacDonald, C. (2004). 'A Chuckle a Day Keeps the Doctor Away: Therapeutic Humor & Laughter'. *Journal of Psychosocial Nursing and Mental Health Services* 42 (3):18−25. psychnurse.org

Marteinson, Peter (2006). *On the Problem of the Comic: A Philosophical Study on the Origins of Laughter* (Ottawa: Legas Press). utoronto.ca

McDonald, P. G., Antoni, M. H., Lutgendorf, S. K. et al. (2005). 'A biobehavioral perspective of tumor biology'. *Discovery Medicine* 5 (30): 520−526.

Melhem−Bertrandt, A., Chavez−Macgregor, M., Lei, X. et al. (2011). 'Beta−blocker use is associated with improved relapse−free survival in patients with triple−negative breast cancer'. *Journal of Clinical Oncology* 29 (19): 2645 −2652.

Milius, S. (2001). 'Don't look now, but is that dog laughing?' *Science News* 160 (4): 55. sciencenews.org

Miller, M., Mangano, C., Park, Y., Goel, R., Plotnick, G. D. & Vogel, R. A. (2006). 'Impact of cinematic viewing on endothelial function'. *Heart* 92 (2): 261− 262. doi:10.1136/hrt.2005.061424.

Moeller, Hans−Georg & Wohlfart, Gunter (2010). *Laughter in Eastern and Western Philosophies* (Freiburg/Munich: Verlag Karl Alber).

Moreno−Smith, M., Lutgendorf, S. K. & Sood, A. K. (2010). 'Impact of stress on cancer metastasis'. *Future Oncology* 6 (12): 1863−1881.

Panksepp, J. & Burgdorf, J. (2003). '"Laughing" rats and the evolutionary antecedents of human joy?' *Physiology & Behavior* 79: 533−547.psych.umn.edu

Provine, R. R. (1996). 'Laughter'. *American Scientist* 84 (38): 45.ucla.edu

Raskin, Victor (1985). *Semantic Mechanisms of Humor.* (Boston: D. Reidel Publishing Company).

Riley,V. (1968). 'Role of the LDH−elevating virus in leukemia therapy by asparaginase'. *Nature* 220: 1245−1246.

Segerstrom, S. C. & Miller, G. E. (2004). 'Psychological stress and the human immune system: a meta−analytic study of 30 years of inquiry'. *Psychological Bulletin* 130 (4): 601−630.

Simonet, P., et al. (2005). 'Dog Laughter: Recorded playback reduces stress-related behavior in shelter dogs'. Seventh International Conference on Environmental Enrichment.petalk.org

Skinner, Quentin. (2004). 'Hobbes and the Classical Theory of Laughter' (PDF). Retrieved 23 October 2006. In Sorell, Tom & Foisneau, Luc (2004). *Leviathan After 350 Years* (Oxford: Oxford University Press), pp. 139—166.

Sloan, E. K., Priceman, S. J., Cox, B. F. et al. (2010). 'The sympathetic nervous system induces a metastatic switch in primary breast cancer'. *Cancer Research* 70 (18): 7042—7052.

Spence, D. P., Scarborough, H. S. & Ginsberg, E. H. (1987). 'Lexical correlates of cervical cancer'. *Social Science of Medicine* 12: 141—145.

http://jdc.jefferson.edu/cgi/viewcontent.cgi?article=1108&context=jeffjpsychiatry

http://citeseerx.ist.psu.edu/viewdoc/download?doi=10.1.1.575.2841&rep=rep1&type=pdf

http://www.fertstert.org/article/S0015-0282(10)02958-4/references

http://www.themoscowtimes.com/sitemap/free/2004/3/article/patch—adams-prescribes-his-laughter-therapy/232329.html

http://www.psych.nyu.edu/phelpslab/whoweare.html

12장 두려움과 걱정 극복

Claparede, Edouard (1911). *Experimental Pedagogy and the Psychology of the Child* (University of Michigan Library).

LeDoux, Joseph (1998). *The Emotional Brain: The Mysterious Underpinnings of Emotional Life* (New York: Simon & Schuster).

http://www.adaa.org/finding-help

ALLAN PEASE
CONFERENCE SPEAKER

Why not use Allan Pease as guest speaker for your next conference or seminar?

Email: info@peaseinternational.com
Web: www.peaseinternational.com
Tel: +61 7 5445 5600

Allan and Barbara Pease are the most successful relationship authors in the business. They have written a total of 18 bestsellers - Including 10 number ones - and give seminars in up to 30 countries each year. Their books are available in over 100 countries, are translated into 55 languages and have sold over 27 million copies. They appear regularly in the media worldwide and their work has been the subject of 9 television series, 4 stage plays and a number one box office movie which attracted a combined audience of over 100 million.

Their company, Pease International Ltd, produces videos, training courses and seminars for business and governments worldwide. Their monthly relationship column was read by over 20 million people in 25 countries. They have 6 children and 5 grandkids and are based in Australia.

DVD Programs
Body Language Series
How To Be A People Magnet - It's Easy Peasey
The Best Of Body Language
How To Develop Powerful Communication Skills

Audio Programs
The Definitive Book Of Body Language
Why Men Don't Listen & Women Can't Read Maps
Why Men Don't Have A Clue & Women Always Need More Shoes
Questions Are The Answers
The Answer

Books
The Definitive Book Of Body Language
Why Men Don't Listen & Women Can't

Read Maps
Why Men Don't Have A Clue & Women Always Need More Shoes
Why Men Want Sex & Women Need Love
Easy Peasey - People Skills For Life
Questions Are The Answers
Why He's So Last Minute & She's Got It All Wrapped Up
Why Men Can Only Do One Thing at a Time & Women Never Stop Talking
How Compatible Are You? - Your Relationship Quiz Book
Write Language
The Body Language of Love
The Answer

결국 해내는 사람들의 원칙

1판 1쇄 인쇄 2026년 2월 10일
1판 1쇄 발행 2026년 3월 5일
—

지은이 앨런 피즈·바바라 피즈
옮긴이 이재경
—

펴낸이 백성빈
펴낸곳 반니출판
주소 서울 서초구 서초중앙로 69 806호
전화 02-6204-0491
전자우편 banni@banni.co.kr
출판등록 2025년 10월 13일 (제2025-000266호)
—

ISBN 979-11-24280-36-2 03190
—